Ella Maillart

Vagabundin des Meeres

Die Segel-Abenteuer einer Frau

Deutsch von Marion Balkenhol

Edition Erdmann in
K. Thienemanns Verlag

Titel der englischen Originalausgabe
GYPSY AFLOAT
William Heinemann LTD, London-Toronto 1942

Sämtliche im Buch wiedergegebene Abbildungen sind Aufnahmen der Autorin.
Das Foto für den Schutzumschlag wurde mit freundlicher Genehmigung von Focus verwendet.

Die Deutsche Bibliothek – CIP-Einheitsaufnahme

Maillart, Ella K.:
Vagabundin des Meeres: Die Segel-Abenteuer einer Frau/Ella Maillart.
[Aus dem Engl. von Marion Balkenhol.] –
Stuttgart; Wien: Ed. Erdmann in K. Thienemanns Verlag, 1991
Einheitssacht.: Gypsy afloat (dt.)
ISBN 3 522 60900 X
Umschlag: Reichert Buchgestaltung GmbH in Stuttgart
Satz: Utesch Satztechnik GmbH in Hamburg
Reproduktionen: Die Repro in Tamm
und Gölz Repro Service in Ludwigsburg
Druck und Bindung: Pustet in Regensburg

Printed in Germany
54321

Inhalt

Teil IV

Wie es anfing

Auf den folgenden Seiten sind lediglich ein paar Erinnerungen an meine unsichere Jugend in einer Zeit weltweiter Unsicherheit festgehalten. Ich habe sie niedergeschrieben, um meine Vergangenheit zusammenzufassen, um sie hinter mir zu lassen und zu vergessen, sobald sie mir auf der Suche nach mir selbst behilflich gewesen ist.

Zum besseren Verständnis meiner Geschichte sollte der Leser wissen, daß ich schon von Kindesbeinen an auf Schiffsplanken zu Hause war. Später dann widmete ich viele Jahre lang in den Sommermonaten jede freie Minute dem Segeln. Ich fuhr Dingis und offene Boote, bevor mir ein «Eintonner», die *Poodle*, anvertraut wurde, sowie ein 6,50 m-Boot, die *Gypsy*. Diese Übungen fanden auf dem Genfer See statt, auf dem ich vor allem mit meiner Freundin Miette segelte.

Für mich war nur das eine wichtig: ich wollte eine perfekte Seglerin werden. Daher verschwendete ich, obgleich ich von meiner Größe her als erwachsen galt, keinen Gedanken an eine ernsthafte Planung meiner Zukunft.

Mein Land schickte mich zu den Olympischen Spielen nach Paris, wo ich in der Regatta für Einmannboote mitsegelte, die siebzehn Nationen unter sich austrugen. Miette wandte sich an mich mit der Bitte, sechs Monate an Bord ihrer 3-Tonnen-Slup *Perlette* mit ihr auf dem Mittelmeer zu segeln . Die Gespräche, die wir damals mit Alain Gerbault führten, erwiesen sich für unsere weiteren Pläne als sehr wichtig. Wir segelten auch eine 10-Tonnen-Yacht nach Athen, deren Besatzung zu Beginn aus vier Frauen bestand. Diese Geschichte werde ich hier nicht näher ausführen, da sich bereits Marthe Oulié in einem Buch sowie in der Pariser Zeitschrift *Illustration* und in *Je sais tout* damit beschäftigt hat, ebenso Stephen King-Hall in *Blackwood's Magazine*, Leutnant L. Luard ich weiß nicht wo und ich selbst in einem Logbuch, das in der Zeitschrift *Yachting Monthly* veröffentlicht wurde. Das einzige, dessen ich mich also bei meinem ersten Aufenthalt in England rühmen konnte, war praktische Segelerfahrung.

Nun muß ich aber noch ein paar Worte über ein anderes Thema verlieren. Kenntnisse in Grammatik habe ich nicht, verantwortlich für das gute Englisch in diesem Buch ist die Quetta Community; das schlechte stammt von mir. Besonderen Dank schulde ich Bee Smeeton und Dishie Gastrell. Für ihr Entgegenkommen und ihre Geduld bin ich ihnen zutiefst dankbar. Sie mochten meine Strichpunkte nicht; dennoch habe ich an einigen festgehalten ... Dann ließ eine glückliche Fügung Heather Christison meinen Weg kreuzen. Sie ist die einzige Freundin, die meine Aufzeichnungen von vorn bis hinten durchgesehen hat und ihren klaren Verstand über mein hoffnungsloses Durcheinander walten ließ. Wie sehr ich ihr zu Dank verpflichtet bin, vermag ich nicht auszudrücken.

Ich habe das Buch nicht in Französisch, sondern in Englisch geschrieben, weil ich die kleinen Überraschungen nicht mag, die mich beim Lesen auch der besten Übersetzungen erwarten. Doch häufig hatte ich dabei den Eindruck, daß mein Vorhaben ein wenig zu kühn war ...

Ich habe ein schlechtes Gedächtnis. Daher schrieb ich an meinen Freund, den Colonel, und fragte ihn nach seinen Erinnerungen an die *Volunteer*. Folgende Zeilen erhielt ich als Antwort:

«1924, als ich mehr Geld als Verstand besaß, kaufte ich mir eine sehr alte Barge, die in Cowes lag. Ihre Segel, die mit dem ekligen Mittel, das Kahnführer zum Imprägnieren benutzen, gut durchtränkt waren, befanden sich in ganz annehmbarem Zustand, aber der Rumpf litt an denselben Beschwerden wie ich: Verschleiß und allgemeiner Wertverlust.

Eine Barge kaufte ich, weil sie die reizvollste Art von Boot ist, das man besitzen kann. Sie sind nicht nur gute Seeschiffe, sondern sie segeln auch näher am Wind als jeder Rennkutter. Man kann sich hinsetzen und über jeder Sandbank oder schlammigen Untiefe aufrecht bleiben, und man kann da, wo man einen Schwan sein Futter suchen sieht, mit Sicherheit noch fahren, im Falle einer Gans ist es fragwürdig, bei einer Ente unmöglich.

Es ist schon ein großer Unterschied, ob man eine Barge oder ein anderes Schiff segelt. Man startet mit dem Toppsegel, und mit diesem riesigen Segel und den Seitenschwertern kann man um Ecken und (in Kanälen) bergauf fahren und viele ausgefallene Sachen machen, von denen ein normaler Schiffseigner nur träumen kann. Ich wollte versuchen, Geld zu sparen, und setzte in wöchentlichen Abständen eine Anzeige in die *Times*, in der ich zum einen nach zahlenden Gästen suchte, die im August wie die Fliegen einfielen, und zum anderen eine Ausbildung in Navigation anbot, die nicht so gut anzukommen schien.

Eines Tages erhielt ich einen Brief aus Hertfordshire auf französischem Briefpapier, das nach Patschuli duftete und mit einer dieser französischen Federn beschrieben war, die bei jedem Aufstrich ein Loch ins Papier machen. Dieser Brief war auf dem üblichen, vierseitigen Bogen geschrieben, und soweit ich mich erinnern kann, lautete er etwa so:

Sehr geehrter Herr, zu meinem Bedauern muß ich Ihnen gestehen, daß meine Finanzen es mir nicht erlauben, zahlender Gast an Bord Ihres Schiffes zu werden oder die Ausbildung in Navigation zu bezahlen. Aber ich wäre sehr froh, wenn ich dennoch kommen und meine Reise abarbeiten könnte. Ich bin im Besitz einer italienischen Lizenz, und im vergangenen Jahr gewann ich auf der Ostsee drei von sechs ersten Plätzen für die Schweiz. Ich komme aus der Schweiz und bin 20 Jahre alt. Ich bin kräftig und arbeitswillig und kann mich auf einem Boot nützlich machen.

Mit freundlichen Grüßen
E. Maillart

Die Unterschrift befand sich fast am Ende der dritten Seite. Darunter stand der Vermerk ‹Bitte wenden›; als ich die Seite umblätterte, fand ich diese ungewöhnlichen Worte: ‹Ich vergaß zu erwähnen, daß ich eine Frau bin›.

An diesem Morgen hatte ich mich eher wie ein Fasan an einem regnerischen Tag gefühlt, mit hängenden Schwanzfedern und hängenden Flügeln, aber als ich das las, begann ich laut und aus vollem Halse zu krähen.

Auf der Stelle setzte ich mich hin und nahm einen Federkiel zur Hand – das einzige Schreibgerät übrigens, das ein gebildeter Mensch benutzt –, antwortete Mademoiselle Maillart an ihre angegebene Adresse und bat sie, am kommenden Mittwoch mit mir im Carlton-Grill zu Mittag zu essen. Ich bat sie, eine weiße Blume zu tragen, und fügte hinzu: ‹Sie werden mich leicht als den dicksten Mann erkennen, den Sie je gesehen haben.›

Vermutlich war ich so nervös, daß ich zu früh dort war, aber nachdem ich ungefähr eine Viertelstunde gewartet hatte, trat eine vornehme junge Frau mit einer wunderschönen Figur ein. Ich hatte mir zuvor ein Loch in die *Times* geschnitten, hinter der ich mich verbarg, und studierte nun heimlich ihre Erscheinung. Ich war sehr zufrieden, also sprang ich auf und stellte mich ihr vor. Das erste, was sie sagte und was meine Begeisterung dämpfte, war: ‹Ich bin verdammt hungrig, geben Sie mir um Himmels Willen nur schnell was zwischen die Zähne.› Ich fügte mich ihrem Wunsch, und wir nahmen ein gutes Mittagessen zu uns. Ich unterzog sie einem ausführlichen Kreuzverhör – wer war sie? und was machte sie? Daraufhin erhielt ich folgende Antwort: ‹Ich bin Lehrerin für Französisch und Deutsch an einer Mädchenschule . . .› Meine nächste Frage lautete: ‹Wie ist die Bezahlung?› – ‹Etwas über dem Durchschnitt.› – ‹Wie ist die Direktorin?› Sie antwortete: ‹Die netteste alte Dame, die ich kenne.› Da fragte ich: ‹Wozu wollen Sie dann fort?› – ‹Oh›, sagte Ella, ‹ich werde Mitte Juli als Steuermann auf einer Bark fahren, und ich will die Direktorin nicht in eine Klemme bringen und sie vor Ende eines Trimesters verlassen.› – ‹Prima Mädchen!› dachte ich.

Zufällig fand damals in Islington eine Ausstellung statt unter dem Titel ‹Die kleine Bootsschau›. Wir fuhren dorthin, und ich hörte mir an, wie sie mit all diesen Bootsbauern redete. Schon nach fünf Minuten wußte ich, daß sie alles über Bootsbau wußte.

Die Barge wurde in Brightlingsea, einem Ort ganz am Ende der Welt, unter Aufsicht eines ehemaligen Maaten der Royal Navy ausgerüstet. Ich bot Ella die Stelle eines Kabinenjungen an für 30 Shilling die Woche und freies Essen, die sie begeistert annahm. Ich stattete sie mit einem kurzen blauen Rock, blauen Strümpfen, weißen Schuhen und einer Jacke aus, die in roten Buchstaben den Namen der Barge trug . . . Ein Teil ihrer Arbeit bestand auch darin, die beiden Deckshände, die ich für die Ausstattung des Schiffes an Bord hatte, zu beköstigen.

Als ich eines Tages hinunterkam, um meinen Maat zu treffen, sagte dieser mir: ‹Entschuldigen Sie, das Mädel da taugt nicht viel als Koch, aber es ist wohl die beste Deckshand, die mir je über den Weg gelaufen ist.› Am darauffolgenden Wochenende

Ella Maillart

legten wir ab, und ich war noch keine zehn Minuten auf See, als ich die Bemerkungen meines Maaten voll bestätigt fand. Also ließ ich gleich hinter der Bucht von Brightlingsea den Anker setzen, fuhr im Beiboot zurück, besorgte mir einen professionellen Yachtkoch und beförderte Ella zur Deckshand. Es versteht sich wohl von selbst, daß sie das Schiff und die Mannschaft noch vor Ablauf der ersten sechs Stunden an Bord beherrschte; die Passagiere und ich waren ihre ergebenen Diener.»

Teil I

Bootsleute

«Die Freude an körperlicher Arbeit – sie verwandelt
das bleierne Stadtleben in seltsamen Taumel,
von Stadtmenschen nie gekannt und nie geahnt; Gesundheit,
die dem geistigen Vermögen neuen Glanz verleiht
und den Armen reich macht.«

– Masefield

Die grauen, regenschweren Wolken hängen tief. Unter ihren lohfarbenen Segeln gleitet die Barge schnell dahin. Die blaßgrüne See wird dort, wo sie die buckligen Rücken der Sandbänke umspült, zu einer brodelnden Masse aus weißem Schaum.

Die *Volunteer* läßt sich nicht leicht steuern. Sie bockt: ganz plötzlich beschließt sie, daß sich ihr Steuerrad zweimal drehen soll, und zwar in einer Geschwindigkeit, daß man sich den Arm brechen würde, wollte man versuchen, es anzuhalten. Es bleibt nichts anderes übrig als zu raten, wann sie es tun will, und diese Bewegung dann im Keim zu ersticken. Ich glaube, es passiert dann, wenn wir bei der Fahrt in ein Wellental hinab zu schnell werden. Jetzt kann ich auch ohne die Hilfe der Maschine den Warp Channel «in Angriff nehmen» und über Backbordbug aufkreuzen.

Das ist Segeln! Ich lebe in der Welt der kreischenden Möwen, einer Welt, in der einzig und allein Wind und Wasser regieren, einer Welt, in der ich nur den Himmel über mir habe. Begleitet vom lauten Aufklatschen der Wellen, stampfen wir dahin. Aufgrund ihres flachen Bodens krängt die *Volunteer* nicht so stark wie die Boote, an die ich gewöhnt bin. Das Toppsegel ist oben, und das beunruhigt mich. Obwohl man mir gesagt hat, daß Bargen ihr Toppsegel auch dann noch tragen, wenn alle anderen Segel aufgegeit sind, und daß das Toppsegel als erstes gesetzt wird . . . gerade jetzt ist mir eine so großflächige Leinwand hoch oben nicht recht.

Jetzt, da die Maschine gestoppt wurde, kann ich die Barge nicht nur dahinfahren sehen, sondern auch hören. Allmählich lerne ich sie kennen; ich versuche herauszufinden, wieviel Ruder sie braucht. Sie bleibt ziemlich genau auf dem jetzigen Kurs. Welche Freude ist es doch, zum ersten Mal zu spüren, wie ein 120-Tonnen-Schiff unter den Händen lebt, wenn man bisher nur kleinere Schiffe gesteuert hat.

Wir passieren eine beladene Barge, die in die andere Richtung fährt. Ihr in Ölzeug gekleideter Skipper winkt mir mit weit ausholenden Gesten zu. Ich grüße lässig zurück, als wäre ich immer schon Bargen begegnet, obwohl ich eigentlich vor lauter Aufregung am liebsten wie ein Indianer rufen und tanzen würde. ... Der Skipper kann nicht wissen, wie glücklich und stolz ich bin, wieder zu den Seeleuten zu gehören, und wie schwer es gewesen ist, mir diesen Wunsch zu erfüllen. Oder will ich vielleicht tanzen, weil es so kalt ist? Ich friere, ganz ohne Zweifel. Aber ich würde um nichts in der Welt das Steuerrad jetzt verlassen wollen; denn Dooley würde es übernehmen und Schlimmes damit anstellen ... Ich glaube, ich habe Angst. Das ist es. Ich muß mich dieser Angst nicht schämen ... Wir haben zu viel Leinwand gesetzt, soviel weiß ich. Der Druck ist zu groß, an jeder Stelle des Rumpfes und der Takelage. Und die pfeifende Brise aus Osten nimmt zu.

Dooley ist mit dem Pumpen fertig. Ich deute auf die Saling, die sich aufgrund der angespannten Wanten durchbiegt. «Sie ist zu luvgierig!» rufe ich ihm zu. Er antwortet: «Das ist in Ordnung, sie hält eine Menge aus, sie ist ja keine Yacht ...» Dennoch glaube ich, daß irgend etwas nachgeben muß.

Unser Eigner ist wieder aufgetaucht. Er sagt, wir müssen in der Themsemündung Schutz suchen, obwohl er es genießt, wie wir durch die Wellen voranschießen. Sobald wir an der East Shoeburyness vorbei sind, können wir auffieren, und ich werde ruhiger.

Diese naßgraue Welt ist mir neu. Der Himmel ist wahrscheinlich genauso groß wie über dem Mittelmeer, aber das diffuse Licht ist anders, die Wolken hängen tiefer, der Jodgeruch ist voller Feuchtigkeit ... Auch dieses Gefühl der Untiefe bin ich nicht gewohnt, diese Notwendigkeit, so oft auf die Karte schauen zu müssen. Es ist aufregend, ein Meer zu befahren, das mit so vielen Bojen, Feuerschiffen und Wracks gespickt ist!

Unwirtliche, gelbe Sandbänke besitzen ihre eigene, stille Erhabenheit, vergleichbar der Trostlosigkeit einer Wüste. Zum ersten Mal kann ich der Geschichte der *Dulcibella* einen angemessenen Hintergrund geben. In diesem Buch hatte ich das Leben eines kleinen Bootes auf See kennen- und liebengelernt.

Auf dem Küstenstreifen erblicke ich nicht ohne ein Gefühl der Belustigung die Häuser und die Pier von Southend. Dort war ich schon einmal. Vor zwei Monaten, als ich noch in einer Mädchenschule unterrichtete, sehnte ich mich nach dem Anblick eines Bootes. Ich beschloß, für ein Wochenende an die See zu fahren. Southend lag ganz in der Nähe und war daher nicht teuer. Ich fand eine ebenso preiswerte wie deprimierende Pension, deren Bewohner sich schon vor langer Zeit alles gesagt hatten. Ich verbrachte meine Zeit so nah wie möglich am Wasser, in einer geschützten Ecke der verlassenen Pier, an deren mit Seepocken übersäten Holzpfählen sich das Wasser hob und senkte ... Einmal brachte eine Pinasse von dem Kriegsschiff *Tiger* viele Männer an Land, die lärmten und scherzten. Ich beneidete sie, weil sie auf See lebten.

Heute beneide ich niemanden. Ich stehe am Steuerrad eines Segelbootes. Und mein steifgefrorenes Gesicht, das unter den Salzspritzern der Gischt brennt, blickt lächelnd auf die Pier, an der eine Französischlehrerin sich vor langer Zeit selbst bemitleidet hat ...

An einer Schule – Arbeit mit Mädchen

Der Alltag in «The Grange», einer privaten Mädchenschule in der Nähe von London, war langweilig. Meine Klasse konnte mir nur selten folgen, da nicht einmal zwei der Mädchen in ihren Französischkenntnissen auf demselben Stand waren. Ich konnte mich daher immer nur mit einer allein beschäftigen. Mein Englisch wiederum ließ zu wünschen übrig. Erläuterungen der französischen Grammatikregeln konnte ich nie zu Ende führen, da ich sie selbst nicht kannte. Diktate waren weniger peinlich, aber das hieß, viele Hefte zu korrigieren, die ich manchmal abends zusammen mit dem roten Tintenfaß mit auf mein Zimmer nahm. Es lag auf der ersten Etage eines kleinen, nach Moder riechenden Bauernhauses im hinteren Teil des Gartens. Der Raum war feucht – obwohl ich in einem Kohlenbecken, das auf halber Höhe in die Wand eingelassen war, Feuer anzünden konnte. Von unten, wo alle bereits schliefen, wehte ein warmer Hauch von Menschlichkeit zu mir herauf. Dieses alte Zimmer mit seinem wackligen, grün angestrichenen Waschtisch nahm mich nie freundlich im Empfang.

Die einzige Aufenthaltsmöglichkeit, die mir außer meinem Zimmer zur Verfügung stand, war das winzige Lehrerzimmer, in dem wir uns am runden Ofen zusammensetzten. Dort herrschte Wilson, die dienstälteste Lehrerin, die mit ihrem hin- und herpendelnden Kneifer etwas von einem Drachen an sich hatte; sie stürmte für gewöhnlich mit einem Arm voller Bücher zur Tür herein oder hinaus und beschwerte sich ständig über eines dieser albernen Mädchen.

Vor den Mahlzeiten fürchtete ich mich besonders. Ich saß einem Tisch vor, an dem ich zwölf kichernde Mädchen gerecht behandeln wollte, die jede meiner Bewegungen genau beobachteten. Aber was ich auch versuchte, sei es beim Haferbrei, beim *suet pudding* oder beim wäßrigen Irish Stew – nie blieb für das letzte Mädchen und für mich eine ganze Portion übrig.

Auch die Zugluft, die überall hinter mir herjagte, war mir ein

Greuel: im Speisesaal, in den Fluren und in den Klassenzimmern. Das Prinzip «viel Frischluft» bedeutete, daß wir uns ständig umsahen, um herauszufinden, wer es denn wagte, uns seinen feuchten Atem in den Nacken zu blasen, vor allem wenn wir abends unsere Nachthemden angezogen hatten. Ich wurde eine Erkältung nicht los, die sich bei mir festgesetzt hatte, und es sah so aus, als würde ich bis in alle Ewigkeit meine Nase putzen müssen.

Nur einmal in der Woche wurde dem Lehrkörper gestattet, sich für eine halbe Stunde in den Salon zu begeben. Dort pflegte dann Mrs. Chignell, die Direktorin der Schule, in einem schikken schwarzen Spitzenkleid über englische Bücher oder Stücke zu reden, die ich nicht kannte. Unsere erste Begegnung hatte in einem der kleinen Sprechzimmer der Firma Truman und Knightley stattgefunden. Ich hatte mich auf der Suche nach einer Stelle an diese seriöse Agentur gewandt. Und als ich Mrs. Chignell mit ihren lebhaften Augen, ihrem runzligen Gesicht und dem struppigen Haar erblickte, war ich bereit, für sie zu arbeiten, weil sie intelligent aussah und ganz und gar nicht wie eine dieser vertrockneten Schulmeisterinnen, die ich nicht ausstehen kann. In dem einzigen Zeugnis, das ich vorweisen konnte, beeindruckte sie die Tatsache, daß ich in der Jungenschule, in der ich unterrichtet hatte, erfolgreich für Disziplin gesorgt hatte.

«Nun ja», hatte sie gesagt, «bisher waren meine französischen Erzieherinnen immer entsetzlich. Versuchen kann ich es ja mit Ihnen, obwohl Sie kaum älter sind als die älteste Schülerin. Vielleicht werden sie Ihnen gehorchen, wenn sie erfahren, daß Sie gut in Sport sind . . .»

Als ich den erfolgreichen Ausgang unseres Gesprächs bedachte, war ich meinem kurzen Seehund-Mantel und meinem breitrandigen Filzhut, der aussah wie der Stetson eines Cowboys, dankbar, daß sie mir damals ein ebenso schickes wie sportliches Äußeres verliehen.

Aber in «The Grange» war Mrs. Chignell in weite Ferne gerückt. Sie nahm erstklassige Mahlzeiten an einem gesonderten Tisch zu sich und verschwand für den Rest des Tages in ihren Zimmern.

Ja, der Alltag war langweilig. Die Schulbücher waren so uninteressant! Man mußte sich schon kleine Tricks einfallen lassen, damit die Mädchen mitarbeiteten. Sie hatten von dem, was ich wußte, nie etwas gesehen, gehört oder gelesen. Sie hatten nie mit älteren Familienangehörigen zusammengelebt, wie wir auf dem Kontinent. Sie hatten keinen blassen Schimmer von Dingen, die wirklich wichtig sind, davon, was einem Bild, einem Vers oder einem Lied Schönheit verleiht. Nichts kannten sie aus eigener Erfahrung. Sie steckten voll alberner Entschuldigungen für ihre Arbeit; sie wußten nicht, was sie wollten, waren nicht neugierig; aber ich stellte fest, daß sie von einer Mitschülerin – einem dicken, stotternden Kind – beeindruckt waren, deren Vater, wie sie mir sagten, ein *Sir* war . . . Das einzige, was sie perfekt konnten, war kichern, und es fiel schwer, ihnen Einhalt zu gebieten. Seltsamerweise fühlte ich mich nie als ihre Vorgesetzte; geduldig studierte ich ihre billigen Versuche, mich zu ärgern, und lachte herzhaft mit ihnen über die klassischen Fehler, die mir in meinem schlechten Englisch unterliefen. Dann unterbrach ich den Lärm mit den Worten:

«Genug jetzt, Mädels; wir wollen arbeiten. Es ist Unterrichtszeit, und ihr müßt mir helfen, sie gut über die Bühne zu bringen.»

Daß ich mit meinem forschen Auftreten Erfolg hatte, amüsierte mich zu Anfang, als ich noch nicht über Dinge wie meine Erkältung oder das Essen schimpfte. (Bis zu diesem Zeitpunkt hatte ich erst drei Monate Unterrichtserfahrung gehabt, während denen ich fast täglich mit dem Direktor aneinandergeraten war. Ich war froh gewesen, diese Erfahrung so schnell wie möglich beenden zu können.) Dennoch hatte ich einiges zu bewältigen: bei meiner ersten Unterhaltung mit Mrs. Chignell hatte ich mich damit einverstanden erklärt, Privatstunden in Deutsch zu erteilen, da ich der Meinung war, daß meine Schulkenntnisse in dieser Sprache allemal für englische Mädchen ausreichen würden (Französisch ist meine Muttersprache). Zu meinem Entsetzen mußte ich feststellen, daß meine Schülerin Esther eine Dänin war und beinahe ebensoviel wußte wie ich. Du ruhige, selbstbewußte Esther mit deinem langen, blonden Zopf und deinen blauen Augen – mir ist immer noch unbehaglich zumute, wenn ich an dich denke: weißt du, daß ich die Abende vor unseren Unterrichtsstunden meistens damit verbrachte, die schwierigen Wörter oder Regeln auswendig zu lernen, auf die wir in unseren Texten stoßen würden? Ich sollte dir dafür danken, daß du mich nicht bloßgestellt hast.

Danach fand ich heraus, daß die französischen Erzieherinnen immer Handarbeit unterrichtet hatten; voller Ehrfurcht vernahm ich, daß eine meiner Klassen lernen mußte, wie man einen schicklichen Schlüpfer anfertigt.

Glücklicherweise trug ich immer noch Wäsche, die ich wohl am besten mit «fortgeschrittener Kinderkleidung» umschreibe. Also setzte ich mich am Abend hin, da ich ohnehin nichts Besseres zu tun hatte und mich niemand sah, und trennte vorsichtig die Nähte meiner Unterwäsche auf, so daß ich die Machart und den Schnitt von Vorder- und Rückenteil untersuchen konnte.

Es machte Spaß, diese unerwarteten Schwierigkeiten zu meistern, aber diese Freude ließ nach. Da war nichts, auf das ich mich freuen konnte, außer der Teilnahme an ihrem wöchentlichen Hockeyspiel; dort gab sich jedoch niemand die Mühe, mit einer Ausländerin zu reden, die sich kaum verständlich machen konnte. Ohnehin hatten sich die Mädchen der Hockeymannschaft offensichtlich nichts zu sagen, da sie in der Regel so schnell wie möglich verschwanden, nachdem sie ihrer wöchentlichen Trainingspflicht nachgekommen waren. Ich widmete mich mehr und mehr den Büchern über Kreuzfahrten, die ich mitgebracht hatte. In der Absicht, in meinem kühlen Zimmer eine gemütliche Atmosphäre zu schaffen, steckte ich mir ab und zu die alte Pfeife an, die ich an so vielen glücklichen Winterabenden auf einer Hütte in den Bergen geraucht hatte.

Einmal wurde diese einsame Stimmung durch einen Besuch von Puck unterbrochen. Sie war begeistert darüber, daß ich rauchte, begeistert über meine Lektüre und über die Dinge, die ich ihr zu erzählen begann. Puck, der einzige Lichtblick in meinem Dasein, bestand aus einer Fülle wehender brauner Haare, einer kleinen Stupsnase, einem mit Sommersprossen übersäten, lustigen Gesicht, einem offenen Blick und kurzen, wohlgeformten Beinen. Da sie Sportlehrerin war, wußte sie, wie mein verstauchter Knöchel zu behandeln war. Ich dachte, sie hätte mich aufgegeben, nachdem ich mich in einer ihrer Turnstunden lächerlich gemacht hatte; aber viel später erzählte sie mir einmal, wie prächtig es ausgesehen habe, als die «Französischlehrerin» bäuchlings auf dem Sprungpferd landete ... Hin und wieder brauste sie in ihrem Sportwagen davon; sie war die Schwester des bekannten Schauspielers Henson, und ich hätte nie damit gerechnet, daß sich unsere Wege noch einmal kreuzen würden.

Inzwischen hatte ich bei zwei oder drei ältlichen, respektablen Bekannten meiner Eltern in London meinen Anstandsbesuch gemacht; aber deren Kinder waren alle verheiratet, und ich war ihnen gleichgültig. Ich hatte gehofft, sie würden mich mit allem bekannt machen, was ich über das Leben in England wissen mußte. Alle vierzehn Tage hatte ich ein freies Wochenende. Ich fuhr dann nach London, um Museen oder zweifelhafte Nebenstraßen zu erforschen, die von blassen Menschen benutzt wurden und in denen endlos lange Reihen immer gleich aussehender, schwarzer Häuser einen deprimierenden Eindruck auf mich machten. Wenn ich hungrig war, aß ich ein Sandwich in einer dieser überfüllten Lokalitäten, die weder ein Laden, noch ein Pub oder ein Restaurant waren. Dort war es mir nahezu unmöglich, die neben mir Stehenden zu verstehen. Ich mußte jeden Penny für die Arztrechnung zurücklegen. Ja, meine Erkältung hatte sich verschlimmert, und ich war zu einem Spezialisten gegangen, dessen Anschrift mir unsere Hausmutter gegeben hatte. Sechsmal ging ich zu ihm, um meine Nasenscheidewand mit einer Hohlnadel durchstechen zu lassen, damit meine Nebenhöhlen ausgespült wurden. Wie ich diese Prozedur haßte und wie ich dabei stöhnte! ... Dieser hervorragende Arzt, den mein Verhalten erschreckte, sagte dann in aller Ruhe: «Ich kann Sie nicht behandeln, wenn Sie mir nicht versprechen, sich still zu verhalten; ich möchte nicht, daß meine Nachbarn mir nachsagen, ich würde meine Patienten mißhandeln ...» Eines Tages fiel die Bemerkung, daß ein Arzt, der in der Harley Street sitze, wohl mindestens zwei Guineen für eine Behandlung verlangen würde (was auch immer eine Guinee sein mochte). Da ich in einem Trimester zwanzig Pfund, nicht Guineen, verdiente, war ich im Debet. Unglücklicherweise muß der Arzt geglaubt haben, ich sei reich, denn er hatte beiläufig erwähnt: «Sie müssen so bald wie möglich in den Süden fahren, dieses Klima bekommt Ihnen nicht, hier werden Sie nicht wieder gesund.» Natürlich hatte ich mir für die letzte Behandlung bereits eine anrührende Rede zurechtgelegt in der Hoffnung, nur den kleinsten

Betrag zahlen zu müssen! Zwei Dinge standen für mich fest: zum einen mußte ich in Anbetracht des schwierigen Lebens, auf das ich mich vorbereitete, völlig gesund sein; zum anderen hatte ich mir geschworen, niemals einen Bettelbrief nach Hause zu schreiben. Würde ich nicht zu diesem Versprechen stehen können, würde es das Ende der Welt bedeuten, für die ich lebte.

Ich war überrascht, als Puck mich für das kommende Wochenende zu sich nach Hause einlud und mich außerdem bat, ihr meine zweite Pfeife zu leihen! Da hockte Pucky nun vor mir auf dem Boden. Sie hörte gern den Berichten über meine Segelerlebnisse zu, und sie mochte die Wärme der Pfeifenrundung in ihrer hohlen Hand, obwohl ihr vom Rauchen schlecht wurde, dessen bin ich mir sicher. (Ich rauchte damals einen *Pasquet Gris*, den mir einmal ein französischer Seemann in Porquerolles geschenkt hatte.) Ich nannte sie inzwischen Puck, denn sie konnte sehr schnell rennen, und ich war Gobbo für sie, nachdem wir einmal Shakespeare rezitiert hatten:

«Ich eil, ich gehe, sieh, wie ich eil:
So fliegt vom Bogen des Tataren Pfeil.«

Danach war das Leben weniger düster; wir beschlossen, gegen die Gefängnisatmosphäre der Schule anzugehen, und schokkierten die anderen Lehrerinnen damit, daß wir unsere Pfeifen im Lehrerzimmer rauchten. Natürlich war eine Tragödie unausweichlich. Eines Tages betrat Mrs. Chignell zum ersten und letzten Mal unsere Höhle und sah, wie Pucky genüßlich eine Pfeife schmauchte. Sie sagte nichts und machte einen eher belustigten Eindruck, dachten wir. Später muß sie ihre Meinung geändert haben, denn uns erreichte das Gerücht, sie habe sich dahingehend geäußert, daß unsere liederlichen Angewohnheiten ein Ende finden müßten. Pucky war wütend und plante einen Direktangriff auf die «Grande Dame», und wollte sie fragen, warum sie nicht an Ort und Stelle ihre Meinung offen ausgesprochen habe. Ich zeigte Pucky einen Trick, mit dem man seine Nervosität bei solchen Gelegenheiten verbergen konnte: man mußte den Zipfel seines Taschentuches fest in der Hand halten . . . Der Angriff war ein Erfolg; verwirrt durch den Mut der kleinen Sportlehrerin, leugnete Mrs. Chig, jemals auch nur den Wunsch geäußert zu haben, sich in unsere Freizeit einzumischen.

In Pucky war das Interesse am Segeln erwacht, und ich las ihr Passagen aus Jack Londons «Die Kreuzfahrt der Snark» vor. Ich konnte ihr schildern, welch eindringliche Bedeutung in den Worten liegt: «Ich habe es mit eigenen Händen getan.» Dinge aus eigener Kraft zu bewerkstelligen, sei das Wichtigste überhaupt, fügte ich mit solcher Überzeugung hinzu, daß sie sich noch zwölf Jahre später daran erinnerte, als sie zum ersten Mal an der Ruderpinne ihres eigenen Segelbootes saß.

Wieviel trennte uns doch damals von einem Leben auf See! Wir vergeudeten unsere Zeit damit, unsere zurückgebliebenen Kinder zu unterrichten oder mit dem Butler darüber zu diskutieren, ob er nicht zu den Mahlzeiten mehr Brot ausgeben könne. «Es gibt nicht mehr», pflegte er zu sagen. «Und Mrs. Chignell hat die Schlüssel.» Unterdessen arbeitete sich Mrs. Chig sicher gerade geschickt durch eine Mahlzeit mit sechs Gängen.

Ich wollte nicht zu einem festen Bestandteil meiner Umgebung werden, und meine Befürchtung, die anderen Lehrkräfte würden mich für eine der Ihren halten, war so groß, daß ich mich bereitwillig mit Scherzen auf Kosten der «französischen Mamsell» abfand und dabei vergaß, daß ja eigentlich ich gemeint war. Ich war der Meinung, daß nicht weniger als ein neues Erziehungssystem eingeführt werden müßte, bevor ich ernsthaft mit dem Unterrichten beginnen könnte . . . Aber vorläufig mußte ich im Hinblick auf meine Zukunftspläne meine Arbeit an dieser Schule weiterführen, bis zum nächsten Sommer, wenn etwas GANZ GROSSES geschehen würde.

Eines Tages hatte ich mich schrecklich geärgert. Pucky blickte mich lächelnd an. «Du bist seltsam», sagte sie. «Du hast Augen wie ein Rennpferd . . .»

«Na ja, ich komme mir hier manchmal auch so vor, als wäre ich nicht zahm genug», antwortete ich ihr. «Aber ich kann Mrs. Chig nicht im Stich lassen. Zwei Trimester werden bald überstanden sein, und Anfang Juli werde ich mit meinen drei Freundinnen nach Griechenland segeln . . .»

«Wie stellst du dir das vor?», fragte Puck. «Die Ferien fangen doch erst im August an . . .»

Das stimmte. Die Sommerferien begannen auf dem Kontinent

einen Monat früher als in England. Und ich, der Steuermann, hatte Miette, dem Kapitän, versprochen, daß ich am ersten Juli zu ihr stoßen würde . . . Sie befand sich zur Zeit in Marseilles und kaufte heimlich einen preiswerten, alten Kreuzer. In den letzten beiden Jahren hatten wir uns auf die Erforschung einiger griechischer Inseln vorbereitet. Was sollte ich tun? Nun, Mrs. Chig mußte dabei über Bord gehen, soviel war klar, und ich mußte «The Grange» vor Beginn des Sommertrimesters verlassen. Die Kinder würden sich an eine dritte «Mamsell» innerhalb eines Jahres gewöhnen müssen. Und ich mußte für April, Mai und Juni Arbeit finden, da ich mittellos war. Mir blieb nichts anderes übrig, als wieder einmal in die Zeitungen zu schauen und die Anzeigen sorgfältig zu lesen.

Ohne Begeisterung antwortete ich auf ein paar Angebote als Gesellschafterin oder Gouvernante. Aber eines Tages schlug mein Herz tatsächlich höher. Da stand in den Stellenanzeigen der *Times* schwarz auf weiß folgendes: «Eigner einer 120-Tonnen-Yacht nimmt Schüler in Navigation an. Ablegen so bald wie möglich.» Das war ein Wink des Schicksals. Ich war nicht nur nach England gekommen, um Englisch zu lernen, weil es die beste Seesprache war, sondern auch, um etwas über Meeresströmungen und Navigation zu erfahren. Weder der Genfer See noch das Mittelmeer hatte mir diese Erfahrung ermöglicht.

In meinem Zimmer wurde mit zittriger Hand folgender formeller Brief aufgesetzt:

Sehr geehrter Herr,
gern würde ich Näheres über Ihre Yacht und Ihre Pläne erfahren. Könnten wir uns vielleicht zu einem Gespräch in London treffen, wenn ja, wo?

Ich werde im kommenden Sommer im Adriatischen Meer segeln, aber ich könnte an Ihrem Törn bis Ende Juni teilnehmen.

Mit einer Freundin segelte ich auf einem 3-Tonnen-Boot ohne Motor und Besatzung sechs Wintermonate lang im Mittelmeer an der Riviera entlang und nach Korsika. Ich bin mit allen an Bord anfallenden Arbeiten – vom Kabinenjungen bis zum Kapitän – vertraut, sei es Spleißen, Schrapen, Anstreichen oder Kochen. Bei den letzten Olympischen Spielen segelte ich für mein Land. Ich bin zwanzig Jahre alt und kräftig und weiß, daß ich in vielen Dingen nützlich sein könnte. Auch wenn Sie unerfahrene Segler an Bord haben, können Sie nicht Tag und Nacht mit ihnen an Deck sein. In diesem Fall könnte ich Ihren Platz einnehmen, falls Sie jemanden brauchen, dem Sie vertrauen können.

Da ich im Augenblick nur wenig Geld habe, könnte ich lediglich für mein Essen bezahlen, und das auch nur, falls Ihnen meine Arbeitskraft nichts wert sein sollte. Ich befürchte also, daß Sie mich nicht nehmen können, wenn Sie nur Leute wegen des Geldes suchen. Ich kann Ihnen die besten Referenzen aus London vorlegen. Sollten wir uns nicht treffen können, würden Sie mir bitte Ihre Referenzen geben und Einzelheiten bezüglich des Bootes mitteilen. Ich wäre überglücklich, zum ersten Mal in den von Claude Worth beschriebenen Gewässern segeln zu können.
Hochachtungsvoll,

P.S. – Beim Durchlesen dieses Briefes ist mir aufgefallen, daß kein Hinweis für Sie darin enthalten ist, daß ich eine weibliche Person bin, aber ich denke nicht, daß dies etwas ausmacht, denn in Segelkleidung sehen alle gleich aus, und ich bin vor allen Dingen Segler.

Nachdem ich durch dicken Nebel zum Briefkasten gelaufen war, wurde mein Leben zu einer langen Wartezeit. Würde ich jemals eine Antwort erhalten? Könnte es sein, daß mein Leben als Landratte tatsächlich ein Ende fände? Würde ich im Schlaf wieder die Planken eines Schiffsrumpfes neben mir spüren? Würde ich bald allein sein, umgeben von der anregenden Stille des Meeres? Würde ich wieder mit reinlichen Seeleuten zusammensein, mit sauberen Dingen wie Seilen, geschrubbten Decks und salziger, brennender Gischt zu tun haben? Würde ich wieder Teil eines lebenden Bootes werden, meine Kraft spüren angesichts seiner geblähten Segel, seines leuchtenden, vorwärtsstampfenden Rumpfes, seiner knarrenden Marsstenge, die sich unter dem Druck des Windes beugt? Dann endlich würde ich in meinem Herzen, in meiner Seele und mit meinen Muskeln zugleich aufleben ... Es wäre kein bloßer Zeitvertreib, sondern eine Vorübung für den Beruf, den ich mir ausgesucht hatte – für das Segeln.

Ich beschloß, so klug zu sein und von dem Herrn aus der *Times* nichts zu erwarten, so daß mir Enttäuschungen erspart blieben.

Ob mit oder ohne Antwort – Mrs. Chig mußte vorgewarnt werden, damit sie eine neue Französischlehrerin suchen konnte. Bei diesem äußerst schwierigen Gespräch hielt ich natürlich ein Taschentuch in den Händen. Mrs. Chig richtete ein paar spitze Bemerkungen an mich, wie: «Wenn Sie es nie länger als drei Monate bei einer ernsthaften Tätigkeit aushalten, ohne davonzulaufen, kann ich Ihnen jetzt schon sagen, daß Sie im Leben nichts erreichen werden ... Noch nie habe ich eine verrücktere Ausrede für einen Vertragsbruch als eine Kreuzfahrt gehört ... Wie soll ich Ihrer Meinung nach denn jetzt noch jemanden für das letzte Trimester finden? ... Und das muß mir ausgerechnet dann passieren, wenn ich einmal keinen Ärger mit den Französischstunden habe! ...»

Das Leben ging weiter, eine Woche lang, feuchter, grauer denn je zuvor nach dieser Vision von einem besseren Leben. Die Post brachte nur einen Brief von meiner Mutter, in dem es hieß, mein Vater sei erfreut, daß seine Ella ihren Lebensunterhalt verdiene und geregelter Arbeit nachgehe. Ich hatte Genf fluchtartig verlassen, weil ich meinem Vater beweisen wollte, daß ich ohne seine Unterstützung leben konnte, auch wenn ich nicht mehr als Skilaufen und Segeln gelernt hatte. Ich mußte die erste Stelle annehmen, die sich mir bot. Aber ich hatte das Gefühl, daß es nicht lange gutgehen würde. Mein Vater und Mrs. Chig gehörten zu jenem gesellschaftlichen Bereich, in den die Erwachsenen sich anscheinend bereitwillig einfügen. Und ich wollte ihnen zeigen, daß ich mir aus ihrer traurigen Welt nichts machte. Sie sahen nicht ein, daß es mir nicht ausreichte, nur meinen Lebensunterhalt zu verdienen; daß ich für etwas leben wollte, was mich immer aufs neue begeistern würde. Sie dachten, sie könnten meine Probleme mit den Worten beilegen: «Das ist die Jugend, das Mädchen wird bald erwachsen werden und sich eines Besseren besinnen.»

Das Schicksal sprach zu mir durchs Telefon. Zum ersten und letzten Mal während meines Aufenthaltes in «The Grange» lief ich zu der Telefonzelle unter der Treppe. Es war ein Ferngespräch, und das Telefon schien voll seltsamer Geräusche zu sein. Dann vernahm ich: «Hier ist Jack Benett. Ich habe Ihren Brief an die *Times* erhalten. Wir treffen uns am nächsten Samstag um fünfzehn Uhr im Automobile Club in der Pall Mall.» - «Ja, gut», brachte ich aufgeregt hervor. «Woran kann ich Sie erkennen?» - «Wir treffen uns nächsten Samstag, wenn ich in der Stadt bin . . .», antwortete die unbekannte Stimme. - «Ja, das habe ich verstanden. Soll ich am Empfang nach Ihnen fragen?» - «Wir treffen uns am Samstag im Automobile Club», wiederholte die tiefe Stimme noch einmal, bevor die Unterhaltung abrupt unterbrochen wurde.

Nun, das war soweit klar, dennoch war ich verärgert. Hatte ich bereits einen schlechten Eindruck gemacht, oder war mein Englisch nicht zu verstehen? Wie hätte ich mir sonst das seltsame Verhalten von Jack Benett erklären sollen?

Drei Tage später betrat ich den Automobile Club: mein Cowboyhut saß schräg auf dem rechten Ohr, den Seehundmantel hatte ich mit einem Ledergürtel zusammengebunden, und an den Füßen trug ich gelbe Golfschuhe! (Ich war der Meinung gewesen, hochhackige Schuhe hätten frivol ausgesehen).

Ich hatte mich darauf vorbereitet, stark, ruhig und wachsam zu sein.

Aber dort, in diesem hochherrschaftlichen Haus, im rosa Salon für Damen, traf ich auf eine so unerwartete, malerische Erscheinung, daß sie meine wohlüberlegten Befürchtungen mit einem Schlag zunichte machte. Kein geringerer als Colonel John Fane Benett-Stanford kam auf mich zu, schlurfend und mit weit ausholenden Schritten, damit er den umfangreichsten Wanst, den ich je gesehen hatte, besser vor sich her tragen konnte; er hatte eine lange Zigarre im Mund, und sein rotes Gesicht ließ deutlich werden, daß viele gute Mahlzeiten und Getränke darauf verwendet worden waren, wie meine Mutter sagen würde. Er trug einen marineblauen Anzug, der einmal zweireihig gewesen sein mußte. Jetzt wurde er von einem durch zwei Knopflöcher gezogenen Schnürsenkel an der Stelle zusammengehalten, wo sein Oberkörper am dicksten war; die vier kleinen Knöpfe, die in der Regel an der Außenseite der Ärmel in einer Reihe aufgenäht sind, befanden sich obenauf. Wieder blickte ich in das volle Gesicht mit dem hängenden gelben Schnauzbart, dem kahlen Schädel und den hervortretenden Augen, aus denen Freundlichkeit und Schalk blickten. Wenn er etwas sagen wollte, mußte er sich jedesmal räuspern. Er schüttelte seinem Gegenüber nie die Hand: er streckte dem anderen seine plumpen, steifen Finger entgegen und erwartete, daß dieser sie drükken würde.

«Aber mein liebes Mädchen», begann er, «Sie sind ja viel jünger, als ich dachte, ich kann Sie unmöglich mit der Mannschaft in die Back stecken ... Sprechen Sie bitte in dieses Ohr, auf dem anderen bin ich taub ... Kriegsverletzung durch eine Granate ... Also, Sie wissen alles über das Segeln, sagen Sie? Prächtig, prächtig ...»

Er sah recht belustigt aus, war aber offenbar nicht von mir beeindruckt. Um ihm mein Können zu beweisen, zeigte ich ihm meine von harter Arbeit gegerbten Hände. Dann breitete er die Blaupausen der *Volunteer* vor mir aus, einer großen Themse-Barge, die in eine Yacht umgebaut worden war, mit einem flachen Kiel, Seitenschwertern, einer Maschine, einem Badezimmer und vielen Ausrüstungsgegenständen mit seltsamen Namen. Er hatte sie für sechshundert Pfund erstanden.

Ob es mir etwas ausmachen würde, ihn zu einer Nautik-Ausstellung zu begleiten? Nein, ich hatte nichts dagegen. Wir stiegen in ein Taxi, «dem einzig annehmbaren Wagen für einen Gentleman, in den man nicht auf allen vieren hineinkriechen muß ...»

So, so, ich sei also nicht sehr reich und könne keine sieben Guineen in der Woche aufbringen ... Nun denn ... Ob ich bereit sei, als eine Art Reisebegleiterin zu fungieren und seine zahlenden Gäste zu betreuen? Ja, das wollte ich. Nun, dann sei er bereit, mich für nur drei Pfund pro Woche mitzunehmen, alles inklusive. Bei diesen Worten sank mein Mut vollends; wir würden nie miteinander übereinkommen. «Laß' fahren dahin, es bringt doch keinen Gewinn!»

Ich ergriff mein Taschentuch, nahm all meinen Mut zusammen und antwortete: «Mein Herr, Sie haben mich falsch verstanden. Ich kann an Bord wie ein Mann arbeiten, Ihnen bei der Ausstattung behilflich sein, und ich will für meine Arbeit zwei Pfund die Woche, was sich von Ihrem Vorschlag erheblich unterscheidet. Wissen Sie, sechs Kinder sind alles, was ich noch habe ...» – «Ach du meine Güte», unterbrach er mich. «Aber mein gnädiges Fräulein, wie alt, sagen Sie, sind Sie?» – «Was habe ich gesagt? Soll ich lieber französisch sprechen? Ich meine, ich habe nur noch sechs Pfund zum Leben ...»

Wir kamen in Olympia an. Der Colonel spielte mit dem Gedanken, ein schnelles Motorboot zu kaufen, mit dem er an Land gehen konnte; er erkundigte sich nach dem Preis von Motoren und fragte nach rechtsgängigen Propellern und anderen Dingen, von denen ich nie etwas gehört hatte. Wenn er seinen langen Holzstock an der Krücke festhielt und damit auf die Stände deutete, sah er aus wie ein Standbild aus dem achtzehnten Jahrhundert. Er beugte sich mit seinem gesunden Ohr zu schüchternen Verkäufern hinab und pflegte sie anschließend mit den Worten zu entlassen: «Ich bin Ihnen zu größtem Dank verpflichtet, sehr ergeben ...»

Aber er wußte nicht viel über Segelausrüstung wie zum Beispiel über Hohlspieren oder Rollreffanlagen, und als ich mich begeistert über ein Ankerspill äußerte, lachte er, was mir zeigte, daß er sich nie damit abgequält hatte, einen Anker mit eigener Kraft zu hieven.

Bei einer Tasse Tee – er benutzte Sacharin – kamen wir zur Sache. Nun, ob ich gern als Kabinenjunge arbeiten würde? Ob ich servieren und spülen könnte? – Ja. – Ob ich wüßte, daß dies auch die Entleerung der Wasserschüsseln und der Töpfe der zahlenden Gäste bedeutete? – Ja. – «Prächtig, prächtig», sagte der Colonel und fügte so etwas hinzu wie «diese Ausländer sind schon etwas Besonderes!»

Ich wollte mich liebend gern mit vielem abfinden, statt wieder dreimal am Tag aus neun Portionen zwölf zaubern zu müssen. Er schloß mit den Worten: «Ich werde es für einen Monat mit Ihnen versuchen. Sie erhalten einen marineblauen Rock mit einem Blazer und dreißig Shilling die Woche für den Anfang. Wenn Sie sich meinen zahlenden Gästen gegenüber nicht korrekt verhalten», fügte er mit einem Augenzwinkern hinzu, «habe ich das Recht, Sie innerhalb einer Stunde an Land zu setzen!» – «Einverstanden», gab ich zurück. «Aber wenn Ihre zahlenden Gäste sich mir gegenüber nicht korrekt verhalten, habe ich die Freiheit, sofort mit einem Wochenlohn im voraus an Land zu gehen.»

Wir beschlossen, uns am kommenden Samstag an der Liverpool Street Station zu treffen und gemeinsam nach Brightlingsea zu fahren, wo die *Volunteer* auflag. Er, der eigentlich zur Deckung anderer Ausgaben an seinen Passagieren verdienen wollte, hatte mit einer Fremden einen Lohnvertrag über dreißig Shilling pro Woche abgeschlossen, während ich, statt etwas über Hochseesegeln und den Gebrauch eines Sextanten von einem perfekten Yachtmann zu lernen, eine Barge gefunden hatte, die bei einer Wassertiefe von einem Meter fahren konnte und einem Colonel gehörte, der einen Bauernhof betrieb!

Der Grund dafür war wohl darin zu suchen, daß sich einer über den anderen amüsierte; damit waren alle Bedenken über Bord geworfen.

An Land – Arbeit mit Männern

Das Leben war lebenswert – ich war wieder auf einem Schiff, obwohl es immer noch auflag. Wieder einmal spürte ich, daß es meine Bestimmung war, mit Schiffen umzugehen.

Meine Lehrertätigkeit gehörte inzwischen einer Vergangenheit an, die von Tag zu Tag unwirklicher und unglaublicher wurde. Belegt wurde sie einzig und allein durch ein Zeugnis, in dem zu lesen war, daß «ich an meiner Arbeit und meinen Schülern gleichermaßen interessiert» und bestrebt gewesen sei, ihre Leistungen zu verbessern, was mir «sowohl in Grammatik als auch in Konversation» gelungen sei.

In London hatte ich ein paar Tage verbummelt – frei von allen Verpflichtungen. Es war eine unangenehme Zeit, in der ich glücklich und einsam zugleich war. Ich lebte dem Zufall, wie so viele andere. Der Schlangenwärter im Zoo war der einzige, mit dem ich mich unterhielt, während er seine Schützlinge fütterte.

In Brightlingsea war alles neu für mich, obwohl mir diese Umgebung an sich vertraut war: das trübe Licht, das die geduckten Häuser in den stillen Straßen in einheitliches Grau tauchte, der Nebel, der über dem Hauptkanal des Colne hing, der Wald von Masten und Riggs in der Aldous-Werft.

Was uns betrifft – die *Volunteer*, Kapitän Dooley und mich –, wir standen alle drei auf dem trockenen und gaben eine kuriose Versammlung ab. Die Barge hatte, wie alle Schiffe dieser Art, einen flachen Boden, und mit ihren beiden riesigen Seitenschwertern, die wie müde Flossen auf dem Schlick auflagen, sah sie aus wie ein schlafender See-Elefant. Ihr Heck endete abrupt mit einem Spiegel, an dem das größte rechteckige Ruder eingehakt war, das ich je gesehen hatte. Sie war schwarz, und als ich sie zum ersten Mal sah, war ich den Tränen nahe, so sehr unterschied sie sich von der weißen Yacht meiner Träume. Das aufgelegte Gut an Deck und unter Deck bot ein Bild, das die Herzen aller Seeleute höher schlagen läßt. Verglichen mit der 7,20 m langen Slup, auf der ich im Mittelmeer gefahren war, konnte man sie für eine Art Linienschiff halten. Es hieß, sie sei nach über siebzig Jahren eines harten Lebens auf See leck wie ein Sieb, und der rundliche Mr. Stone, dem dieser Liegeplatz gehörte, sagte mir, ich sei verrückt, wenn ich auf ihr fahren wolle. Gesteuert wurde sie durch ein Rad, eine Einrichtung, mit der ich noch nie zu tun gehabt hatte. Wenn ich mir ihre Asmaße ansah, war mir klar, daß sie auf See schwer zu handhaben sein würde. Also wollte ich sie gut kennenlernen. Ich beschloß, niemals offen auszusprechen, welchen Eindruck ich ganz zu Anfang von ihr hatte, und mir die größte Mühe zu geben, daß sie mich akzeptierte und mir mein Eindringen nicht verübelte. Wir würden schon miteinander auskommen, dachte ich.

Mit Dooley war es etwas anderes. Würde er jemals eine Frau in seiner Mannschaft dulden, und würde ich meinen Sonderstatus bei seinen Männern und bei den Gästen beibehalten können? Der Colonel hatte gesagt, es sei allein meine Sache, wie ich mit den Schwierigkeiten fertig würde. Er wollte in einer Woche zurückkommen, um zu sehen, wie die Ausrüstung vorangekommen war.

Am ersten Abend erzählte ich Dooley, ich säße finanziell auf dem trockenen und müsse Geld verdienen. Da ich furchtbar gern segelte, sei es sehr gut für mich, wenn ich auf der *Volunteer* arbeiten könnte. Ich berichtete auch über meine letzte Kreuzfahrt im Mittelmeer allein mit einer anderen Frau. Dann fragte ich ihn, was er von folgender Idee halte: gegenüber der Crew und neugierigen Außenstehenden würden wir die Version vertreten, ich sei wild auf Yachten und wolle alles darüber wissen. Die beste Möglichkeit, dies zu erreichen, sei nun einmal, auf einer Yacht zu arbeiten und nicht als Passagier an Deck zu sitzen ...

Nachdem dies alles gesagt war, was ich mir sorgfältig zurechtgelegt hatte, lehnte ich mich auf meiner Bank in der Kombüse zurück und blickte Dooley an. Er war schon etwas älter und hatte junge, manchmal glänzende blaue Augen, einen wild wachsenden, braunen Bart, in dem ein Lächeln lauerte, das seine Mundwinkel nach oben schob. Natürlich trug er einen blauen Sergeanzug. Er war Ire und ein ehemaliger Unteroffizier der Royal Navy, der sich vom Unterdeck hochgedient hatte.

Lange ließ er seine Augen auf mir ruhen, und als mir gerade unbehaglich zumute werden wollte, murmelte er:

«Da müssen Sie sich keine Sorgen machen. Gott hat Sie hierher geschickt. Zumindest hat er meine Gebete erhört. Ich habe drei Monate allein in diesem alten Rumpf verbracht, ohne mich mit jemandem unterhalten zu können, und das war mehr, als ich ertragen konnte. Jetzt, wo Sie hier sind, ist alles in Ordnung. Sie erinnern mich stark an meine jüngste Tochter, und ich werde Ihnen helfen», fügte er hinzu.

Mir hätte nichts Besseres passieren können, und ich war überglücklich. An Deck war es dunkel; heftige Windstöße trieben den Regen in Schwaden auf das mit Leinen bedeckte Dach. Dooley schraubte die Leeseite des Oberlichtes herunter. Ich spießte ein Stück Brot auf eine Gabel und begann, es mir vor den glühenden Kohlen des Kochherdes zu rösten. An Wintertagen war die Kombüse der wärmste Ort auf der Barge; Spülbekken, Schränke und Back befanden sich auf Backbordseite; neben der Tür zur Vorpiek stand der Kochherd. An Steuerbordseite hatte man eine Bank an zwei Kojen gebaut. An dem Schott, das uns vom Waschraum trennte, war oben ein Regal befestigt. Trotz der ungewöhnlichen Lage der Barge – hoch und trocken auf dem Land – fühlte ich mich wieder auf einem Schiff zu Hause.

Dooley bestand darauf, mir seine Einzelkabine abzutreten, und am ersten Morgen an Bord wurde ich durch ein Klopfen geweckt. Bevor mir zu Bewußtsein kam, wo ich war, glitt die Schiebetür zurück, und der Kapitän stellte eine Tasse Tee auf das Regal des Kabinenjungen. Trotz meiner Verlegenheit mußte ich lachen! Es sah nicht so aus, als stünden mir an Bord der merkwürdigen *Volunteer* schlechte Zeiten bevor!

Der Zimmermann der Werft hobelte und hämmerte bereits in der im hinteren Teil des Schiffes gelegenen Doppelkabine, so daß ich schleunigst aufstand und meine Jacke und Arbeitskleidung überzog.

Wir stellten eine Liste all der Dinge zusammen, die unter Deck, auf Deck oder in der Takelage erledigt werden mußten. Ich arbeitete morgens vier und nachmittags drei Stunden. Zum Mittagessen ging ich ins Hotel «Anchor», das sich in der Nähe unseres Liegeplatzes befand; aber die Atmosphäre dort war trostlos, vor allem, wenn ich das Hotel mit einem ruhigen Landgasthof in der Schweiz verglich. Ich beschloß, weniger Wert auf

Der Boß der *Volunteer*

Stil zu legen und in Zukunft mit Dooley zu essen, der von Suppe und Irish Stew lebte.

Das Leben in einer Werft macht Spaß. Man verrichtet nützliche Arbeit, die gewisse Fertigkeiten erfordert. Nach des Tages Mühen hat man etwas vorzuweisen, das man sich gern anschaut. Während die Hände beschäftigt sind, lebt der Geist in Vorfreude, denn man weiß, daß man sich auf etwas Aufregendes vorbereitet – auf das Leben an Bord eines Schiffes auf hoher See. Die Arbeit ist nie so anspruchsvoll, daß man seinen Gedanken nicht nachhängen könnte. Die Tätigkeit beansprucht die Muskeln, so daß man abends rechtschaffen müde ist. Man freut sich, wenn man mit Werkzeugen so umgehen kann, wie es in jahrhundertelanger Praxis zur Gewohnheit wurde. Dann wächst das Verständnis für Handwerker, das viel tiefer geht als bloße Sympathie, und es entsteht ein Gefühl tiefer Verbundenheit mit ihnen.

Ob groß oder klein, jedes Boot benötigt die gleiche Behandlung. Die Oberlichter müssen wasserdicht gemacht werden, indem man die Sülls kalfatert und mit Spachtelkitt abdichtet; Deck und Rumpf müssen gestrichen werden; die Wanten brauchen neue Webeleinen – sie kleben und riechen herrlich nach Teer, wenn man die Tampen mit Bändseln betakelt. Ich saß in dem Bootsmannsstuhl und säuberte und lackierte den gedrungenen Mast, der überall lange Kratzer aufwies ... Von meinem hohen Sitz aus konnte ich den Hauptkanal überblicken, auf dem sich kleinere Boote im Rhythmus der Gezeiten hoben und senkten, und ich hatte einen freien Blick hinüber zu dem flachen Landstück, das uns vom Meer trennte ...

Taktvoll erkundigte sich Dooley immer nach meinen Fortschritten. Ja, ich wußte, wie man ein stumpfes Schabeisen schärfte und wie man ein Tau mit Takelgarn bekleidet. Ebenso konnte ich auf das Schott zum Waschraum unseren dicken, weißen Lack auftragen, und ich war es gewohnt, ein lose hängendes Haar mit der Bürste zu entfernen.

Aber ich mußte mir ansehen, wie der Toppmast richtig gesetzt wird, und ich prägte mir alle Besonderheiten einer Barge ein. Neben dem Mast war die Spriet unsere größte Spiere. Sie stützt das Großsegel auf die gleiche Weise wie die Gaffel auf einer Slup; aber anders als eine Gaffel, beginnt die Spriet unten am

Fuß des Mastes. Sie wird durch Drahtbrassen gehalten, die von den Bargenfahrern ‹Geer› genannt werden. Neben dem Steuerrad läuft die Großschot, deren Block fast so groß ist wie mein Kopf, durch einen Großschotwagen, der wiederum auf der Leitschiene gleitet, einem querschiffs angebrachten Rundbaum.

Nach zwei bis drei Tagen an Bord hatte ich das Gefühl, daß die Barge und der Kapitän mich akzeptiert hatten; ich war mir dessen ganz sicher, als sie ihre Bäume oder ihre Unterzüge nicht mehr meinem Kopf buchstäblich in den Weg stellte, und als sie meine Zehen nicht länger mit ihren zahlreichen Klampen, Lotleinen oder Pollern festhielt. Ich lief im Dunkeln auf ihr herum und war inzwischen so vertraut mit ihr, daß ich sie getrost als «alten Kahn» bezeichnen konnte, und nicht fürchten mußte, sie mir zum Feind zu machen, wenn ich ihr verrottetes Kielschwein sorgfältig untersuchte. Wir beschlossen, ihr Leiden mit Pech zu behandeln.

An dem Tag, als der Colonel uns aufsuchte, kündeten laute Rufe seine Ankunft an. Sobald er aus dem Schuppen trat, hörten wir: «He, hallo! *Volunteer* ahoi!» Dann setzte er sich auf das Dach seiner Bargenyacht, ließ sich vom Wind zerzausen, legte eine Hand hinter das Ohr und lauschte Dooleys Bericht. Er kam nach achtern, wobei er die blaue Farbe des Decks mit seinen schlurfenden Absätzen verkratzte, während ich fortfuhr, die Fangleine des Beibootes zu spleißen.

«Wie kommen Sie zurecht?» begrüßte er mich. «Der Kapitän hat mir berichtet, er habe noch nie jemanden so schwer arbeiten sehen.» – «Ja, Sir, das habe ich gerade gestern noch zum alten Stone gesagt. Er gab mir den Rat, doch mit dem Abschaben der Riemen aufzuhören, denn es sei schon spät ... Ich sagte ihm, daß ich zu meinem Vergnügen arbeite, nicht wegen der Bezahlung.» – «Aha, sieh an, brav, brav ... gut reagiert! Ein Freiwilliger ist so viel wert wie zehn Männer unter Zwang!»

Mit diesen Worten ging er zu einer Dame zurück, die neben der Gangway wartete. Es war Mrs. Shawe-Taylor, kein zahlender Gast, sondern eine Bekannte des Colonels, die mit uns segeln würde. Sie war groß und recht nett und hieß Amy. Ganz offensichtlich konnte sie nicht viel mit mir anfangen. Die beiden gingen bald wieder, um ihren Zug noch zu erreichen.

Ich merkte, daß ich froh war, von einem Tag auf den anderen

zu leben – ich beneidete niemanden und nichts. Gesundheitlich ging es mir besser – obwohl ich nicht in den Süden gefahren war, wie der Arzt es mir geraten hatte. Außerdem verdiente ich Geld, während ich zugleich mehr über Schiffe lernte.

An den ruhigen Abenden erzählte mir Dooley manchmal etwas über ferne Orte oder alte Schiffe, auf denen er gefahren war. Im Hafen von Sydney hatte er kleine offene Boote gesehen, die in höchst beachtlichen Regatten gegeneinander kämpften. Sie hatten so viel Segelfläche, daß die Mannschaften sich als lebendes Gegengewicht über die Luvseite lehnten, und wenn sie kenterten, machten sich die Männer anscheinend keine Gedanken darüber, daß dort überall Haie waren. Oder er brachte mich mit Geschichten aus Irland zum Lachen, in denen es um geschmuggelten Whisky ging. Begierig lauschte ich dem Klang seiner Worte, der mir neu war.

Zerstreuung fand ich vor allem an Land: durch Boote und Männer. Boote gab es reichlich. Alle waren sehr interessant (außer den gestaltlosen Motoryachten). Gleich neben uns lag die *Vera* mit einem geraden Vorsteven aus Teak, hart wie Stahl, sowie die elegante, kupferbeschlagene *Palatina*. Gern betrachtete ich die verschiedenen Schiffsrümpfe, um den Punkt zu finden, in dem ihre Linien sozusagen zusammenschmolzen und somit ein harmonisches Ganzes bildeten; und von diesem Punkt aus betrachtet erinnerten mich Schiffsrümpfe manchmal an die Umrisse eines Fisches; die *Vera* glich einem kräftigen Thunfisch. Mit Vorliebe schlenderte ich in der Aldous-Werft umher und hielt nach meinem Traumschiff Ausschau. Ich machte mir Notizen über besondere Vorrichtungen in Takelagen, über Möglichkeiten, klobige Anker unterzubringen. Ich kroch an Bord dieser schlafenden Schiffe und berührte ihre glatten Decks mit meinen Händen. Ich fand heraus, wie ich mit einem Trick ein Oberlicht öffnen konnte, durch das ich hinunter auf die Back sprang. Dann untersuchte ich die stillen Kabinen wie ein Pirat, der die gesammelten Erfahrungen anderer stiehlt, die diese bereits in eine Form gebracht haben. Raumsparende Einrichtungen, Komfort, Seemannschaft – jede gute Idee wollte ich für den Tag aufheben, an dem ich sie in unserem eigenen Boot anwenden konnte. Es ist nicht das Meer, das wir lieben lernen, sondern es sind die Boote, dachte ich. Sie sind es, die den bewegten Wassern eine Bedeutung verleihen. Das Meer schaut man gern in seinen unterschiedlichen Launen an. Man kann es beschreiben, malen, fotografieren – man kann einsam am Strand mit ihm spielen, man kann hineingehen, sogar darin schwimmen. Dennoch finden all diese Zeitvertreibe bald ein Ende. Aber man gebe mir einen schwimmenden Untersatz, und der Spaß beginnt – Spaß, der vielleicht einen Tag, ein Jahr oder ein Leben lang anhält. Diese vielen verschiedenartigen Schiffe, die hier in der Werft auflagen und von denen jedes ein kleines Heim für sich war, stellten die unterschiedlichsten Lösungen desselben Problems dar: wie verwandelt man einen leeren Schiffsrumpf in Kabinen? Fast alle konnten bis ans andere Ende der Welt segeln. Wie aufregend, wenn man bedachte, was sie alles erzählen könnten! ... Ich weiß noch, wie erregend es für mich war, als ich das Innere eines Brixham-Trawlers erforschte, dessen Name, glaube ich, *Marie Marguerita* war. Er gehörte Arnold Bennett; es war ein starkes Schiff und unter Deck so wundervoll ausgestattet ... genau die Yacht, die mich in den Südpazifik bringen könnte! Ich träumte, daß ich mit diesem Schiff jene wunderschönen Inseln entdecken würde, auf denen die Menschheit kein heilloses Durcheinander angerichtet hatte.

Meine zweite Zerstreuungsmöglichkeit boten mir, wie schon erwähnt, die Männer; davon gab es nur wenige. Einige Deckshände verließen nie die Schiffsrümpfe, die sie ausstatteten: sie gehörten zu ihrer kleinen, überschaubaren Welt. Man könnte sie mit einer Art menschlichem Schalentier vergleichen. Wenn ich ihnen bei der Arbeit zuschaute, lernte ich immer etwas.

Der Ladenbesitzer inmitten seiner dunklen, toten Welt war amüsant. Jeder Gegenstand seines Inventars erwachte erst dann zum Leben, wenn ein Skipper hereinschneite, ihn mitnahm und einsetzte. Dann endlich würde der Lack auf dem Baum glänzen, würde das Sämischleder die Schiebeluke umschmeicheln, würde der Schrubber das Deck säubern, aus dem Ende ein Fall werden, mit dem man die Klau hißt, würden die Fender zwischen Rumpf und Kai knirschen, die Blockscheiben rollen und kreischen, der Stander oben am Mast flattern, würde die kardanisch aufgehängte Lampe hin- und herpendeln, die Kompaßnadel sich langsam in ihrem Kompaßhaus bewegen, würde sich der Stropp an der Gaffel spannen, die Pütz ins Wasser fallen und die Ankerkette aus der Klüse schießen.

Den größten Teil meiner freien Zeit verbrachte ich in der Schmiede. Den ganzen Tag über hörte ich auf der *Volunteer* das klingende Geräusch des Ambosses, und an Ort und Stelle konnte ich sehen, wie der Hammer nach jedem Niedersausen ein bißchen zurücksprang. Die Wärme des Kohlenfeuers tat gut bei dem feuchten Wetter. Und natürlich war da Jones – und es war eine Freude, ihm bei der Arbeit zuzusehen. Er war ein hochgewachsener, schlaksiger Kerl, so geschmeidig, daß man denken konnte, er hätte keine Kraft, bis er dann den großen Hammer schwang. Er hatte eine schwarzglänzende Lederschürze um seine dünnen Rippen gebunden. In seinem schmalen Gesicht, das einem Bild von El Greco entsprungen sein könnte, war nur das Weiß seiner Augen nicht vom Kohlenstaub geschwärzt. Mühelos bearbeitete er ein so schweres Eisenstück wie einen Stagkragen; mit Hilfe seiner langen Zange hielt er den glühenden Ring quer über den Amboß, während er das weiche Metall mit leichten rhythmischen Hammerschlägen formte. Wenn dann das heiße Eisen in einem Wasserfaß zischte, sahen wir uns an. Vielleicht mochte ich nicht so sehr ihn als vielmehr die Fertigkeit, mit der er arbeitete. Genauso gern sehe ich zu, wenn ein Schiffszimmermann einen neuen Rudersteven befestigt oder den Kiel einer Yacht verbolzt. Jones war ein schweigsamer Mann, aber seine Augen sagten mir, daß er meine Gesellschaft mochte. Und ich war froh, wenn wir in der Schmiede etwas zu erledigen hatten. Ich bediente das Pedal des Blasebalgs, und Jones zeigte mir, wie man den Hammer schwang; eines Tages arbeitete ich sogar an unserem Ankerschäkel. Jones und sein Gehilfe waren sehr freundlich, sie lachten mich nicht aus, und ich war stolz auf meine neue Tätigkeit. Wenn ich ging, sagte er jedesmal: «Sie kommen doch bald wieder?» Ich dachte, vielleicht sollte ich nicht so oft in die Schmiede gehen. Dann kam der Tag, an dem ich ihm mitteilte: «Morgen laufen wir aus . . .» In seiner stockenden, schleppenden Art hielt er eine ungewöhnlich lange Rede: « . . . Schade, daß ich nicht allein bin. Wir hätten ganz gut zueinander gepaßt . . . Na ja, ich denke, wir waren allemal gute Kumpel . . .»

Zum letzten Mal sah ich ihn zwei Jahre später, an Bord der

Vera in Cowes; ich war nur ein alberner Gast, und er war ein schicker Maat in weißen Flanellhosen. Schüchtern lächelten wir uns an, gaben uns die Hand, erröteten ... und gingen auseinander.

Was den alten Stone, unseren Liegeplatzbesitzer, anbelangt, so setzte er alles daran, mich zum Reden zu bringen. Meistens hatte es den Anschein, als sei ich eine bezahlte Hand, andererseits hatte der Colonel mich in seinem Beisein einmal als Kabinenjunge bezeichnet. Dann wiederum lag ich einen ganzen Sonntag lang an Deck und las ein Buch, und Dooley trieb mich nicht an die Arbeit. Außerdem kannte ich in Genf den Sohn seines langjährigen Kunden Pourtales-Marcet, dem er erstklassige Masten geschickt hatte. Ich hatte Stone erzählt, daß ich meine Yacht immer auf den Slip bei Port-Marcet zog, weil er nur dreihundert Meter hinter dem Creux de Genthod lag, wo ich am Seeufer zu Hause war. Aus diesen Angaben mußte Stone geschlossen haben, ich sei wohlhabend. Auf der anderen Seite nahm ich aber in der Kombüse meine Mahlzeiten ein, zusammen mit dem Kapitän und Revell, dem alten Steward, der sich uns angeschlossen hatte ...

Eines Tages war Stone ungewöhnlich nett zu mir. Noch am selben Tag sprach mich ganz unerwartet nicht nur die Deckshand der benachbarten *Vera* an, sondern sogar ihr Eigner, der mich zum Abendessen einlud ... Etwas hatte sich geändert, aber was? Ich war dieselbe geblieben – abgebrochene Fingernägel, ungekämmtes Haar, nach Terpentin duftend, mit dem ich die Mennigereste von meinen Händen entfernt hatte.

Dooley kannte die Antwort auf meine Frage. Um Stones lästige Fragen loszuwerden, hatte er meine Freunde Ralph Stock und Alain Gerbault erwähnt und hinzugefügt, daß ich genau wie sie auch Schriftstellerin sei. Ob das der Grund für ihre veränderte Haltung war? Warum sollten sie plötzlich freundlich sein? Nur weil sie dachten, daß ich Bücher schreibe? Was machte es schon aus, wer meine Freunde waren? Wurde ich durch sie ein anderer Mensch? Das war nur ein kleines Beispiel für den Einfluß des Snobismus in der Welt, ohne den nur wenig erreicht werden kann: den Leuten geht es nicht darum, wer man ist, sondern um die einflußreichen Freunde, die man hat.

Natürlich war die ganze Geschichte eine Farce, und Dooley,

mit einem Lächeln in den Augen, wußte es; aber es war ein guter Scherz, um Stone loszuwerden. Ausgerechnet ich sollte ein Buch schreiben, die ich kaum einen Brief an meine Eltern fertigbrachte? So dumm würde ich nie sein! Ohnehin wurden tagtäglich zu viele nutzlose Bücher veröffentlicht. Ich hatte allerdings daran gedacht, ein Tagebuch über unsere bevorstehende Kreuzfahrt in der Südsee zu schreiben (eine Kreuzfahrt, von der wir heimlich geträumt hatten), weil es anderen eine Hilfe sein konnte, denen es an Mut fehlte, fortzusegeln.

Nein, das Schreiben lag mir nicht. Es war ein Fehler, wenn man sich monatelang hinsetzte, um Tinte aufs Papier zu bringen, statt etwas zu tun . . . was sicherlich eine direktere, realere und befriedigendere Art zu leben war, als über Vergangenes zu schreiben . . .

Für mich zählte nur die Gegenwart. Es war wichtig, das Leben voll auszukosten, mit eigenen Händen zu arbeiten, den eigenen Gedanken nachzuhängen und für Dinge zu leben, die es meiner Ansicht nach verdienten. Damals vertrat ich die Ansicht, man sollte nicht in einer Vorstellung leben und über Dinge reden, die noch nicht getan waren . . . Ich war noch nicht zu der Erkenntnis gelangt, daß Meditation ihre positiven Seiten hat, und daß man mit Nachdenken oder Schreiben durchaus eine «wertvolle» Tätigkeit ausüben kann. Dummerweise glaubte ich, schreiben heiße soviel wie die Vergangenheit betrachten und sei ein Zeichen dafür, daß die Energie nachläßt, die in die Zukunft gerichtet ist, und somit der eigentliche Beginn des Sterbens.

Mein einziger Gedanke galt der Vorbereitung eines langen Lebens auf See. Dort wäre ich ständig in Berührung mit der Realität der Sonne, des Windes, der Wellen und der Menschen, die sich ihren Lebensunterhalt auf dem Meer verdienen – weit weg von der Heuchelei und Gekünsteltheit einer Stadt.

«Hast du je, hungerleidend, triumphiert; daniederliegend noch nach Ruhm gestrebt,
an Größe gewonnen in der Schöpfung Größe?
Hast du etwas getan, um es zu tun, und Schwätzern das Erzählen überlassen,
und durch die hübsche Schale in die nackte Seele geblickt?

– R.W. Service

Vom Deck der *Volunteer* aus sah man, wie die glutrot untergehende Sonne zur Hälfte von dunkelblauen Wolken verdeckt wurde. Die durch den Dunst zerstreuten rosa Strahlen verliehen Bucht und Liegeplätzen perlmuttenen Glanz. Die Luft war milder: sie erinnerte mich daran, daß das Land der Felder und Bäume, das ich fast vergessen hatte, wieder zum Leben erwachte.

Als Kabinenjunge auf See

Wir mußten die Barge zum Schwimmen bringen. Stone sagte uns, wir sollten die nächste Flut abwarten; alles ging schief, jeder schimpfte mit jedem. Dooley verlor die Nerven. Mechanisch schoß er Taue auf, während wir auf die *Palatina* zutrieben und die beiden vor Anker liegenden Fischkutter mit uns zogen, an denen wir unsere Heckleinen festgemacht hatten.

Obwohl er heftig fluchte, nahm der Colonel das Ganze gelassen hin. Wenn diese Manöver für die *Volunteer* am Ende nichts Neues waren, würde ich sicher noch an einem Herzschlag sterben! Ich wünschte mir inständig, daß tapfere Gäste oder Schüler an Bord kommen würden, da wir mit dem Colonel, Dooley und mir nicht genügend Arbeitskräfte hatten. Hin und wieder ging uns Condor, der Mechaniker, zur Hand, wenn seine Maschine gut lief; und unser Steward, der langsame Revell, entstieg ein- oder zweimal seiner Kombüse und machte sich an einer Winsch zu schaffen. Mrs. Shawe-Taylor stand reglos da und rümpfte amüsiert die Nase. Bei einem verzweifelten Versuch, einen Zusammenstoß zu verhindern, half sie dem Colonel, das Steuerrad schneller zu drehen. Ein paarmal hatte unser Eigner merkwürdige und wenig erfolgreiche Begegnungen mit einem eisernen T-Träger, der neben dem Steuerrad aus dem Deck ragte und dazu dienen sollte, das Rudergeschirr zu führen.

Zum Glück befand sich der alte Stone an Bord; und nachdem er sich davon überzeugt hatte, daß Dooley unfähig war zu entscheiden, was zu tun sei, übernahm er schließlich das Kommando. Bei Hochwasser lichteten wir den Anker und stießen uns vom Grund ab. Der Wind blies wie wahnsinnig, und ich wurde unruhig, als ich sah, mit welcher Kraft er in unsere schwere Takelage fuhr, die mit am Mast aufgegeitem Toppsegel und Großsegel belastet war. Da die Seitenschwerter hochgezogen waren, bot unser massiger Rumpf praktisch keinen Widerstand; wir wurden vom Wind und dem starken Ebbesog hin und her geworfen. Ich wagte nicht, mir vorzustellen, was in den nächsten Tagen noch geschehen könnte.

Das Wichtigste jedoch war, daß wir schwammen, was ich

kaum glauben konnte, denn ich hatte mich inzwischen an das Leben auf dem Trockenen gewöhnt. Immer wieder eilte ich den Niedergang hinauf, um einen Blick auf das Wasser ringsumher zu werfen.

Wir ritten nicht weit von unserem Liegeplatz vor Anker. Unser alter Rumpf mußte sich nicht länger auf dem Trockenen durchbiegen; er lebte und schwamm wieder; Türpfosten und Schwellen hatten sich soweit gerichtet, daß man die Türen schließen konnte; und die Wasserspülung funktionierte. An unserem Stag brannte auf halber Höhe ein weißes Licht. Das Wasser gluckerte am Rumpf, kaum zwanzig Zentimeter von meinem Ohr entfernt. Obwohl die See in der Bucht so glatt wie eine Rollschuhbahn war, wußte ich, daß wir nicht mehr auf Grund lagen: ich war nicht ganz sicher auf den Beinen und fühlte mich wie beschwipst – ein Gefühl, das nur ein oder zwei Tage anhalten würde.

Ich lag in meiner niedrigen Koje und war so müde, daß ich nicht einschlafen konnte ... dabei mußte ich am nächsten Morgen früh aufstehen. Ich war den ganzen Tag überall wie wild herumgelaufen und hatte Botschaften von Dooley zum Colonel gebracht und umgekehrt (wobei ich klugerweise die Flüche und die wenig schmeichelhaften Bezeichnungen ausließ), war zu Condor hinabgetaucht, um ihm zu sagen: «Fahren Sie um Himmels willen volle Fahrt achteraus ...», war in das Beiboot gesprungen, um ein Tau zu einer Boje in der Mitte des Fahrwassers zu bringen; hatte dem Colonel gesagt, wann sein Ruder mittschiffs lag; war zum Wasserstag gerannt, um in letzter Sekunde den Bugspriet einer kleinen Yacht zu retten, die dummerweise mitten in unserem Weg vertäut lag; hatte die schlammige, schlüpfrige Ankerkette ebenso schnell geordnet, wie Dooley und Revell sie um das Ankerspill hievten – weil wir eine schlechte Muring aufgepickt hatten ... Oh Schutzpatron aller Seeleute, welch ein Alptraum!

Zum Abschluß dieses Tages dinierte ich mit dem Colonel und Amy – es gab Austern, Seezunge und Truthahn. Revell hatte aufgetragen, und danach bewältigten wir den Abwasch gemeinsam.

Es war der 8. Mai. Wir standen um fünf Uhr auf und begannen, den Anker zu lichten, weil wir mit der Tide wegkommen wollten; ich hastete nach achtern, um dem Colonel mitzuteilen, daß wir klar zum Auslaufen waren. Nachdem der Motor wohl ein halbes Dutzend Mal fröhlich gehustet hatte, sprang er an. Wir schlugen ohne weitere Zwischenfälle einen südlichen Kurs ein und nahmen Abschied von dem verschlafenen Brightlingsea.

Ein kräftiger Südwind blies, als wir Besan und Großsegel lösten und uns zuriefen: «Kommen Sie schon in den Wind, Colonel, sonst können wir die Großschot nicht dichtholen . . .» Das war leicht, man mußte nur die kleine Winsch zweimal herumdrehen. Und dann? «Stagsegel hissen . . . Schnell, nehmen Sie den Schornstein vom Herd weg, bevor er mitgerissen wird!» – «Und was ist mit den Seitenschwertern? Wir sollten das auf der Leeseite herunterlassen, da wir aufkreuzen . . .»

Unterdessen passierten wir unsere schweigsamen, reglosen Freunde, die Bar-Boje und die Adlerboje, und kreuzten durch den Spitway. Dooley steuerte, während wir unter Deck gingen, um zu frühstücken. Der Tisch war nicht festgeschraubt und wackelte. Man mußte achtgeben, daß man sich nicht auf das blauweiß-karierte Wachstischtuch stützte. Der Salon, in dem ich nun wohnen sollte, nahm den mittleren Teil des Schiffsraums ein und war geräumig und hell. Das gesamte Dach war zu einem Oberlicht umgebaut worden. Auf beiden Seiten befanden sich Bücherregale, neben der Tür achteraus standen Kommoden. Unter dem Niedergang hing Ölzeug. Ein Kühlschrank stand auf Backbordseite direkt neben dem Schreibtisch, auf dem Logbuch und Gästebuch nebst Lineal lagen . . . Die Seekarten lagen unter den Sitzbänken. Die Schotten waren geschmückt mit lustigen Farbkarikaturen von Gilray; der Colonel erzählte uns, daß seine «Madame» diese schockierenden Drucke nicht in Pythouse, seinem Landsitz, dulden wolle, so daß er sie mit an Bord genommen hatte. (Ich erinnere mich noch an eine Zeichnung mit dem Titel «Sie ergibt sich, um zu erobern».)

Während ich das Frühstücksgeschirr abräumte und die Kabinen in Ordnung brachte, war ich mit meinen Gedanken an Deck, und ich wußte jedesmal, wann wir wendeten.

Irgend etwas beunruhigte mich; wir schwangen nicht gleichmäßig herum. Immer wieder luvte die Barge zu stark an. Zuerst flatterte das Stagsegel bedrohlich über der Back, und dann zerrte das Schothorn des Großsegels mit dem riesigen Block geräuschvoll am Großschotwagen.

Als ich wieder an Deck kam, war der Wind so stark, daß ich mir ein Kopftuch umbinden mußte. Nur das Luvschwert war heruntergelassen, und das war für niemanden gut. Wieder brachte Dooley die Barge zu nah an den Wind und damit zum Stillstand; dann legte er das Ruder, so daß der nächste Windstoß sie ohne Fahrt querein traf. Unter einer solchen Belastung wurden die Planken der alten Barge leck; das Bilgenwasser stieg bis über die Bodenbretter, so daß wir es auspumpen mußten.

Offensichtlich hatte Dooley kein Gespür für ein Segelschiff. Er steuerte sie nach Kompaß, was sinnlos ist, wenn ein Boot hart am Wind liegt. «Geben Sie sie mir mal . . .», schlug ich möglichst beiläufig vor; Dooley wußte nicht, daß ich noch nie ein Steuerrad in Händen gehalten hatte.

Dooley ging nach vorn, um die Karte zu studieren. Der Colonel war achtern, um sich auszuruhen. Amy war kurz an Deck gekommen, fand es aber zu kalt und windig. Ich war allein.

Der Motor tuckerte immer noch und verpestete die Luft mit dem muffigen Geruch verbrannten Öls. Hin und wieder wurde der Auspuff von der Dünung erstickt.

So kam es, daß ich die *Volunteer* an unserem ersten Tag vor der Ostküste in Höhe von Southend zwischen Sandbänken hindurch in die Themsemündung steuerte . . .

Eine Bö

In der Hauptfahrrinne herrscht ein reges Hin und Her von Frachtschiffen. Wir fahren mit dem Gezeitenstrom und machen acht Knoten. Die Leereling taucht gar nicht mehr aus der Gischt auf; und zu den Davits, an denen unsere beiden Beiboote befestigt sind, mag ich gar nicht hinsehen. Regentropfen prikkeln auf meinem Gesicht. Endlich ist Dooley damit einverstanden, das Großsegel zu verkleinern, das sich wie ein Bühnenvorhang zu einem großen braunen Bündel in Falten an den Mast legt. Der Colonel versucht das Gleichgewicht zu halten und klammert sich an das Gaffelgeer. Er raucht eine Pfeife mit einem silbernen Deckel, die aussieht wie ein Saxophon. Er hat beschlossen, eine Zeitlang zu ankern, da Amy sich nicht wohlfühlt und wir hier an Land gehen müssen.

Wir gleiten an der Pier entlang und lassen den Anker fallen, sobald wir sie passiert haben, damit wir nicht zu weit rudern müssen.

Den Klüver und das Stagsegel niederholen ist harte Arbeit, da der immer noch starke Wind mit ihnen spielen will. Pause . . . Plötzlich herrscht Friede im ruhig daliegenden Salon! Meine Hände brennen vom Bedienen der Seitenschwert-Talje, vom Umgang mit dem groben Hanf der Geitaue und der feuchten Großschot.

Treibt das Boot ab? Nein, wir befinden uns noch immer in Höhe derselben Boje; der Anker hält, und wir können in Ruhe zu Mittag essen. Der Colonel ist charmant. Er will unsere Gäste in Dover an Bord nehmen (kein junger Mann für mich dabei, fügt er mit einem lauten Auflachen hinzu) und dann nach Dieppe hinübersegeln, um dort im Casino zu spielen, sagt er. Außerdem will er in der Nordsee Thunfisch angeln, «nur um zu sehen, ob es ein Thunfisch mit mir aufnehmen kann.»

Aber jetzt heißt es «Anker lichten . . .!» Dooley, Revell und ich arbeiten am Spill und lassen die Palls um den Randkranz klicken. Condor läßt seine Maschine an. Wir brauchen sie, da wir gegen den Wind starten. Der Eigner steht barhäuptig und mit einer brennenden Zigarre am Ruder.

Wir haben den Anker gerade gelichtet, da trifft uns eine furchtbare Bö, die die Zeisinge unserer geborgenen Vorsegel losreißt, die zur Hälfte gehißt sind, wie es bei Bargen üblich ist. Sie schlagen so heftig, daß sie unsere Abdrift verstärken und unseren Vorsteven sofort nach Lee drehen ... und dort ist – die Pier! Der Motor kann gegen eine solche Sturmbö fast nichts ausrichten. Der Colonel weiß nicht, was er tun soll, er schreit so laut er kann nach Condor; er hat das Ruder völlig umgelegt und damit keine Ruderwirkung. Die am Ruder befestigte Besanschot reißt: das Besansegel kann uns nun nicht mehr in den Wind bringen.

Wie gebannt starre ich auf den Molenkopf, der wie ein Schnellzug auf uns zurast. Wir arbeiten wie wild und versuchen, die Vorsegel herunterzuholen, damit der Motor es leichter hat. Pier und Barge streben anscheinend unweigerlich aufeinander zu, unbarmherzig! Es wird einen so furchtbaren Zusammenstoß mit dieser Pier geben, die bisher freundlich zu mir war. Ich wage kaum, die Augen zu öffnen ...(Inbrünstig wünsche ich mir, meine schönen Bilder vom Skilaufen, die im Schiff unten sind, würden in einer wasserdichten Schachtel liegen!) Seitlich schießen wir am Fuß des Pfahlwerks vorbei. Keine Zigarre paßt mehr zwischen unser Ruder und den am weitesten hervorstehenden Pfahl ... Das Wasser klatscht böse unter der Pier. Es erinnert mich an die kleinen, schäumenden Vulkane, zu denen das Meer auf japanischen Bildern aufgewühlt wird.

Nachdem die Gefahr vorüber ist, wird mir ganz schwach. Wir setzen die Segel und nehmen Kurs Südost, wo das Feuerschiff Nore traurig und verlassen im Regen liegt. Unser Toppsegel ist am Schothorn gerissen, und ich bin froh, daß wir es zunächst einmal niederholen müssen, denn immer noch bläst der Wind fast mit Sturmstärke. In der Nähe der Hügel von Kentish wird es ruhiger, und um 19 Uhr lassen wir nach einem ereignisreichen Tag vor Margate den Anker fallen.

Neben uns befinden sich zwei beladene, tief im Wasser liegende Bargen, die auf den Gezeitenwechsel warten, die *Dongola* und die *Michigan*.

Der Friede ist jetzt vollkommen, und das Wasser um uns herum ist ruhig. Obwohl die Lichter von Margate in der Dunkelheit nicht weit von uns sanft flackern, fühle ich mich von aller Welt abgeschnitten. Ein Fall schlägt in regelmäßigen Abständen gegen den Mast. Vage spüre ich die Nähe von London im Westen – London, der größte Hafen der Welt, ein Magnet, der Schiffe aller Art unablässig anzieht; alle, die in einer langsamen Prozession stromaufwärts segeln, werden zurückkehren, sobald sie geleert und wieder aufgefüllt sind. Sie werden gerufen und zurückgeschickt ... um erneut aus dem Maul der Themse ausgespuckt zu werden!

Mit Einsetzen des Ebbestroms brechen wir früh am nächsten Morgen auf. Das Wetter ist schlecht, und es ist so kalt, daß ich alles überziehe, was ich finde. Wie wohl tut da die Tasse Tee, die mir Revell an Deck bringt ... Er ist ein guter Kamerad; ich bin überrascht, daß er so entgegenkommend ist. Er hat ein hölzernes Gesicht mit einem dicklichen Kinn und kleinen schwarzen Augen, in denen ich nichts lesen kann. Seine Augenbrauen haben ein umgekehrtes «V» fest in seine behaarte Stirn eingemeißelt.

Wegen eines südlichen Gegenwindes «fahren wir mit Motorkraft», umsegeln die Longnose-Boje, und als wir uns auf Höhe von North Foreland befinden, reiten wir eine hohe See; die Schraube ragt die meiste Zeit aus dem Wasser und beschleunigt wie wild, bis sie erneut in den Widerstand des Seewassers eintaucht; es wird zu einem regelrechten Versteckspiel, bei dem die Spriet hin und her gestoßen wird. Ein paar Meilen weiter westlich können wir an Land die grauen Häuser von Ramsgate erkennen. Wie eintönig ist doch diese Küste, verglichen mit den Buchten und Kiefern, wie ich sie vom Mittelmeer her kenne ...

Wind und Gezeitenstrom sind gegen uns, daher werfen wir vor Deal den Anker aus, um zu Mittag zu essen. Und dort schlafe ich eine selige Stunde lang in den Falten des Stagsegels über der Kombüse, träume allerdings davon, daß wir auf den Goodwin-Sandbänken stranden ...

Ganz langsam schleichen wir mit Motorkraft aus den Downs heraus, passieren South Foreland und erreichen bald wohlbehalten den Hafen von Dover, das geschäftige, grau-weiße Dover mit seinen berühmten Kliffs, die ich zum ersten Mal sehe.

Die *Atalante*, 1926

Das Schiff unserer Träume

Gastspiel in Dover

Am nächsten Tag liefen wir in den Hafen von Granville ein, denn unsere verbogene Saling mußte zum Schmied gebracht werden. Vor zwei Tagen hatte ich nun erlebt, wie es passierte, und ich wußte, daß ich mich in Zukunft nur noch auf mein eigenes Urteil verlassen würde. Bis wir schließlich und endlich am Kai anlegten, hatte ich verschiedene Stadien der Scham durchlaufen. Der Colonel stand am Ruder (ich hegte nicht im geringsten den Wunsch, es zu übernehmen, da ich nicht wußte, wie die Schraube neben unserem merkwürdigen Ruder reagieren würde), der Hafenmeister deutete auf unseren Liegeplatz, und wir hielten geradewegs auf die Wand zu. Der Colonel kämpfte mit eisernen Pinkbändern, die *Volunteer* vollführte eigenartige Fohlensprünge auf ihrer wäßrigen Koppel, während wir anderen mit Fendern bewaffnet umherliefen, um den Aufprall von Holz auf Stein zu dämpfen . . . Die Hafenarbeiter machten kein Hehl aus ihren Gedanken und riefen laut und vernehmlich: «Oh Gott! Oh Gott!» Das war zuviel für mich. Ich sprang rechtzeitig in ein Dingi, um es davor zu retten, wie eine Wanze zerquetscht zu werden, und war dankbar, nichts mehr mit der *Volunteer* zu tun zu haben . . . Ach, Miette, du, mit der ich früher gesegelt bin, nur du hättest verstehen können, was ich mitgemacht habe . . . Wenn ich daran denke, wie stolz wir damals waren, als wir vor einem aus Osten kommenden Sturm unter vollen Segeln in den Hafen von Antibes einliefen und die alten Seebären uns beobachteten! Nicht ein einziges Mal mußte die eine bei der anderen um Rat fragen, und wir machten beim Anlegemanöver keine falsche Bewegung . . .

Wir blieben ein paar Tage in Dover, die mir im großen und ganzen auch gefallen haben. Ich genoß es, die *Jasper* allein zu segeln, unser 3,50 m langes Beiboot – nicht nur, weil es so viel Spaß machte, dem Wasser so nah zu sein und bei den geringsten Böen einer Brise zu krängen, sondern weil der Colonel hier nicht alle zwei Minuten nach mir rufen konnte.

Ich wurde nicht müde, zu beobachten, wie die Möwen sich

putzten, und mir vorzustellen, ich sei eine von ihnen, und würde als hübsche kleine Boje auf dem Wasser tanzen. Das Hin und Her der Linienschiffe, die zwischen Dover und Calais verkehrten, war sehr interessant, wenn man bedachte, wie schnell und geschickt sie im Hafen manövrierten. Erstaunlich, wie hastig man doch versuchte, England mit dem Kontinent zu verbinden! Aber auch hier, an seiner engsten Stelle, war der Ärmelkanal noch immer so breit, daß er die Insulaner davor bewahrte, jede neuartige Idee, die auf dem Kontinent gärte, aufzugreifen. War dieses unbewußte Gefühl der Isolierung von Europa der Grund für die englische Reserviertheit? Wer weiß? Vielleicht ist es gut, Zurückhaltung zu üben, nicht zu häufig von neuen Impulsen erschüttert zu werden: es läßt einem Volk Zeit, tiefe Wurzeln zu schlagen ... Was auch immer die Ursache für den allgemeinen Gleichmut sein mag – er hat mich oft verwirrt.

An einem Nachmittag, als ich zur Barge zurückkehrte, sah ich zwei ältere Herren mit weißen Yachtmützen (eine Kopfbedekkung, die mir nicht gefällt). Ich ahnte Schreckliches. Es waren unsere ersten zahlenden Gäste; der eine war dreiundachtzig, seine Frau, die ihn begleitete, war siebzig. Auch das noch! Die zweite Farbschicht, die das Deck brauchte, konnte unmöglich am nächsten Tag aufgetragen werden, wenn so viele Landratten im Wege standen! Ich hatte gehofft, sie würden erst kurz vor Auslaufen der Barge an Bord kommen. Zum Glück waren ihre Kabinen in Ordnung, keine Löcher in Laken oder Handtüchern und kaum ein Leck in den Oberlichtern ... Für den nächsten Tag erwarteten wir eine weitere Dame, die so alt war wie die erste, so daß Dooley unsere Barge schon «Das Antiquarium» nannte.

Der Colonel rief mich zu sich auf den Kai. Er brauchte meine Gesellschaft, um seiner Lieblingsbeschäftigung nachgehen zu können: die Massen erschöpfter Menschen zu betrachten, die aus den Postschiffen herabstiegen. Also gingen wir hin und beobachteten sie: die Briten, die wahrscheinlich froh waren, sich wieder in ihrer Muttersprache verständigen zu können und ihr blasses, graues Land wiederzusehen. So musterten wir sie der Reihe nach: da war die knochige Jungfrau, die ordentliche Familie mit schußbereiter Kamera auf dunkelblauen Mackintoshs, der Verwaltungsbeamte, der geradewegs von einem

Schiff in Marseille kam, der Geschäftsmann mit seinem Diplomatenkoffer, die feine Dame mit Reiseplaid, Pelzmantel und Perlenkette, die sich ihre Hutschachteln von einem Steward tragen ließ . . . schließlich der Müßiggänger im bequemen Überzieher. Die Herde der Ausländer strebte in Pfeilrichtung einem anderen Ausgang zu; einige machten einen verzagten Eindruck, vielleicht, weil sie zum ersten Mal nach England kamen, vielleicht aber auch, weil sie die Einwanderungsbestimmungen für ihre Arbeit als Kellner, Musiker, Kinderfrau, Gesellschafterin umgehen wollten. Wir entdeckten geschmacklose Krawatten, seltsame Holzkisten und Menschen mit auffallend gelber Gesichtsfarbe. Hin und wieder fiel unser Blick auf jemanden, der elegant wie ein französischer Couturier einherkam, und der Colonel wußte, wie man leise bewundernd pfeift. Die größte Freude bereitete es meinem Bootseigner, herauszufinden, wie viele Eton-Krawatten er in der Menge entdecken konnte; ich habe erlebt, daß er einen Mann ansprach, den er nicht kannte, und in seiner charmantesten Art fragte, ob sie demselben Jahrgang angehörten . . . So machten wir uns also in unseren abgetragenen Seemannskleidern mit kindlichem Vergnügen über höchst ehrenwerte Leute lustig . . .

In Dover machten wir einen Einkaufsbummel, den ich nie vergessen werde. Zunächst jedoch muß ich meinen Chef genauer beschreiben.

Aufgrund seiner Körperfülle konnte er die Schuhe nie richtig zubinden, so daß die Schnürsenkel den ganzen Tag lose herumhingen; schon von weitem war sein lautes Schlurfen zu hören; die Socken waren an den Fersen immer durchgescheuert, und bei jedem Schritt sah man so etwas wie einen Tennisball aus seinem Schuh aufblitzen. In den Mantel waren vorn an zwei Stellen Löcher eingebrannt – wahrscheinlich durch heruntergefallenen Tabak. Und in seinen alten grünen Filzhut hatte er mit einer Zigarre zwei Luftlöcher gebrannt. Da es den Anschein hatte, als würde unser Bummel länger dauern, kniete ich mich mitten auf der Straße nieder, um seine Schnürsenkel zu binden. Beim Weitergehen traf er einen Schornsteinfeger, schwarz wie ein Rabe; er zog den Hut und fragte ihn: «Nun, mein Lieber, wie geht es Ihrem alten Vater heute?»

Ich war zu der Überzeugung gelangt, daß der Colonel mich

einem Test unterziehen wollte, um herauszufinden, wie schnell ich schockiert war ... Aber dieses Spielchen würde er nicht gewinnen, denn ich war ebensogut wie er. In diesem Augenblick begann mein Zeh zu schmerzen; ich beschloß, etwas dagegen zu unternehmen. «Moment mal», bat ich ihn, «so kann ich nicht weiterlaufen!» Ich setzte mich mitten auf den Bürgersteig und schnitt mit dem riesigen Segelmesser, das ich immer bei mir trug, ein viereckiges Loch in meinen Leinenschuh. Der Colonel verzog keine Miene, aber ein Herr, der sich neben ihn stellte, bemerkte amüsiert: «Nicht gerade ein Damenmesser, was?» – «Gott sei Dank ist sie keine Dame, sie kann verdammt hart arbeiten», erwiderte der Colonel.

Nach dieser Bemerkung, die vielleicht nicht gerade ein Kompliment war, gingen wir weiter, um eine Badematte aus Gummi für unsere Barge zu kaufen. Außerdem erstanden wir ein Paar Gummistiefel für mich, denn der Colonel befürchtete, ich würde mich noch erkälten, wenn ich weiterhin barfuß das Deck schrubbte. Und wir suchten vier emaillierte Zinnbecher aus, die als Zahngläser benutzt werden sollten. Sie wurden mit einer Schnur zusammengebunden, die der Colonel am oberen Ende seines Haselnußstockes befestigte, da er kein Päckchen in der Hand halten wollte. Ich bekam ein neues Messer, denn der Colonel hatte meine alte Klinge abgebrochen, als er versuchte, Austern damit zu öffnen.

Anschließend gingen wir über die Dover High Street zurück, beseelt von dem Gefühl, unabhängig, unbekannt und mit allen Wassern gewaschen zu sein und die Freiheit zu besitzen, im nächsten Augenblick davonsegeln und fern auf dem Ozean verschwinden zu können.

In jenen merkwürdigen Tagen kam mir eine Idee: ich wollte meine Stellung an Bord so weit festigen, daß man eine ganz bestimmte Bitte, die ich vorbringen wollte, erfüllen würde. Unsere drei zahlenden Gäste würden uns an Deck nur wenig nützen, so daß ich sicher den ganzen Tag hinauf- und hinunterhetzen und mal Dooley, mal Revell zur Hand gehen müßte. Natürlich würde ich keine Zeit haben zu nähen, zu waschen, zu lesen oder zu schreiben; und das war zuviel für mich. Ich mußte einfach zur Deckshand befördert werden. Aber zunächst würde ich mich beim Colonel unentbehrlich machen, so daß er nicht sagen konnte: «Ich glaube, ich komme auch ohne Sie zurecht, denn Ihre Kabine würde mir immerhin Geld einbringen, wenn ich sie vermieten könnte . . .» Eine andere Sache war die, daß Miette den Kauf unseres kleinen Bootes noch nicht bestätigt hatte, so daß ich vorläufig noch dankbar für eine so gute Koje war.

An der Südküste entlang

Die meiste Zeit fuhr die *Volunteer* unter Segeln und mit Motorkraft gemächlich an der Küste entlang, nutzte günstige Gezeitenströme und ging abends in seichten Gewässern vor Anker. Die flache, öde, sandige Landspitze von Dungeness passierten wir in Sichtweite. Die Häuser am Strand sahen aus, als hätten die Kinder von Riesen ihre Würfel dort vergessen.

Fairlight war eine freundlichere Landmarke. Wir fuhren nahe an den mit blühenden Sträuchern übersäten Hügel heran und stoppten, um zu Mittag zu essen. Am Ufer waren weiße Zelte aufgeschlagen, und plötzlich war mir sehr sommerlich zumute . . . so sehr, daß ich am liebsten sofort ins Wasser gesprungen wäre. Bei Tisch zog Dickins, der zahlende Gast, den «Kabinenjungen» damit auf, daß sie gar keine Zeit zum Essen habe, da sie bedienen und abräumen müsse. Wenn sie in die Kombüse eilte, verpaßte sie die Pointen der Geschichten, die der Colonel zum besten gab, um seine Gäste zu unterhalten. Mit großem schauspielerischem Talent beschrieb er eine seiner Beschäftigungen während des Weltkrieges, als er der einzige war, der mit einer Gruppe Kriegsdienstverweigerer erfolgreich umzugehen wußte . . . «Dabei war es ganz einfach», sagte er, «sie arbeiteten in einem Steinbruch; ich saß immer oben und bewarf die Faulenzer mit Steinen . . .»

Der Branntwein an Bord war gut; ebenso die dicken Aden-Zigaretten, die der Colonel rauchte. Ich stand morgens nicht gern früh auf und benötigte neun Stunden Schlaf . . . Also brauchte ich unbedingt ein einstündiges Nickerchen nach dem Mittagessen. Wenn wir auf See ankerten, wiegte sich die Barge in einem langsamen, schläfrigen Rhythmus in der Dünung; das schwere Ruder schwang in seinen Fingerlingen hin und her, da sie zu viel Spiel in ihren Zapfen hatten; das Bugspriet stimmte sein knirschendes Klagelied an, und die Seitenschwerter schlugen dumpf gegen die Planken: der große Eisenbolzen, der querschiffs durch die Barge verlief, hatte sich ein wenig gelockert.

Segeln im Dunkeln war unheimlich, aber ich gewöhnte mir an, es lustig zu finden. Ich gebe zu, daß die Gezeitenströme heimtückisch sind und man nie weiß, wie viele Seemeilen man tatsächlich zurücklegt, gleichgültig wie schnell man fährt. Obwohl wir die Leuchtfeuer hatten, nach denen wir uns richten konnten, waren wir in jener Nacht alle unterschiedlicher Meinung darüber, wo wir uns befanden. «Das ist Hastings!» – «Keine Bange, es ist Bexhill!» – «Unmöglich, sag' ich euch ...» Da wir an einer sicheren Muring lagen, gingen wir mit diesem ungelösten Problem schlafen. Am nächsten Morgen fanden wir bei Tageslicht und mit Hilfe der Segelanweisungen heraus, daß wir nur einen Steinwurf von St. Leonards entfernt waren. Wir gingen nicht an Land, und der Himmel mag wissen, was Wilhelm den Eroberer veranlaßt haben mochte, an einem solchen Ort zu landen ...

Schön anzusehen war das steile, weiße Kliff von Beachy Head mit dem wie ein Spielzeug anmutenden Leuchtturm, der sich an seinen Fuß schmiegte. Das Meer war an dieser Stelle recht befahren; rings umher sah ich viele Frachtschiffe und Öltanker, die entweder einen Landfall machten oder gerade abreisten.

Der Wind kam von achtern, und der Kabinenjunge hatte die blendende Idee, das Rahsegel zu setzen und den Motor zu stoppen. Erst dann konnte die Schönheit dieses friedlichen Tages voll zur Geltung kommen. Das Meer glitzerte. Die Sonne hatte es in ein seltenes, dunkles Königsblau getaucht, auf dem das Emailweiß einer kleinen Yacht wie eine wertvolle Perle glänzte.

Wie ein aus dem Feld geworfener Stein schoß ein schwarzer Dampfer aus Newhaven heraus. An der Küste zeigte man mir ein teures Mädchenpensionat, wo angeblich jede Pensionärin ein Wohnzimmer für sich hatte und mit einer eigenen Zofe angereist war. Ich hielt das für schlechte Erziehung ... Ich wußte nur, daß keine der Prinzessinnen dort oben so glücklich sein konnte wie ich am Ruder meiner lecken Barge.

Und als Krönung des Ganzen sagte der Colonel aus seinem Lehnstuhl an Deck zu mir: «Ich habe gerade einen Funkspruch losgeschickt und um einen Kammersteward gebeten: ab sofort sind Sie zur Deckshand befördert.»

Die endlosen Häuserfronten an der Küste von Brighton und Hove waren kein schöner Anblick: nur sechsstöckige Gebäude und Gaswerke fielen ins Auge.

Später passierten wir Shoreham-Southwick. Damals konnte

ich noch nicht ahnen, daß ich eines Tages von dort aus dem Land den Rücken kehren würde, um Kurs auf die Südsee zu nehmen ...

Am Morgen verhüllte Nebel das Antlitz der Erde und ließ es nur hier und da einmal durchscheinen; in diesem Licht sah die Gegend von Portsmouth durchaus nicht nach Krieg aus; die grauen Zerstörer fielen in dem sich auflösenden Nebel nicht besonders auf. Hinter Looe stand Dickins am Ruder – mit viel Phantasie, mehr will ich dazu nicht sagen. Die Barge nahm Kurs auf jeden Punkt des Kompasses. Obwohl Dooley in solchen Fällen für gewöhnlich nur seufzte, fluchte er diesmal aus tiefstem Herzen! Wir befanden uns auf dem Kurs eines Kriegsschiffes, das nicht wußte, auf welcher Seite es uns überholen sollte.

Backbord voraus tauchte die Isle of Wight aus dem Dunst auf, ein grüner Tupfer für Augen, die müde sind vom Glanz des Meeres. Ryde war ein wunderschöner goldener Fleck am Ufer, ganz ähnlich den ruhigen schweizerischen Orten an unserem See. Ich fühlte mich wie zu Hause beim Anblick der vielen ländlichen Anwesen, die aussahen wie jene, an denen ich so oft vorbeigesegelt war: auch hier reichten ausgedehnte Rasenflächen bis zum Ufer hinab, und stattliche Bäume umrahmten stattliche Landhäuser. Das grüne, feuchte Norris Castle erinnerte mich an das Château de Beauregard an der Küste von Savoyen; nur daß hier die Yachten auf Reede lagen und viel größer waren als unsere. Zum ersten Mal sah ich neugierig zu einer der großen Kutteryachten hinüber: es war die königliche *Britannia*, noch ohne Marconi-Takelung. Als wir sie passierten, ordnete der Colonel an, sie mit unserer blauen Fahne zu grüßen. Ich las die Namen einiger herrlicher Schiffsrümpfe, wie *Carlotta* und *Dolphina*; und ich lernte, daß ein wirklich schicker Yachtname auf «a» enden muß. Ich versuchte gerade, den Namen eines großen Toppsegel-Schoners herauszubekommen, als Dooley mir mitteilte, es sei Lord Brasseys *Sunbeam*, die bekannt war für ihre Kreuzfahrten; zum letzten Mal hatte er sie in Australien gesehen. Ihr Name sagte mir damals noch nichts, aber ich sollte sie wegen der lächelnden dunkelblauen Augen ihres Maaten noch näher kennenlernen.

Sobald wir Amy Shawe-Taylor und ihren Sohn an Land gesetzt hatten, segelten wir über den Solent in die Flußmündung von Southampton. Das Navigieren war hier nicht so leicht. Die Bramble-Sandbank mußte umfahren werden, und die Strömungen waren unberechenbar, weil sich in den Fahrrinnen doppelte Gezeitenströme bildeten. Ich versuchte, mir alles genau einzuprägen für den Fall, daß ich eines Tages mein eigenes Boot durch diese Gewässer segeln müßte. Ich frage mich, wie erfreut ich damals wohl gewesen wäre, wenn ich gewußt hätte, was später einmal geschehen würde: die schöne *Atalante* aus Lorient würde gegen einen halben Sturm kreuzen und auf dem Schlick des Itchen auflaufen! Ich wäre im voraus schon rot vor Scham über mich selbst geworden! Allerdings hatte die *Atalante* einen Tiefgang von zweieinhalb Metern im Gegensatz zu der Barge mit sechzig Zentimetern.

Der riesige Schiffskörper der *Olympic* glitt an uns vorüber und ließ nicht nur die flache *Volunteer* klein erscheinen, sondern auch eine der «großen» Rennyachten, die *Nyria* unter Nottakelung. An einem Ufer des Flusses war eine Vielzahl großer Schiffe – Frachter oder Linienschiffe – vertäut; indische Matrosen mit rosafarbenen Turbanen beugten sich über eine Reling. Sie seien verkommene Subjekte, sagte Dooley. Wir passierten Hythe, wo ich den Namen der Kemp-Werft entziffern konnte. Dann warfen wir kurz vor der Royal Pier den Anker, wobei die Kette munter um das Spill sprang. Ich ruderte Dickins und Furber so schnell wie möglich im Beiboot an Land, damit sie ihren Zug noch erreichten – das war fürs erste eine Erlösung.

Ich stand am Landesteg. Viele perfekt ausgerüstete Dingis mit schicken Matrosen versammelten sich am Fuß der Treppe, und ich vermutete, daß der große grüne Kutter die *Shamrock* sein müßte. Ganz in meiner Nähe boten die drei Masten der *Kallisto* im Hafenbecken genau das Bild, das ich liebte ... aber irgend etwas ging mir im Kopf herum. Dann wußte ich es. Eine solche Welle der Freude und Lebenslust überkam mich, daß ich mich auf den Kai setzen mußte, um darüber nachzudenken.

Da unsere «Herren» sich so beeilen mußten, hatte ich keine Zeit gefunden, mir Schuhe anzuziehen – so war ich eben barfuß aus dem Beiboot an Land gegangen, war nur eine Deckshand an Bord einer höchst ungewöhnlichen Bargenyacht ...

Genau vor acht Monaten jedoch war ich noch schüchtern,

müde und ohne ein Wort Englisch zu verstehen (obwohl ich ein paar Sätze sprechen konnte und mich selbst überredet hatte, ich sei eine Französischlehrerin) an eben dieser Stelle mit einem Nachtschiff aus «Lee Haver», wie es hier genannt wird, gelandet.

Die Überfahrt von Le Havre war wundervoll gewesen, denn sie ging über eine lange Strecke des Meeres, das ich so gern kennenlernen wollte. Jene erste Nacht im Kanal werde ich nie vergessen. Im Innern des Schiffes herrschte ein übler Geruch nach Desinfektionsmitteln. Ich zog es vor, mich an Deck aufzuhalten, vor allem weil die See unruhig war und ich es spannend fand, einen Sturm auf See zu erleben. Unauffällig hatte ich mich auf das Oberdeck geschlichen und klammerte mich nun mit aller Kraft an die Reling auf der Brücke. Jetzt ritt ich durch den Kampf der Elemente. Der Wind hatte sich seewärts gedreht, eine salzige Flüssigkeit rann über mein Gesicht, meine Haare wurden zerzaust, während ich den Horizont nach den Lichtern anderer Schiffe absuchte. Meine Gedanken waren beim Rudergänger, der nach den größten Wellen Ausschau hielt ... Es war phantastisch. «Den Passagieren ist es nicht erlaubt, sich an Deck aufzuhalten ...», hörte ich eine väterliche Stimme neben mir. Verdammt, dachte ich, kann er mich nicht in Ruhe lassen, wenn ich so glücklich bin? «Ist gut», sagte ich, «ich bin kein Passagier, sondern Seemann.» Schweigen breitete sich aus, nur der Wind heulte. «Wenn Sie Seemann sind, dann wissen Sie ja, daß Sie dem Kapitän gehorchen müssen», sagte der unsichtbare Mann. Solch eine plausible Antwort ließ mir keine andere Wahl – ich mußte mich fügen.

In dieser Nacht konnte ich nicht schlafen; im Morgengrauen sah ich durch mein Seitenfenster den Nab Tower. Und mit sehnsüchtigen Augen bewunderte ich den berühmten Solent, den ich hinter mir lassen mußte.

Damals lagen einige trübe Monate vor mir. Aber zum Glück war dieser schlechte Traum für immer in den Nebeln der Irischen See versunken ... Nun war ich wieder in Southampton, diesmal allerdings ungebunden, stark, im Begriff, in den sonnigen Süden zu fahren, ohne dringende Sorgen. Und ich bewunderte den 800-Tonnen-Schoner *Kallisto* mit seinen drei Masten.

Zwei freie Tage, die ich allein an Bord der *Volunteer* verbringen konnte, lagen vor mir: Frühstück im Bett und Sonnenbäder an Deck; außerdem wollte ich die benachbarten Yachten inspizieren und mit dem Motordingi den Itchen hinauffahren, um die Werften zu besichtigen. Ich mußte nach unserem zukünftigen Traumschiff suchen, entweder einem norwegischen Doppelender oder einem Lotsenboot aus Bristol. Das Schiff, das Miette in Marseille kaufen wollte, würde billig sein und uns im kommenden Sommer nur als Übungsboot im Mittelmeer dienen; wir mußten sicherstellen, daß wir zwei Frauen auch lange Strecken zurücklegen konnten und uns die ständigen Wachen nicht übermäßig ermüdeten . . . Nach dieser Kreuzfahrt würde ich mir eine Stelle für den nächsten Winter suchen müssen. Ich hatte bereits Pläne geschmiedet und Briefe versandt an Wintersportpaläste, an den Alpenverein und an den Pariser Golf Club, der eine Sekretärin suchte. Ich fragte mich, ob ich nicht meinen Aufenthalt in Southampton nutzen sollte, um zu Yachtbesitzern Kontakt aufzunehmen, die vielleicht den Winter auf See verbringen würden. Vielleicht gab es da eine Stelle für mich? Ich war aber zu faul und kümmerte mich nicht darum, obwohl ich hin und wieder Gewissensbisse hatte, weil ich aus meinem Aufenthalt in Southampton nicht das Beste gemacht hatte.

Bis Weymouth im Westen brauchten wir drei Tage. Wir hißten die Segel südlich von Calshot Spit und kreuzten durch den Solent, wobei wir mit einer anderen Yacht, der *Scone*, um die Wette segelten. Wir ankerten beide vor Yarmouth, einem herrlichen kleinen Hafen. Ich hörte die Vögel in den Bäumen zwitschern und sah das Glitzern der grünen Birkenblätter. Yarmouth erinnerte mich an Yvoire, und da der Solent die Atmosphäre eines Sees ausstrahlte, bekam ich Heimweh. In Yarmouth sahen sogar die Gaswerke hübsch aus!

Nach dem Gezeitenwechsel fuhren wir weiter, immer nahe an der Küste und mit Motorkraft, vorbei an einem einsamen roten Fort; dann wurde die Küste steiler, auf den Abhängen sah man die ersten Kiefern, und am Ende der Insel ragten die weißen Felsnadeln vor der untergehenden Sonne aus dem Meer.

Die Segel wurden gefiert, der Motor gestoppt, als wir ein Linienschiff passierten. Es wurde dunkel; ich steuerte die Barge ein wenig nördlich des Anvil-Leuchtturms, und weiter schäumten wir mit raum-achterlichem Wind. An der Küste, wo Christchurch und Bournemouth liegen mußten, sahen wir blinkende Lichter. Gummistiefel waren ein guter Schutz gegen die Kälte, und meine Pfeife hielt eine kleine Wärmequelle in meiner Hand am Leben. Dooley beugte sich unter Deck irgendwo über die Karten. Ich stand auf dem Oberlicht des Eigners (wenn ich wollte, konnte ich sein Schnarchen hören), und die Barge lief so gleichmäßig, daß man das Ruder fast ständig belegen konnte. Ich fühlte mich wohl nach einem ausgefüllten Tag.

An den Ort Poole, wo wir den nächsten Tag verbrachten, kann ich mich nicht mehr erinnern, sehe aber vor meinem geistigen Auge immer noch das halsbrecherische Rennen, das wir vor St. Alban's Head segelten. Wir liefen vor einem frischen Ostwind, als das Großsegel der *Volunteer* völlig unvermutet überging, und wir beeilten uns, das Luvgeer zu befestigen, da wir befürchteten, daß die Spriet abreißen könnte. Wie ich diese Stromkabbelungen verabscheue, die nie vor überholenden Windböen warnen. Wenn die Windfahne zu schwer ist, um wirklich hilfreich zu sein, muß man sich auf die Sensibilität des eigenen Nackens verlassen, mit der man vor ausschießendem Wind gewarnt wird. Eine Zeitlang steuerte ich mit zusammengebissenen Zähnen. Wir konnten es uns nicht leisten, daß etwas abgerissen wurde, was möglicherweise ein Loch in unseren verrotteten Rumpf reißen würde. «Die Barge ist ein Sieb», sagten wir, wenn wir Tag für Tag eigenhändig dieselbe Menge Bilgenwasser ausschöpften.

Weit im Süden ragte Portland Bill ins Meer; später kamen die langen Wellenbrecher von Portland Harbour in Sicht, in deren Schutz Kriegsschiffe lagen. Die *Volunteer* schoß durch die Bucht, geradewegs auf niedrig hängende schwarze Wolken zu. Da braute sich ein wahres Unwetter zusammen, und ich war froh, Weymouth so nah zu wissen.

Wir liefen in den langen, schmalen Hafen ein, geiten die Segel auf, wichen einigen Yachten aus, die auf unserer Backbordseite in Reihen vertäut lagen; aber bevor die Barge sicher mit dem Bug in Richtung auf das Meer am Kai lag, hatte sie mindestens drei Pinassen gerammt ... und eine Menschenmenge sah unserem Treiben zu, aus deren Mitte gute Ratschläge in bezug auf unsere Leinen ertönten!

Es war lustig, plötzlich in einer Stadt zu sein, die auf einer Seite von einem Hügel mit einem Fort und auf der anderen – dort, wo wir vor Anker lagen – von hohen alten Häusern eingeschlossen war. Unser Bootseigner war Mitglied im Royal Dorset Yacht Club. Dort gingen wir vornehm essen mit Sherry, Portwein und Zigarren. Er erzählte mir ein wenig aus seinem Leben. Sein Haus in Wiltshire war nicht weit entfernt. Von dort sollte sein Wagen kommen, um ihn sowie unsere Koffer mit schmutziger Wäsche abzuholen; er sagte, es habe keinen Sinn, sie hier in der Stadt waschen zu lassen, da seine Frau eine Wäscherei betreibe. Außerdem habe sie noch einen großen Tennisclub mit achtzehn Plätzen gegründet. Er sprach von ihr nur als «meine Madame». Segeln lag ihr nicht, denn sie wurde leicht seekrank; und mit der Yachtleidenschaft ihres Mannes war sie nicht einverstanden. Es war ein teures Hobby, denn er baute die Barge ständig um: ein neuer Motor, ein längeres Bugspriet, ein größeres Toppsegel und so weiter ... Zu Hause, sagte er, werde seine liebe *Volunteer* lediglich als «deine alte Barge» bezeichnet, während mit «deine Leute da» sowohl die zahlenden Gäste als auch die Mannschaft gemeint waren. Ich wollte mir lieber nicht ausmalen, wie man in diesem vornehmen Haus wohl über mich reden würde: Condor, unser Mechaniker, hatte vermutlich während seines letzten Landgangs so manches Garn über unser Treiben gesponnen.

Am folgenden Tag besuchten wir Amy Shawe-Taylor, die ganz in der Nähe in einer alten Priorei lebte, einem niedrigen Haus aus grauem, verwittertem und mit Efeu überwuchertem Stein. Es war ein hübscher, friedlicher Ort, an dem man durch zitterndes Birkenlaub hindurch den Kirchturm sehen konnte; in dem saftigen grünen Gras sahen die Tulpen unglaublich rot aus, und die Entchen mit ihren braunen, seidigen Flaumfedern hätte ich am liebsten gestreichelt.

Norah, die Tochter des Hauses, hatte zwei Schulfreundinnen mitgebracht; sie sprachen des langen und breiten über ihre Lehrerinnen – auch über die Französischlehrerin – und hatten keine Ahnung, daß eine französische Erzieherin vor ihnen saß ...

Solange wir uns in Weymouth aufhielten, blieb der schwarze Kegel des Wettersignals mit der Spitze nach unten am Mast, und das bedeutete heftige Winde aus Ost und Süd. Da wir nach

Der Kapitän: Miette de Saussure

Osten segeln wollten, bevor es in den Süden nach Frankreich ging, wie es der Chef seinen Gästen versprochen hatte, mußten wir noch warten.

Mehr als einmal sah ich gedankenvoll zu dem schwarzen Haus hinüber, das uns gegenüber am Ufer stand. In der ersten Etage befand sich eine Schule für Stenographie und Maschinenschreiben. Die Mädchen dort hatten mich so oft beobachtet, daß ich die Webleinen erklomm, um herauszufinden, was sie machten. Ihre Beschäftigung erinnerte mich an meinen Vater: unter anderem hatte er mir vorgeschlagen, Schreibdame zu werden; mit drei Sprachen hätte ich seiner Meinung nach Aussicht auf eine gute Stellung bei den Vereinten Nationen. Ohne zu überlegen, hatte ich ihm geantwortet, ich wolle mit menschlicheren Dingen zu tun haben als mit Büroarbeit. Ich hätte ihm von unseren Segelplänen nichts erzählen können; oder daß ich für den Fall, daß aus unserem Traumschiff nichts werden würde, geplant hatte, mich bei der Hudson Bay Company oder der Grenfell Mission in Labrador zu bewerben (weil ich dort das Meer fänder und den Schnee, die ich beide liebte . . .)

Amy kam mit ihrem Sohn zurück, ebenso das Ehepaar Furber. Der schwarze Kegel war immer noch oben, das Wetter war entmutigend; aber da der Wind inzwischen aus Südwest kam, hatten wir keine Entschuldigung, länger zu bleiben. Also lösten wir eines Morgens unsere Warpleinen, und ich winkte den zukünftigen Schreibdamen zum Abschied zu. In diesem Augenblick fiel unser Kammersteward beinahe über Bord; und zum ersten Mal erlebte ich, wie Dooley seine Mütze abnahm, unter der eine weiße, kahle Stirn zum Vorschein kam. Er wartete, bereit zum Sprung ins Wasser. Der Junge befand sich im Beiboot, wo er die Läufer der Davits in große Ringe einhaken sollte. Er war ausgerutscht und hing über dem Bug des Beibootes, hielt aber noch immer den Läufer fest; wir zogen an der Vorleine und halfen ihm, einen besseren Halt für seine Füße zu finden, und forderten ihn auf, nicht so zu jammern. Er war auf See keine große Hilfe. Wir passierten gerade ein herrliches dänisches Frachtschiff mit einer Trimmlage wie eine Yacht. In der Bucht kreuzten wir vor der *Jeanne* aus Paimpol, die ihr Großsegel gerefft hatte. Sie ist eine der sehr seetüchtigen Yawls, die Kartoffeln aus Frankreich herüberbringen.

An diesem Tag versuchte ich gar nicht erst, zu Mittag zu essen, und ich war nicht die einzige, die sich unwohl fühlte. Auch hütete ich mich davor, unter Deck zu gehen, und blieb den ganzen Tag an der Luft. Wir hatten nur den Besan, das Rah- und das Stagsegel gehißt, so daß jeder von uns steuern konnte. Ich ruhte mich an Deck aus und blickte über das Wasser, das an uns vorbeiwogte und die Form von Hügelkämmen und sanften Tälern annahm ...

Im Nu hatten wir St. Alban's Head hinter uns gelassen. Jetzt konnten wir die Needles, die Felsnadeln, sehen. Zwei Segelboote mit den großen Buchstaben LOTSE auf ihren Rümpfen tauchten auf. Die Shingles mit ihren heimtückisch schäumenden und zischenden Wassern mußten weiträumig umfahren werden. Auf Backbordseite waren eine große Ketsch und eine Dreimastbark im Schutz von Hurst Point vor Anker gegangen. Wir hatten Zeit, nach Southampton zu fahren, also flogen wir dahin mit dem wunderbaren Gefühl, dem brüllenden Maul eines springenden Sturmes entronnen zu sein.

Hinter Calshot nützte uns das Rahsegel nicht mehr; also schickte ich nach Dooley, der gerade seinen Vormittagstee eingenommen hatte. Er kam grinsend an Deck und berichtete mir, Mrs. Furber halte es für äußerst gefährlich, daß ich steuerte. «Na gut», dachte ich bei mir, «wart's nur ab, gnädige Frau. Das nächste Mal, wenn das Segeln knifflig wird, lasse ich die anderen ran ... Das wird Sie meine Qualitäten schätzen lehren! Sie glauben vielleicht, ich sollte besser sticken?»

Um 20 Uhr ankerten wir vor der Royal Pier und ließen uns das wohlverdiente Essen schmecken, das Revell zubereitet hatte: es gab Seezunge und Leber mit Brüsseler Sprotten. Es war ein phantastisches Menu – aber die Arbeit an diesem Tag war noch nicht beendet.

Der Himmel war plötzlich nicht mehr klar; der Wind pfiff wieder um den Mast, jammerte in den Lüftern und stürzte sich bedrohlich auf alles, was ihm im Wege stand. Von Deck aus hielt ich sorgfältig Ausschau: nach meinen Peilungen waren wir nicht abgedriftet. Aber eine halbe Stunde später traf uns ein kräftiger Windstoß, der das Großsegel in seine gelockerten Geitaue bellen und laut in die Nacht schlagen ließ. Wir mußten sofort etwas tun. Ich rief nach Dooley, der antwortete, er werde zuerst sein Essen in Ruhe beenden ... eine Antwort, die mich ärgerte, weil sie sich für einen Kapitän nicht gehörte. Ihm und auch dem Colonel teilte ich mit, daß wir langsam abdrifteten, und ich schlug Dooley so freundlich wie möglich vor, wir sollten unseren zweiten Anker zur Sicherheit mit dem Beiboot ausbringen.

«Oh nein», sagte er «das ist völlig unnötig. Das Boot schwingt nur herum, es zieht nur an den Losen der Ankerkette ...» – «Aber Dooley, mit jeder Minute, die wir warten, wird es schwieriger, uns von der Leeküste zu lösen ...»

Wieder an Deck, war mir klar, daß unser Abstand zur *Harbinger* sich um die Hälfte verringert hatte, ebenso zu einer anderen Yacht, die mit zwei ausgebrachten Ankern auf unserer Steuerbordseite viel Platz einnahm.

«Condor», sagte ich durch das Oberlicht, «lassen Sie den Motor an, wir können hier nicht bleiben ...» – «Warten Sie», sagte Dooley, «ich will mir die Sache mal ansehen.»

Solange er an Deck stand, hielt die Barge ihre Position; ich hatte mich lächerlich gemacht, obwohl ich genau wußte, daß es verrückt war, den beiden Yachten achteraus so nah zu kommen. Immerhin konnten wir kaum verstehen, was wir einander zuriefen, so stark blies der Wind! Mein einziger Trost würde sein, hinterher sagen zu können: «Ich habe es Ihnen ja gesagt ...»

Ich war noch keine Stunde in meiner Koje, als die alte Komödie begann, die so leicht zu einer Tragödie werden konnte: Dooley klopft an meinen Deckventilator: «Alle Mann an Deck ... wir treiben ab ...» Condor wirft den Motor an. Der Colonel steht im Morgenrock am Ruder. Dooley rennt hin und her und weiß nicht, was er anfangen soll. Ich weiß sehr wohl, daß wir jetzt hilflos sind; es ist zu spät, unser kleiner Motor kommt niemals gegen den Wind an ... Der Himmel weiß, auf welchen Brechern wir enden werden! Wir stehen am Spill und hieven den Anker; außer dem tanzenden Ankerlicht der *Harbinger* achteraus können wir nichts sehen.

Der Anker ist noch nicht gelichtet, und der Motor arbeitet volle Kraft voraus, um unser Hieven zu unterstützen; aber trotz des hartgelegten Ruders kommen wir mit der Breitseite zum Wind; wir driften schneller. «Dooley, wir sind fast auf der Yacht!» – «Oh nein ... meilenweit entfernt!» antwortet der arme Kerl. Kaum hat er diese Worte ausgesprochen, als wir die *Harbinger* auch schon kräftig mit der Backbordseite unseres Bugs rammen. Unser Kapitän ist wie hypnotisiert von seinem unsichtbaren Anker, da die Kette an unserem Vorsteven verkeilt ist. Er schreit: «Achteraus», dann: «Voraus, Sir . . .» zu dem tauben Colonel hinüber, der nicht weiß, wo hinten und vorn ist und steif vor Kälte am Steuerrad steht. Wir schwitzen Blut und Wasser am Spill und schaffen ganz langsam ein Kettenglied nach dem anderen.

Endlich ist der Anker gelichtet, aber was lauert achteraus? «Dooley, wir sind an der Pier!» – «Oh nein, die ist meilenweit entfernt . . .» – «Nicht die, die Sie sehen, Sie Dummkopf!» schreie ich ihn an. «Steuerbord achteraus . . .» Während er hingeht, um sich die Sache anzusehen, werfen Condor und ich hastig den Anker aus, wobei wir die Kette über die Spilltrommel laufen lassen und zwei Kettenlängen ausstecken . . . Was ist, wenn der Anker nicht hält? Wir drehen uns mit der Nase in den Wind, der Sturm drückt nicht mehr so sehr auf unsere Takelage, dann strafft sich die Kette allmählich, bis wir in einer Position bleiben.

Jetzt atmen wir ein wenig freier; der Colonel kommt nach vorn und schlägt vor, einen zweiten Anker auszuwerfen. Achteraus zischt das Wasser drei Meter von unserem Beiboot entfernt gegen das Ende einer Pier mit merkwürdigen Umrissen. Dooley, der gerade erst erkannt hat, wie knapp wir davongekommen sind, sagt stammelnd zum Colonel: «Wir brauchen keinen zweiten Anker, Sir . . .» Unterdessen schieße ich Tauwerk auf. Unser Kapitän muß wütend auf mich sein, da ich in der letzten Sekunde das Kommando übernommen habe; ich will versuchen, mich für eine Weile unsichtbar zu machen . . . Aber Dooley sieht so verloren aus, und ich bin so müde und überanstrengt nach fünfzehn Stunden Wind, der durch mich hindurchblies, daß ich nur noch tief und fest schlafen möchte. Der Sturm dreht ein wenig auf Südwest. Das ist gut so, denn wenn wir eine dritte Länge ausstecken, können wir uns mit einem Tau an der Pier vertäuen.

So machten wir es. Dennoch bestand Dooley darauf, sich mit Condor die Wache zu teilen, während ich unter Deck ging. Trotz allem hatte mir der Abend gut gefallen.

Der nächste Morgen begrüßte uns mit dem unschuldigen Lächeln eines Kindes; das Meer war glatt und leuchtete unter einem blaßen Himmel. Wie immer wurde ich durch Revells Plattfüße geweckt, die steif über mein Kabinendach gingen, um die Milch für den Morgentee aus dem Fliegenschrank zu holen. Die Schwaden von Kohlenrauch zeigten mir an, daß das Feuer im Herd schon munter brannte. Ich zog mich beim Sauggeräusch der Pumpe an, die von dem Jungen bedient wurde. Der Colonel hatte «Hallo! Hallo! . . .» in den Gang gerufen, damit er sein Rasierwasser bekam . . . Ein neuer Tag war angebrochen.

Vor dem Schrubben der Decks mußten wir das Durcheinander beseitigen. Hoch oben hatte sich ein Achterstag in einem Geitau verfangen, und das Liektau des Klüvers war zerrissen. Die Beiboote standen halb voll Wasser, das neue Segel meiner *Jasper* war durchnäßt, seine Abdeckung durchgescheuert.

Wir glitten noch einmal den Southampton River hinunter; erst vor Calshot konnte ich hinuntergehen, um mein Frühstück aus Eiern und Schinkenspeck zu mir zu nehmen. Mr. Furber erzählte mir gerade etwas über seine acht Söhne und was einer von ihnen in Mexico machte, als wir von mehreren hohl dröhnenden Schlägen unterbrochen wurden . . .

Nach einem Rundgang über Deck konnte ich mein Frühstück fortsetzen und Mrs. Furber versichern: die Bramble Boje habe «uns angesprungen», das Seitenschwert sei verklemmt und nicht herabgelassen, weil Dooley das Wenden verpaßt habe und mit der *Volunteer* nicht fertig werde. Um besser steuern zu können, hatte er angeordnet, den Motor anzulassen . . . «Da soll doch einer! . . .» wie Puck immer sagte. Was für eine Segelei! . . .

Der Colonel wollte in Cowes zu Mittag essen, und da Dooley und er sich gegenseitig am Ruder helfen wollten, schafften sie es, viermal ausgerechnet auf die rote Boje vor der Royal Yacht Squadron zu prallen. So eine Blamage . . . Aber offensichtlich machte ihnen das Durcheinander nichts aus, das sie beim Segeln anrichteten; Furber war der einzige, der meine Reaktionen verstand. Es gelang uns, den Anker an einer mit Strömungen durchzogenen Stelle auszuwerfen, wir drifteten ab und mußten uns am Ankerspill betätigen . . . obgleich vor der Lallow-Werft handliche Bojen zur Verfügung standen. Ich vergaß anzumerken, daß wir in Southampton eine zusätzliche Deckshand an Bord genommen hatten, einen schweigsamen Mann namens Hookey (oder konnte er angesichts unserer Leistungen nur schweigen?), weil der Colonel in jener Nacht bemerkt hatte, wie wenig Arbeitskräfte wir zur Verfügung hatten, wenn Not am Mann war.

Am nächsten Tag erreichten wir unter Rahsegel ohne ein weiteres Mißgeschick Newhaven. Auf See hatten wir ein erstaunliches, kastenähnliches Gebilde gesehen, das von fünf Schleppern gezogen wurde: es stellte sich heraus, daß es das größte Schwimmdock auf seinem Weg nach Australien war.

Mir gefällt der häßliche, enge Hafen von Newhaven, weil er eine gewisse familiäre Atmosphäre unter den Yachten schafft, die in vier oder fünf Reihen an jedem Liegeplatz vertäut sind, wobei die größten an den Pfählen festgemacht sind, die kleinen Dreitonner und Kaiprahme am äußeren Rand . . . Man erfährt von seinem Nachbarn wertvolle Einzelheiten über dessen Reisen, über dessen Erfahrungen mit der Takelage, dem Ballast, dem Motor . . . Man erfährt immer etwas Neues. Er spricht die erhofften Worte aus: « . . . Wollen Sie mit hinunterkommen?» Man darf in die Intimität einer Kabine eintreten, in der man vieles über die Eigenarten ihres Besitzers erfährt – was er liest, was er raucht, was er trägt, was er trinkt . . . Manchmal erzählt er von seinem letzten großen Abenteuer. Aber sobald man die Rede darauf lenkt, erzählt er, wie galant «sie» sich verhalten hat und daß es an ihm gelegen hat, wenn etwas schief ging, weil er sie nicht richtig verstanden hatte. «Von allen Lebewesen zu Land und zu Wasser sind es einzig die Schiffe, denen man absolut nichts vormachen kann, die sich mit einer schlechten Führung durch ihre Meister nicht zufrieden geben», sagte Conrad, «Schiffe sind in Ordnung; es hängt von den Menschen auf ihnen ab . . .»

Kurzum, wird man durch einen Sturm im Hafen festgehalten, kann man seine Zeit nicht besser verbringen, als mit netten Nachbarn Seemannsgarn zu spinnen und für zukünftige Kreuzfahrten oder Boote Pläne zu schmieden . . . Es wird endlos hin und her diskutiert: ein Yachtbesitzer glaubt an ein modernes, elliptisches Heck mit einem ordentlichen Überhang, so daß überkommende Seen wissen, wo sie das Boot anzuheben haben

. . . Ein anderer wiederum sagt: «Niemals! Gib mir einen altmodischen Rumpf mit langem Kiel und geradem Vorsteven, damit man ohne Schwierigkeiten beigedreht liegen kann und das Boot weiß, worauf es ruht! . . .»

In jenem Hafen sahen wir auch die wunderschöne *Charmian* mit braunen Segeln, die *Vivacious*, die *Gardenia*, ein klug angelegtes Boot voll nützlicher Vorrichtungen; die *Pilot*, die ein krausköpfiges Kind mit süßen Augen an Bord hatte, das nach Seeigeln fischte – der Vater erklärte ihm, der beste Köder seien Weichkrabben, die drei Tage in einer Büchse aufgehoben und dann mit gewöhnlichen Regenwürmern eingerieben werden . . .

In Newhaven lernte ich Halliday kennen, der völlig durchnäßt von der Gischt am Ruder der kleinen *Clotilde* saß. Er beschrieb mir die norwegischen Fjorde und die Inseln der Südsee, auf denen sich von Jahr zu Jahr mehr Chinesen ansiedelten. Er war ein Vollblut-Seemann, der auf vielen Meeren vor dem Mast gesegelt ist. Er steckte voller Lebenslust und erteilte bereitwillig gute Ratschläge. Dort traf ich auch – zum ersten und letzten Mal – einen wohlerzogenen jungen Mann von neunzehn Jahren, der in Newhaven ein Studium als Marine-Ingenieur absolvierte. Eines Abends aß er mit mir zusammen an Bord; am nächsten Tag ruderten wir im Beiboot zu einem Kiesstrand bei Seaford, wo wir badeten. Später saßen wir im Gras, blickten von der Höhe hinab auf die lange Buhne und beobachteten schweigend den Sonnenuntergang . . . Wir sahen denselben Horizont, und derselbe Wind wehte uns die Haare aus der Stirn.

Als Deckshand nach Frankreich

Obwohl wir schon morgens um halb vier aufgebrochen waren, befanden wir uns gegen Mittag erst vor Beachy Head. Daher ließ Condor seinen gräßlichen «Bratenwender» an, damit die Barge noch vor Einbruch der Dunkelheit die Route der großen Frachter überqueren konnte. Das Log wurde an einer Leine über Bord gelassen. Mit Hilfe des Kurslineals hatte der Colonel unseren Kurs nach Dieppe festgestellt: Süd 19 Ost. Das heißt, man sieht in den vier Stunden einer Wache nur die Kompaßrose deutlich vor sich, die im Zwielicht des Kompaßhauses mit langsamen Drehungen ihr Eigenleben führt; man soll dabei versuchen, den Gradstrich «19» so oft wie möglich an den Steuerstrich zu bringen.

Es war eine wunderbare Nacht! Nachdem uns das Postschiff überholt und unser Boss hörbar gegähnt und verkündet hatte, er wolle ein kleines Nickerchen halten, existierte kein Zeitgefühl mehr. Nichts außer einem freundlichen, regelmäßigen Aufklatschen der Wellen gegen den Bug . . . Nichts außer einem alles durchdringenden Frieden, jenem Frieden, in dem man vergißt, wer man ist; man kann nicht mehr denken, man geht im Ganzen auf mit dem erhebenden Gefühl, daß ein Teil des eigenen Ichs aus der Stille lebt. Man spürt unbekannte, gigantische Kräfte um sich, in die man mit dem eigenen Sein glücklich eintaucht. An Backbord habe ich instinktiv sieben weiße, umherziehende Lichter gezählt; es müssen Fischkutter sein. Jetzt räuspert sich der Colonel in seiner Kabine und erscheint an Deck. Ich beantworte seine Frage, wer Wache hält. «Du lieber Himmel!» ruft er. «Sie rauchen eine Pfeife? Welcher Knabe hat Ihnen denn das beigebracht?» Er gibt mir eine reichliche Neufüllung aus seinem wohlduftenden Seidenbeutel. Um zwei Uhr taucht Condor auf; wir überlassen ihm das Deck und gehen nach unten. Für den Fall, daß ich gebraucht werde, schlafe ich auf der leeseitigen Bank im Salon; leise raschelt das Ölzeug unter dem Niedergang.

Zwei Stunden später wache ich auf und habe ein ungutes Gefühl. Auch ohne Kompaß weiß ich, daß sich unser Kurs geändert hat; diese klappernden Geräusche bedeuten entweder Halsen oder Wenden. Ich springe an Deck und stelle fest, daß wir Richtung Südwest fahren. Dooley behauptet, er habe einem Wrack ausweichen wollen; ich könnte schwören, daß es lediglich eine Netzboje mit ein paar schwimmenden Blechdosen ist. Wir haben an Geschwindigkeit verloren, und das Boot rollt in der Dünung, so daß es schwierig ist, auf dem vom Tau schlüpfrigen Deck zu stehen. In Richtung Belgien weicht die Dunkelheit einem grauen Himmel.

«Warum steuern Sie ausgerechnet Südwest statt Südost?»

«Ich halte Kurs auf den Dampftrawler da drüben: die werden uns unsere Position mitteilen. Wir hätten schon lange das Leuchtfeuer von Dieppe sehen müssen . . .»

«Aber Sie können diesen Trawler nicht überholen, er fährt doch . . . Wir sind schon richtig, Dooley, behalten Sie unseren Kurs bei, wir werden bald etwas sehen. Wir haben keinen dichten Nebel, und dieser Dunst wird sich mit der Dämmerung lichten. Wir haben eben die erforderliche Meilenzahl noch nicht zurückgelegt! Schauen Sie auf das Log und bedenken Sie unseren Zick-Zack-Kurs . . . Ich werde aufbleiben, Dooley, ich möchte gern den Sonnenaufgang sehen; Sie können hineingehen.»

Während dieses letzten Gesprächs habe ich es geschafft, ruhig zu bleiben. Vielleicht werde ich beim nächsten Mal sogar in der Lage sein, zu lachen! Ich muß weiser werden; ich will mein Logbuch nicht länger nur mit Nörgeleien füllen. Wenn ich immer nur mit ihnen schimpfe, werde ich nur verbittert und sarkastisch. Ist es denn wirklich so ernst, was wir tun? Angenommen, wir stoßen mit einem Dampfer zusammen und «machen ein Loch im Wasser», wie bei uns in Frankreich das Sinken eines Schiffes genannt wird, dann ertrinken wir nicht, denn es gibt genug Holz, an dem man sich festhalten kann. Außerdem muß ich mir folgendes vor Augen führen: nur weil die Seemannschaft an Bord der *Volunteer* so miserabel ist, bin ich zu einer wichtigen Persönlichkeit geworden. Wäre ich mit der perfekten englischen Yacht gesegelt, die ich mir erträumt hatte, und hätte ich dort gelernt, wie man was macht, wäre ich eine Null geblieben . . .

Außerdem gehört die Barge nicht mir: könnte ich dann nicht sorgloser mit ihr umgehen? Das hier hat nichts zu tun mit dem wahren Segeln, ich vagabundiere und habe die Stelle angenommen, um Zeit zu überbrücken. Wenn ich erst auf Miettes Boot arbeite, kann ich getrost empfindlich auf schlechte Manöver reagieren. Dann gibt es keinen Dilettantismus mehr, denn dann ist es unser Lebensinhalt, so zu segeln, daß wir damit zufrieden sein können. Im übrigen werde ich den Colonel und seine Barge wahrscheinlich nicht wiedersehen: es ist eine flüchtige Begegnung, mehr nicht.

Hochmut der Jugend! Heute muß ich lachen, wenn ich daran denke, wie ich die *Volunteer* verachtete. Meine Stelle, die ich nur als «ein Zwischending» bezeichnete, war für mich eine der besten Vorbereitungen auf das wirkliche Leben. Die Begeisterung für die Art und Weise, wie ein Rumpf seinen Weg durch die tiefe, dunkelflüssige Masse pflügt ... die Erfahrung, nur mit Wind und Wetter vereint zu sein und dabei das erregende Gefühl zu haben, über sich selbst hinausgewachsen zu sein ... Damals ahnte ich nicht im entferntesten, daß die Barge in den Jahren voll Unentschlossenheit und Egoismus mein Rüstanker sein würde.

Außerdem, woher wollte ich wissen, was wichtig war? Wie konnte ich es wagen, zu entscheiden, was «zählt»? Wie konnte ich den Wert meines Handelns beurteilen? Nach meinen vagen Vorstellungen sollte meine Zukunft aus einer Reihe erstklassiger Beschäftigungen bestehen, die eine Aufrichtigkeit und Intensität ausstrahlen würden, durch die allein schon ihr Wert bestimmt wurde. Heute frage ich mich, woher ich diese arrogante Hoffnung bezog, daß meine Unternehmungen ein so hohes Niveau haben würden? Warum war für mich das Beste gerade gut genug? Vielleicht, weil ich Freunde unter den guten Bergsteigern der Alpen oder unter den guten Seglern auf den Ozeanen hatte, und ich mich ihrer wert erweisen wollte? Versuchte ich unbewußt, bestimmte Helden aus Büchern zu kopieren? Oder träumte ich nur von einem wagemutigen Leben als Gegensatz zum langweiligen Alltag in der Stadt?

Wahrscheinlich war es die Reaktion des Individuums auf die zunehmende Massenorganisation des modernen Lebens, in der jeder zu jeder Zeit dasselbe unternimmt. War es dumm von mir, gegen dieses Stadtleben zu rebellieren, das ich für falsch hielt? Nur in den Schulferien, im Sommer, wenn ich segelte, und im Winter beim Skilaufen genoß ich das Leben in vollen Zügen, widmete meine Zeit meiner Welt. Warum sollte ich nicht aus meinem ganzen Leben herrliche Ferien machen? Oder, wenn sich dies als unmöglich erweisen sollte, zumindest etwas unternehmen, mit dem dieses Gefühl des Lebensgenusses genährt wurde.

Solange mein Vater für mich sorgte, war es nicht schwer, so zu reden. Aber es war eine moralische Notwendigkeit für mich, meinen Lebensunterhalt selbst zu bestreiten; und ich stand vor dem Problem: «Wie komme ich zu Geld?» Gab es eine Möglichkeit, die alltägliche Büroarbeit zu vermeiden, die einen erst am Abend losläßt, wenn die Sonne bereits ihre Kraft verliert? Abendliche Feste, dann und wann ein Kino- oder Konzertbesuch – ein solches Leben hatte seinen Reiz, aber es war kein Leben für mich; an Sonntagen könnte ich nur in Hetze der mechanisierten Atmosphäre entfliehen und Freude in den Bergen suchen.

Hätte ich eine geeignete Ausbildung für eine aufregende, gutbezahlte Stelle in der Stadt gehabt, wäre es mir möglich gewesen, einen reichen Mann zu lieben und zu heiraten, dann wäre das Leben vielleicht nicht einmal so schlecht gewesen . . . Es hätte ein Segelboot beinhaltet, ein Auto, mit dem man schnell in die Berge fuhr, und schöne Kleider, in denen man schick aussah . . . Aber keine dieser Alternativen konnte mich folgendes vergessen lassen: die meisten Menschen leben in einer Welt, die ihnen nichts bedeutet, in der nur materielle Werte zählen. Eine Welt, die offensichtlich niemand unter Kontrolle hat, obwohl der Mensch alle ihre Elemente beherrscht. Eine Welt der maschinellen Produktion, in der der Mensch nicht zählt, in der er nicht danach gefragt wird, ob er auch drücken, ziehen, verkaufen, lächeln will . . . eine Welt, für die es sich nicht zu leben lohnt, weil sie die Persönlichkeit eines jeden Menschen zerstört, statt ihr zur Entfaltung zu verhelfen.

Auch wenn man davon ausgehen konnte, daß die Sozialmoral in meinem Land nicht zu unmenschlich war, hatte ich genug mitbekommen, um zu wissen, was Paris und London bedeuteten. Wenn sie das waren, was sie zu sein vorgaben, nämlich

Hauptstädte auf der Höhe unserer Zeit und Zivilisation, dann war die Welt verdorben, und ich wollte so wenig wie möglich mit ihnen zu tun haben ... Die Urteile der Jugend sind immer absolut.

Warum sollte ich mich auf diesen Strudel von Ungerechtigkeiten einlassen, der überall hinführte, nur nicht zum Kern der Wahrheit? Ich begann, ein Pflichtgefühl zu entwickeln, aber nur mir selbst gegenüber. Es besagte: « ... bleibe dir selbst gegenüber ehrlich, vermeide eine Lebensweise, die deinen dringenden Wunsch nach Verständnis abstumpfen würde ... Behalte deine Freiheit, bis du weißt, wofür du stehst und wie dein Beitrag für diese Welt aussehen soll.»

Nach diesen Vorsätzen zu leben, bedeutete ständiges Leiden. Ich fühlte mich dabei sehr einsam. Manchmal verursachte mir diese Zerreißprobe solchen Schmerz, daß ich fast daran zerbrach. «Das Elend des Menschen rührt von seiner Unfähigkeit, allein in einem Zimmer stillzusitzen», sagte Pascal. Angenommen, ich konnte es nicht? War es nicht verrückt von mir, die Dinge so zu komplizieren? Mein Leben wäre ohne Nutzen, wenn ich nur Stellen annähme, um die Zeit totzuschlagen: ein rollender Stein setzt kein Moos an. War ich sicher, daß ich keinen Erfolg haben wollte, so wie er gemeinhin verstanden wurde? Hätte ich nicht besser geheiratet, wie andere auch, und mich mit meinem Haushalt beschäftigt? Würde mein zaghaftes Bestreben nicht schwinden, sobald die Liebe meinem Leben einen Sinn verleihen würde? Aber immer wenn ich glaubte, mich verliebt zu haben, machte ich schon bald die schmerzhafte Entdekkung, daß ich mich nur in meine Vorstellung von Liebe verliebt hatte.

Darum spürte ich neben meiner Selbstsicherheit, die mit einem hohen Anspruch verbunden war, voller Schrecken ein Mißtrauen mir selbst gegenüber ... In mir sprach eine Furcht: «Bring dein Leben nicht durcheinander, vergeude die Qualitäten nicht, die dir in die Wiege gelegt wurden ... Sieh zu, daß du dich am Ende deines Lebens nicht schämen mußt.»

Aus der Ferne wird bald das anheimelnde Licht des Leuchtfeuers auf mich blicken, und sobald ich mir die Karte angesehen habe, werde ich den Kurs für die Einfahrt in den Hafen ändern.

Revell kommt in seiner langen weißen Schürze an Deck, um die Milch zu holen, also bitte ich Hookey, mir eine Tasse Tee zu holen. Es weht eine anhaltende Brise aus Ost. Die graugrünen Wellen, die sich wie zerknüllter Taft bewegen, sind eine Nuance dunkler als der verhangene Himmel. Die frostige Sonne hängt kirschrot über dem Horizont und taucht die geteerten Segel der Barge in eine Masse sich blähender, blutdurchtränkter Leinwand; dunkle Tautropfen rinnen herab, fast parallel zu den Nähten. In der Morgendämmerung durchzieht ein Schaudern die Erde, und im Flüstern des Windes verbirgt sich eine verhaltene Energie.

Diesen Augenblick genieße ich besonders, denn vor drei Jahren verboten mir die Erwachsenen, auf dem Genfer See genau das zu tun, was ich jetzt tue: mit Männern auf einer Barge zu segeln . . . Zu Hause gab es viele *barques de meillerie*, die den Sandstein aus Savoyen nach Genf beförderten. Sie hatten zwei riesige Lateinsegel. Wenn der *bise noire*, ein scharfer Wind aus Nordost, drei, sechs oder neun Tage lang wehte, und das Einlaufen in den Hafen von Genf für sie zu gefährlich war – sie hatten keinen Motor –, suchten sie Schutz im Creux. Sie banden ihre Trossen, dick wie mein Handgelenk, um die Weide, die Akazie und den Walnußbaum, die vor unserem Haus am Ufer standen. Nachts hörte ich die blanken Rahen an den Masten knarren. Die aus Eichenholz gebauten Boote waren zwischen zwanzig und dreißig Meter lang, und ihre Mannschaft bestand aus vier Besatzungsmitgliedern und einem Schiffsjungen, die für mich der Inbegriff von Männern waren, mit einem Halstuch und einer Mütze, die schräg über einem Ohr saß. Es wäre der Himmel auf Erden für mich gewesen, wenn ich mit ihnen hätte segeln können, und wenn es nur für die kurze Strecke nach Genf gewesen wäre. Das wäre die Gelegenheit schlechthin: an einem Segeltörn teilzunehmen, der kein Zeitvertreib war, sondern allein dem Broterwerb diente.

Eines Tages, als sie in der Fahrrinne ihre Segel hißten, gab ich dem lockenden Ton der knarrenden Holzblöcke nach. Um 4 Uhr in aller Frühe schlüpfte ich aus dem Fenster. Ich nahm meinen Vetter Pucci mit – zur Sicherheit, falls es so etwas wie «böse Männer» geben sollte –, und schweigend glitten wir davon in Richtung auf den winzigen Kirchturm der Genfer Kathedrale.

Meine Schule, die um acht Uhr begann, hatte ich völlig vergessen. Der Morgen war einmalig.

Meine Augen reagierten plötzlich sehr sensibel. Die Kabbelungen, die gegen unseren Rumpf schlugen, waren wie freudig einherspringende Lämmer. Die Morgensonne, die auf unseren rostbraunen Segeln spielte, warf wunderbar zarte, tiefblaue Schatten, wie ich sie nie vorher gesehen hatte ... Weit im Osten ragte der bleiche Mont Blanc empor. Die Hügel von Cologny und Pregny tauchten zu beiden Seiten des Sees aus ihrem nebligen Schlummer auf und vereinten sich inmitten der Landschaft, wo Genf am Fuße des Salève-Massivs noch schlief. Von der Helligkeit des Wassers strahlte das friedliche Land mit seinen weitläufigen, harmonischen Formen und lächelte: alle Regionen wußten, daß sie Teil eines vollkommenen Ganzen waren.

Heute, im Ärmelkanal, empfinde ich eine ähnliche Freude, wenn auch nicht ganz so intensiv. Der erwachende Morgen schwächt die Kraft des Leuchtfeuers; sein Auge blitzt alle vier Sekunden über dem Wasserspiegel auf und scheint zu wandern: ein übler Trick, dessen sich «feste Lichter» gern bedienen. Unsere Besteckrechnung ist nicht schlecht; die Gezeitenströme haben sich gegenseitig aufgehoben. Auf dem Hügel über der Stadt kann man deutlich die Umrisse von Notre-Dame de Neuville sehen, einer Wallfahrtskirche, die jede Welle und jedes Boot auf dem weiten Meer ausmacht. Tschk, tschk, paff, paff ... inmitten einer Flotte von Fischkuttern passieren wir die Buhnen von Dieppe. Für die Einfahrt in den Dockhafen ist es zu spät, so daß wir im Tidehafen bleiben. Das heißt, wir müssen unsere Leinen im Auge behalten, da unsere Barge langsam an einer schmutzigen Wand entlang sinkt, die nach Seetang, tropfenden Abflüssen, nassem Schlick und toten Fischen riecht. Es ist nicht leicht, die Stufen der in die Wand eingelassenen Leiter zu erklimmen. Winzige graue Krebschen, Abfälle, schwarze Ölränder gehören zu dieser Welt unterhalb des Kais. Welch ein erfreulicher Anblick ist dagegen das «Café du Phare», ein lärmendes französisches Lokal, in dem Kaffee in Gläsern mit einer Portion *eau-de-vie*, Branntwein, serviert wird. Zwei Fischer in blauen Drillichanzügen treten heraus und wischen ihre Schnauzbärte ab, wobei einer von ihnen angeekelt sagt: «Ah, schöne Scheiße das ...!» Damit ist England plötzlich in weite Ferne gerückt.

Ein paar Meter von unserem Toppmast entfernt hat ein Personenzug angehalten: bald wird er in Paris seine Fracht in die fieberhafte Betriebsamkeit der Hauptstadt entleeren.

Doch wir dürfen keine Zeit verlieren: meine Dienste als Dolmetscherin werden beim Zoll und beim Hafenmeister gebraucht; wir wollen bei Hochwasser in das Bassin Berigny, das Dockbekken, einlaufen. Ich werde auch damit beauftragt, nach der Verpflegung zu sehen, obwohl ich davon überzeugt bin, daß Revell dies schon oft allein gemacht hat, wenn er keine Hilfe hatte.

Der Colonel möchte ein wenig herumgerudert werden, um zu sehen, welche Yachten im Hafen liegen. Ich bin müde, weil ich in der letzten Nacht lange an Deck war, und beschließe, mich früh schlafen zu legen; außerdem möchte ich unbedingt Briefe lesen, die ich hier postlagernd vorgefunden habe. Vielleicht erfahre ich diesmal, welches Boot Miette für unsere Kreuzfahrt nach Griechenland ausgesucht hat . . . Aber nein, der Colonel will, daß ich «etwas anziehe», um ihn ins Casino zu begleiten. Er wäre verletzt, wenn ich nein sagen würde, denn allein würde es ihm keinen Spaß machen. Aber ich kann den Rost und den schwarzen Schmierfilm von unseren Tauen nicht von meinen Händen entfernen, meine Fingernägel sind abgebrochen . . . und ich werde mich unter schicken, aufgeputzten Damen abscheulich fühlen. Der Colonel bestellt ein Taxi und testet seine Französischkenntnisse am Fahrer; mir gegenüber verhält er sich ausgesprochen galant, bestellt meinen Lieblingsrotwein, gibt mir ein paar Chips, damit ich spielen kann . . . Aber ich will nur noch in meine Koje; also verstumme ich, bis er es leid wird, die Unterhaltung allein zu bestreiten. Wie kann ich ihm nur zu verstehen geben, daß er ein Tyrann ist, auch wenn er denkt, ausgesprochen chevaleresk zu sein? Ständig attackiert er mich, wirft mir vor, nichts zu tun, wenn er mich einmal zehn Minuten nicht gesehen hat. Gleichzeitig hat er aber das Herz auf dem rechten Fleck und Verständnis für die Schwierigkeiten anderer. Seltsam, wenn man bedenkt, daß wir so unterschiedliche oder sogar gegensätzliche Eigenschaften in uns vereinen . . . Wahrscheinlich bin auch ich manchmal unausstehlich für diejenigen, die mich mögen. Dennoch, wenn man ein guter Vorgesetzter sein will, muß man in der Lage sein zu erkennen, wann die Untergebenen es – berechtigterweise – «satt haben».

Am nächsten Tag laufen wir bei Flut in das Dockbecken ein und steuern die Barge auf den Balkenrost. Dort sitzt sie wie eine Henne auf ihrem runden Bauch; aber im vergangenen Jahr kam ein holländisches Heringsboot mit Kiel auf dem Balkenrost ins Rutschen, streifte die Wand und tötete zwei Männer auf der Stelle. Es ist glatt, ohne Zweifel, und wenn wir in Gummistiefeln die Seitenwände der Barge von Seepocken freischaben, müssen wir so vorsichtig auftreten wie auf poliertem Marmor. Auf der anderen Seite des Dockbeckens entlädt ein Frachter 14.000 Kartons mit je zwei Bananenstauden. Er kommt von den Kanarischen Inseln und wird mit Stroh beladen zurückkehren. Ihr Maat sagt, ich kann mitkommen, wenn ich will ...

Bei untergehender Sonne erstrahlt der Hafen von Dieppe in einer gewissen Schönheit. Das cremige Licht, das an die Soße eines Meisterkochs erinnert, läßt die Elemente dieser Landschaft zart miteinander verschmelzen. Das *Quartier du Pollet*, das Wohnviertel der Fischer, auf der anderen Seite des Dockbeckens fällt besonders ins Auge. Das Geheimnis dieser Schönheit liegt jedoch in den langen, hohen Mauern, die sich aus dem dunklen Wasser erheben ... stabil gebaute und nach Westen gelegene Steinwände, auf denen die Sonnenstrahlen spielen und alle Schattierungen von Gold, Ocker und Rosa erzeugen. In denselben Farben leuchten die alten Häuser, die eng aneinandergeschmiegt auf diesen Festungsmauern errichtet sind ... Das Auge entdeckt nichts, das nicht dorthin gehört, und über allem liegt friedlich die besondere, friedliche Harmonie der Vollkommenheit.

Am Abend versucht unser Bootsbesitzer während des Abendessens Mrs. Furber zu schockieren und erzählt, daß sein Schneider die vier kleinen Knöpfe oben auf seinen Ärmel näht, um ihn daran zu hindern, seine Nase am Arm abzuwischen ... Er ist sehr zufrieden mit seiner Geschichte und glättet seinen hellen, langen Schnurrbart, während er sich eine neue überlegt. Er kann interessant sein, wenn er will, weil er in englischer Geschichte sehr belesen ist. Außerdem weiß er viel über Großwildjagden. Als er jung und schön und noch nicht so dick war – an dieser Stelle pflegte er seinen Bauch zu tätscheln –, war er wie ein König in Afrika, wo er den Turkana-See und den Süden von Somaliland überwachte. Das war in den neunziger Jahren des vergangenen Jahrhunderts. Später zog er mit seiner «Madame» an den Shibeli, wo sie einen Leoparden tötete, den ich später einmal, ausgestopft und unter Glas, in Pythouse sehen sollte.

Eine der Eigenheiten des Colonels bestand darin, viele Telegramme an Freunde zu schicken, in denen er sie bat, für ein paar Tage an Bord zu kommen. Daher wußten wir bei der Ankunft in einem Hafen nie, ob wir eine Menschenmenge oder ein Bündel von Telegrammen mit bezahlter Rückantwort vorfinden würden!

Leb wohl, Volunteer!

Unser Schiffseigner beschloß, nach Hause zu fahren, weil seine Schweine und Kühe ihn brauchten. Daher begleiteten wir ihn eines Abends zu der Fähre nach Newhaven; und wir segelten am nächsten Tag in aller Ruhe nach Le Havre, wie er es angeordnet hatte.

Trotz einer ermüdenden Dünung, bei der wir Berge blinkenden Wassers erklimmen und hinabgleiten mußten, war es ein schöner Tag. Ich konnte mich ausruhen und genoß ein Sonnenbad an Deck, während ich mir die Segelanweisungen für die Seine-Mündung und die Ansteuerungen von Trouville einprägte.

Landmarken und Bojen waren genau da, wo sie sein sollten, und alles ging gut, bis wir zwischen den Wellenbrechern von Le Havre waren. Der Moment, in dem man schnell entscheiden muß, wo man vor Anker geht, ist immer kritisch. In der Regel ist die Hafenecke belegt, die man sich ausgedacht hat, so daß man ziellos umherschweift, wobei man jedermann in die Quere kommt, bis man mehr oder weniger durch die Umstände gezwungen ist, etwas zu tun. Nun ... wir kamen ein wenig zu nah an die Lotsenecke, in der sich ihre Segelkutter drängten; wir mußten die *Volunteer* recht achteraus manövrieren und so lange herumfuhrwerken, bis ihr Bug in eine andere Richtung deutete. Inzwischen hatten sich zwei Fischkutter genähert, die sehr hilfsbereit waren und uns gegensätzliche Ratschläge zuriefen. Das Ende vom Lied war, daß wir die Nacht auf der Leeseite einiger «Sechs-Meter-Rennboote» am Kai für Schlepper verbrachten. Eines der Rennboote war die *Aile IV*, die im Besitz von Virginie Hériot war, und einer der Seeleute berichtete mir die letzten Neuigkeiten über sie. Damals war Virginie die unangefochtene Segelkönigin Frankreichs – leider ist sie es nicht mehr –, die das ganze Jahr über auf ihrem eleganten Schoner *Ailée* lebte. Ich war im Mittelmeer zweimal mit ihr gesegelt. Hätte das Schicksal mich mit Reichtum ausgestattet, hätte ich sicher so gelebt wie sie – wenn ich kein Yachtbauer geworden wäre. Vor langer Zeit hatte sie einmal vorgehabt, mich als Begleitung an Bord zu nehmen. Aber sie hatte die Idee wieder verworfen, nachdem sie festgestellt hatte, daß ich «keine Distanz zur Mannschaft halten» konnte und daß ich die Gesellschaft von Fischern der Konversation mit ihren Gästen vorzog. Sie war Miette und mir gegenüber freundlich, obwohl wir schlecht gekleidet und barfuß an Bord unserer kleinen *Perlette* hausten. Sie hatte uns 1923 in Nizza Alain Gerbault vorgestellt, als wir gerade am Kai saßen und die neu eingetroffene *Firecrest* in allen Einzelheiten studierten. Sie war ein altmodischer und seetüchtiger Kutter, den wir am liebsten so bald wie möglich entführt hätten.

In Le Havre erfuhren wir, daß die *Ailée* gerade im Canal de Tancarville neu ausgerüstet wurde. Daher bot ich dem Colonel an, als er zwei Tage später wieder bei uns war, ihm eine richtige Yacht zu zeigen. Wir fuhren in einer «Droschke» an vielen Docks vorbei. Als wir ankamen, teilte uns der Maat mit, daß Virginie in einer Woche zurückkehren würde, um dann nach Norwegen aufzubrechen. Da sie von Grund auf überholt wurde, sah die *Ailée* alles andere als schick aus – bis auf die wundervoll geschwungenen Linien ihres Decks. Der Maat erkannte mich und nannte unsere Themsen-Barge eine *galiote hollandaise*, was sich großartig anhörte!

Trotz der vielen verschiedenen Schiffstypen, die man dort immer zu sehen bekommt, ist Le Havre eine traurige Stadt, grau, schmutzig und alt. Zwischen Bahnhof und Hafen verkehrt eine lächerliche Straßenbahn, in der alle Reisenden mitsamt ihrem Gepäck auf dem Weg nach Southampton Platz finden müssen. Die Furbers luden uns ein- oder zweimal an Land zum Essen ein. Auf Tortonis Terrasse bestellten wir ein *Chateaubriand pommes frites* und betrachteten die Masten im Bassin du Commerce. Als die *Volunteer* nach Trouville aufbrach, war ich froh, die Nähe der großen Linienschiffe und hupenden Schlepper verlassen zu können.

Wir waren blendend gelaunt, da die blaßblauen Elemente uns glauben ließen, es sei schon Sommer. Wir hatten kaum Zeit festzustellen, wie leicht es sein würde, den Fluß hinauf nach Paris zu segeln bis zur Pont de la Concorde, als das Lotsenboot von Trouville auch schon mit wehender rotweißer Flagge in Sicht kam. Wir brauchten es nicht. Es war Hochwasser – drei schwar-

Wir vier Frauen

Auf dem Vordeck der *Atalante:* Miette und Marie

ze Kugeln waren auf der Buhne gehißt –, und wir liefen in den Tidehafen ein, passierten das weiße Gebäude des Casinos und segelten von da aus geradewegs in das kleine Dockbecken.

In diesem Augenblick setzte die typische Form von Unterhaltung ein, für die die *Volunteer* gut war. Vom Ufer aus übernahm der Hafenmeister das Kommando, um uns an die Stelle zu bringen, die er für geeignet hielt. Da ich die einzige war, die seine Befehle verstehen konnte, und da schnelles Reagieren das Geheimnis für einen Erfolg in diesen Fällen ist, übernahm ich das Ruder. Leider hatte Dooley andere Manöver im Sinn; er hörte nicht darauf, was ich übersetzte, sondern warf den Anker. Der Colonel, der erraten hatte, was wir machen sollten, wurde wütend, verfluchte Dooley so herzhaft, daß Mrs. Furber ganz bescheiden im Niedergang verschwinden mußte, und schickte mich zuletzt mit dem Befehl «Anker auf» nach vorn. Am Ankerspill klingelten tonnenschwere Beschimpfungen in meinen Ohren, die an die Adresse des Colonels im besonderen und an das Achterdeck im allgemeinen gingen! Als wir schließlich angelegt hatten, war die übliche Menge Neugieriger am Kai versammelt, die mit Kommentaren zu unseren Karussell-Manövern nicht geizte.

Die beste Methode, sich von dieser beschämenden Vorführung zu erholen, war, einen Wermut auf der Terrasse des nächsten Cafés zu trinken. Wie schön, daß das Leben an der Südküste des Kanals unter freiem Himmel stattfindet! Die Menschen zögern nicht, sich mit anderen quer über die Straße hinweg zu unterhalten; die Privatsphäre ist keine Notwendigkeit mehr, und sowohl Türen als auch Fenster läßt man häufig weit offenstehen. Man braucht offensichtlich auch weder einen Gitterzaun noch einen kleinen Vorgarten zwischen Hausmauern und Bürgersteigen: von der Türschwelle aus kann man die ganze Straße überblicken. Mit der offen gezeigten Neugier läßt sich wohl die kontinentale Lebenshaltung erklären. Darum ist eine Menschenmenge in Paris, Wien oder Rußland um so vieles lebendiger als eine Ansammlung hochanständiger Menschen in London, die alle blind, stumm und an ihrem Nachbarn nicht interessiert sind.

In einem Anfall von Beschäftigungsdrang wollte der Colonel früh am nächsten Morgen in See stechen; er war recht erstaunt, als er feststellte, daß wir weder Treibstoff noch Trinkwasser gekauft hatten. Außerdem war nicht genug Kohle an Bord. Ich mußte ihn begleiten, als er in aller Eile aufbrach, um etwas zu finden. Schon bald erspähten wir ein Haus, das ganz danach aussah, als könnte es dort Kohle geben. Aber trotz seiner Späße und Höflichkeiten wurde der Colonel streng zurechtgewiesen: es war Sonntag, und Franzosen sind nicht so wild hinter dem Geld her wie alle anderen, erfuhren wir. Also beschlossen wir, am Nachmittag den Strand mit unserer Gegenwart zu beehren.

Ich hatte inzwischen erfahren, daß Miette in Südfrankreich für wenig Geld die fünfzig Jahre alte *Bonita* gekauft hatte, eine 10-Tonnen-Yawl. Und ich wußte, daß ich in der Werft in Marseille gebraucht wurde, sobald die Reparaturen an der *Bonita* beendet waren. Daher wartete ich auf ein entsprechendes Telegramm. Eines Tages entdeckte ich mit Schrecken, daß es keinen Sinn hatte, bei der Post nach Sendungen für «Maillart» zu fragen, da es in Häfen üblich ist, die Post nach dem Namen der «Yaks» (gemeint sind natürlich «Yachten») zu sortieren. So mußte ich bei jeder Temperatur meine Jacke mit den roten Buchstaben anziehen, wenn ich zur Post ging, um unsere Briefe abzuholen. Wenn ich nicht richtig angezogen war, traf mich die spitze Bemerkung: «Sie? Sie sind von der *Volunteer*?»

Wir verließen Trouville mit der Nachmittagstide. Zwischen den Buhnen begann die *Volunteer* auf einer mächtigen Dünung zu tanzen; wir zogen vier hilflose Fischkutter vom Ufer weg. Unsere Beiboote mußten wir sorgfältig an ihren Davits befestigen und das Stagsegel in den Wanten festzurren. Zum Glück zog das Großsegel ganz hübsch. Als ich um Mitternacht nach meinem Wachtörn unter Deck wieder hinauf kam, herrschte eine Flaute. Die blanke See war voller Sterne, die ihren Zwillingsbrüdern am Himmel entgegentanzten. Schon bald wollten mir die Augen zufallen; bei diesem Wetter kann man nur versuchen, störende Geräusche zum Schweigen zu bringen. Die Welt scheint sich in einem Zustand angespannter Erwartung zu befinden. Kurz bevor ich mich wieder schlafen legte, sah die Sonne so wie ein chinesischer Lampion aus.

Als ich gegen Mittag aufwachte, spürte ich, daß ich noch sechs Stunden Schlaf brauchte, befand ich mich doch in jenem unsäglichen Zustand, der einer Seekrankheit unmittelbar vorausgeht. In diesem Augenblick ist es unmöglich zu entscheiden, ob man etwas essen soll oder nicht! Nach meiner Ruderwache ging ich hinunter in den Salon, um mich hinzulegen ... viel mehr weiß ich nicht von unserer Überfahrt nach Newhaven. Natürlich führten wir in der Nacht lange Diskussionen darüber, wie sich die Gezeiten auf uns ausgewirkt hatten, und ob wir möglicherweise bis nach Dungeness abgedriftet waren. Oder könnte es sein, daß wir das Leuchtfeuer von Beachy Head sahen?

Am Morgen, als der Dunst sich gelichtet hatte, erkannten wir Hastings: Dooley hatte recht gehabt! Also setzten wir am selben Nachmittag unsere Gäste in Newhaven an Land. Und diesmal gab mir die freundliche Mrs. Furber einen Kuß zum Abschied ...

Das Telegramm, auf das ich so sehnsüchtig gewartet hatte, wurde an Bord gebracht; noch am selben Abend packte ich meine Sachen. Am nächsten Tag verabschiedete ich mich in Hochstimmung von allen Menschen und allen Gegenständen an Bord – ich hätte gern dem guten alten Dooley, meinem Kameraden, und dem guten alten Colonel, meinem Boss, einen Kuß gegeben, aber ich war zu schüchtern ... Und zum Schluß winkte ich vom Deck des Dampfers aus Beachy Head einen Abschiedsgruß zu, das mittlerweile zu einem guten Freund geworden war ... Das Leben war grandios. Im Augenblick gab es keine Probleme: ich war Seglerin, fuhr von Hafen zu Hafen, als Deckshand auf der *Volunteer*, als Maat auf der *Bonita*.

TEIL II

Unser Entschluß steht fest

«In meinem Herzen weht ein Wind, Feuer brennt mir unter
den Füßen,
ich will Ziegelsteine und Räderrumpeln nicht länger ertragen
müssen;
Ich sehne mich nach dem Saum des Meeres, nach dem
Küstenstrand,
wo der alte Atlantik wild donnert an Land.«

– *Masefield*

Ein Tag in Paris, um ein paar Leute zu treffen wegen einer Stelle für den kommenden Winter, ein Tag in Genf, um einen Seesack mit Sommersachen zu packen, und dann ab nach Marseille, wo ich wieder an Bord eines Schiffes im Vieux Port leben werde, im Alten Hafen.

Dieselben alten Seebären, die wir kennengelernt hatten, als *Perlette* dort lag, alberten immer noch auf dem Kai herum; aber wir arbeiteten wie Sklaven täglich sechzehn Stunden, denn wir wollten unbedingt so schnell wie möglich ablegen und keinen Tag der günstigen Jahreszeit im Hafen vergeuden. Die *Bonita* hatte keinen Motor, wie schon unser vorheriger Kutter, die *Perlette*, daher durften wir keinen Tag verlieren, wenn wir vor September in Griechenland sein wollten. Pa-tchoum, unsere Magisterin der freien Künste, sollte in Kreta für die «Ecole Française d'Athènes» an Ausgrabungen teilnehmen, und unsere vierte Hand, Miettes Schwester Yvonne, mußte ebenfalls Ende September wieder in Genf sein. Sie hatte keine besondere Segelausbildung – sie war die Älteste von uns, war bereits erwachsen, und es hieß, sie sei auf dem Genfer See mit einem Sonnenschirm gesegelt! –, aber Miette dachte, sie würde beim Einholen des Großsegels als Schwergewicht eine Hilfe sein, wenn die berüchtigten Böen des Mittelmeers blitzartig über uns hereinbrächen. Pa-tchoum war besser einzusetzen (obwohl sie behauptete, eine typische Landratte zu sein, die jedes Tau mit «Seil» bezeichnet), denn Miette hatte sie auf einer Kreuzfahrt zwischen den griechischen Inseln auf der *Perlette* unterrichtet.

Die Ausstattung unseres Bootes war beinahe beendet. Miette, Kapitän und Eigner, wies wütend die lästigen Reporter des *Petit Marseillais* ab, während sich der Maat mit den Rechnungen der Lieferanten herumschlug; Yvonne nähte Schlafsäcke und Kissen, und Pa-tchoum verstaute Töpfe und Pfannen in der Back . . . dann brachen wir auf nach Korsika.

Es war unsere erste Fahrt außer Sichtweite der Küste; die zweite fand zwischen Sardinien und Palermo statt; die dritte zwischen Sizilien und Griechenland. Aber die Kreuzfahrt der *Bonita* möchte ich hier nicht beschreiben. Es gibt Dinge, die man nicht ausdrücken kann. Manchmal geben selbst noch so treffende und sorgfältig ausgewählte Wörter das wahre Leben nicht wieder. Zunächst einmal, weil Wörter in einem Satz an sich schon etwas Bestimmtes ausdrücken und und eine Atmosphäre ein für allemal festlegen – totenähnlich. Stimmungen und Handlungsweisen können hingegen unterschiedliche Bedeutungen haben, je nachdem, wie man sie betrachtet. Es ist wie bei jenen Halbtonschritten oder Lauten, die nicht mit Worten zu beschreiben sind: nur Augen und Ohren fangen sie ein, dank ihrer Fähigkeit, lebendige Vibrationen aufzunehmen. Ich möchte unsere Erlebnisse nicht in eine festgefügte Satzform bringen. Ich möchte, daß sie weiter in mir leben, an einem Tag im Glanz der Jugend, an einem anderen mit dem schweren Keim unserer Zukunft, und noch ein anderes Mal bereichert durch eine Herausforderung an das wankende Europa oder durch den Beweis für eine im Laufe der Jahre gewachsene Willenskraft . . .

Ich habe mich von diesem Teil meiner Vergangenheit noch nicht vollständig gelöst, noch bin ich nicht dazu in der Lage, ihn aus der Distanz zu betrachten; er lebt noch in mir. Diese Zeitspanne bedeutete uns sehr viel. Anders als eine Urlaubsreise, die sich selbst ein Ziel ist, war dies der Beginn eines prallen, unverfälschten Lebens. Mit welcher Intensität lebten wir doch – kaum zwanzig Jahre alt und begierig, die Welt mit eigenen Augen kennenzulernen! Wissen Sie, wie wichtig alles ist, wenn man für alles allein verantwortlich ist? . . . Und wie frei man sich fühlt, wenn man segelt, wohin man will, diesen Hafen oder jene Bucht ansteuert . . . wenn man entscheiden kann, ob man auf besseres Wetter warten oder das Risiko eingehen soll, in See zu stechen . . .

Jetzt erfuhren wir am eigenen Leib, worüber wir des langen und breiten mit Gerbault diskutiert hatten: wie mühelos und bequem die Kreuzfahrt in einem kleinen Boot war, die physische Erschöpfung oder die Angst, die uns vielleicht den Mut rauben könnte ...

Die Kreuzfahrt war ein Erfolg, trotz der viel zu heftigen Bö in der südlichen Adria, die unsere Gaffel zerbrach. In Sizilien jedoch erreichte uns die traurige Nachricht, daß der Vater unseres Kapitäns gestorben war: Yvonne fuhr nach Genf zurück und schickte uns den jüngeren Bruder der Familie, den ausgelassenen Ben, der die Backbordwache vervollständigen sollte.

Unser Entschluß stand fest: wir wollten im Kielwasser von Slocum, Nutting und Knight fahren ... wir würden die *Bonita* in Griechenland lassen, damit sie verkauft werden konnte. Miette sollte dann unser Traumschiff kaufen, mit dem wir nach New York segeln würden, dann über Panama in die Südsee, wo wir leben wollten. Nach unserem alten Grundsatz wollten wir versuchen, nicht über unsere Pläne zu reden, solange wir sie nicht verwirklicht hatten.

Da unser Vorhaben in greifbare Nähe gerückt war, kümmerte uns das eintönige Leben um uns herum während des folgenden Winters wenig. Das Elend im rastlosen Deutschland, die Hoffnungslosigkeit in Österreich, die despotischen Maßnahmen, die in Italien aufkamen, die Millionen armer griechischer Flüchtlinge, die aus der Türkei ausgewiesen wurden (wir hatten einige von ihnen in Höhlenwohnungen hausen sehen), der Zerfall des Franc in einem Land, das den Krieg gewonnen hatte, der Generalstreik in England, die Hunderttausende Verwahrloster in Rußland, der Mangel an echter Moral bei jeder Art menschlichen Handelns – diese deprimierenden Realitäten fanden ihren Widerhall an den Wänden der Vereinten Nationen in Genf. Ich hörte nicht hin; ich war zu sehr von der Südsee abgelenkt. Obwohl wir nie darüber sprachen, fühlte sich keiner von uns mit dieser müden Welt verbunden. Wir hatten nichts gesehen, wofür es sich zu leben lohnte, wir lösten uns allmählich von unserer Umgebung und sammelten Mut für ein Leben ohne Kompromisse, weit weg. Sollte sich ein Leben auf See als zu schwierig erweisen, gab es immer noch die Weiten Kanadas, die auf uns warteten ... Mein Freund Bob hatte Genf gerade verlassen, weil er in British Columbia eine Silberfuchs-Farm aufbauen wollte ...

Wir brauchten ein intaktes, seetüchtiges Boot, das nicht zu stark krängen oder rollen würde. Sollte Miette ein solches Boot in Frankreich nicht finden, würde ich in den Häfen der Nordsee suchen. Unsere Kühnheit wuchs von Tag zu Tag. Unser Vorhaben war so einzigartig, daß wir es in New York als Bravourstück würden vorstellen können. Es würde uns so viel Geld einbringen, daß die Auslagen eines Jahres gedeckt wären. Obendrein könnten wir dem Boot davon noch eine Außenhaut aus Kupfer anlegen lassen, die es benötigen würde, um den Bohrwürmern des Pazifik standzuhalten. Pa-tchoum legte unseren Plan Pariser Firmen vor und bekam Lebensmittel für viele Monate geschenkt, da wir immerhin Erfahrungen in Kreuzfahrten vorzuweisen hatten. Unterdessen erforschte ich die merkwürdige Welt der Filmindustrie, lernte, wie man mit einer Filmkamera umging, rief den Vorstand der Firma Gevaert in Antwerpen an, erhielt tausend Meter Negativfilm in Normgröße und beschloß, für eine Woche den Fotografen Jean Grémillon zu engagieren, der das Leben an Bord in guten Aufnahmen festhalten sollte.

Alles lief so gut, daß uns eine Schweizer Firma sogar eine teure Präzisionsuhr lieh; auch eine wertvolle Gaumont-Kamera nahmen wir dankbar entgegen. Dann kaufte ich eine gebrauchte Schreibmaschine, um unsere Geschäftsbriefe erledigen und später unsere Artikel darauf schreiben zu können.

Diese Vorbereitungen zwangen uns, über unser Vorhaben zu sprechen. Das ärgerte uns. Wir hatten eine Art Aberglauben, dem zufolge unsere Kreuzfahrten bislang nur deshalb erfolgreich gewesen waren, weil neidische Götter erst bei unserem Ablegen davon erfahren hatten. Jetzt verhielten wir uns zum ersten Mal anders.

Endlich fand Miette in der Bretagne das ideale Schiff für unsere Reise. Es war ein Lotsenboot, das Schwesterschiff des bekannten Seekreuzers *Jolie-Brise*, in das sie fast ihr gesamtes Vermögen steckte. Gleichzeitig erfuhren wir, daß Yvonne, unsere Kameradin von der *Bonita*, ein Schauspielstudio in Genf finanzierte, und ihr Bruder Ben hatte eine Werft am See gekauft. Daher mußten wir uns nach einer vierten Frau umsehen, die wir noch würden anlernen müssen.

Bretagne

Im März verließ ich Genf und die Berge, um in die Bretagne und ans Meer zu fahren: wieder einmal verpaßte ich die Zeit der Blüte und die grüne Metamorphose der Erde. Wochenlang lebte ich allein in einem abgelegenen Teil der Welt an Bord eines Schiffes, in einer kleinen, von flachem Land umgebenen Tidebucht.

Unser Lotsenboot lag in der Nähe einer Thunfisch-Konservenfabrik, deren Lärm und Gestank unerträglich schienen, bis man sich daran gewöhnt hatte – der penetrante Geruch nach warmem Öl setzte sich überall fest. Vom Boot aus konnte man nur noch ein anderes Haus sehen: es stand bei einer Baumgruppe am äußeren Rand unserer kleinen Halbinsel und war das Lokal, in dem Georges Terriou mir Fischsuppe oder *cotriade* vorsetzte. Auch die Skipper und Mannschaften der hier üblichen Thunfischkutter kamen dorthin, wenn ihre Boote gerade ausgerüstet wurden. Man konnte ihre Mundart kaum verstehen; aber wenn sie nicht zu betrunken waren, spannen sie wunderliches Seemannsgarn für mich, in dem die Geschwindigkeit ihrer «Dundees» mit Yawl-Takelung gepriesen wurde oder Heldentaten ihrer Besatzungen im Kampf gegen die Piraten vor der Küste von Mauretanien, wo sie nach Hummern fischten. Sie brachten ihren Fang in großen Bünnen zurück, die die ganze Breite ihrer Schiffe einnahmen. Ach, ich liebte ihre Geschwätzigkeit, ihre gute Laune! Diese Bretonen können sogar die berühmte Beredsamkeit der Marseiller in den Schatten stellen ... Sie, die den größten Teil des Winters müßig auf ihrer steinigen Insel Groix verbringen, die vom Wind verwüstet ist und auf der nur Kartoffeln wachsen, haben eine Menge Zeit aufzuholen, wenn sie dann auf das Festland zurückkehren. Sie waren schon ein besonderer Anblick, diese kleinen, meist krummbeinigen Männer in den geflickten, vom Salzwasser steifen Wollsachen, den schleifenden Holzpantinen, in denen man das Leder sehen konnte, mit dem ihre Socken verstärkt waren; diese Männer, die sich gegenseitig mit blitzenden Augen hänselten, ihre Schnurrbärte zwirbelten und sich wie Halbgötter benahmen mit dem natürlichen Stolz von Menschen, die an Deck «gleich hinter Gott kommen» . . . Aber sobald ihre Stimmen heiser wurden und sie schmutzige Lieder sangen, um mich in Verlegenheit zu bringen, war es Zeit für mich, aufzubrechen.

Georges et Madeleine war der Name unseres Bootes. Wir beschlossen, es in *Atalante* umzutaufen. Es war ein wundervolles Schiff, mit einem guten Baum, einem geraden Vorsteven und der Gillung am Achterschiff geradezu wie für Hochseefahrten geschaffen. Das elegante Glattdeck endete mit einem schönen Sprung Richtung Bugspriet. Ihre Kuttertakelung mit dem überlangen Baum war zu schwer für eine Frauenmannschaft, so daß wir sie in eine Yawl umbauten. Das sollte in der hiesigen Werft geschehen, da wir die Takelage eines Thunfischbootes haben wollten, vor allen Dingen die rollbare Reffeinrichtung. (Die *Atalante* hatte eine Länge von 16 m über alles, eine Breite über alles von 4,50 m, einen Tiefgang von 2,50 m und war 43 BRT schwer).

Wieder beschlossen wir, uns Ärger zu ersparen und auf einen Motor zu verzichten. Wir legten die *Atalante* aufs Trockene, um ihren Rumpf zu untersuchen. Bei Niedrigwasser, wenn sie nackt und in voller Größe da lag, war sie ein herrliches Geschöpf. Wie ein Athlet war sie zwar stark, aber geschmeidig, muskulös, aber zart, rund und schlank zugleich. Sie erinnerte mich an die Körper der Thunfische, die täglich an der Mole entladen wurden. Dieser weiße Thunfisch, oder «germo allalunga», mit der langen Rückenflosse gilt als der mutigste Fisch überhaupt, kraftvoll, schnell und schlau; fängt man ihn mit der Angel, taucht er tief hinab, schießt unter den Kiel des Bootes und verharrt genau an dem Punkt, wo der Angler aufgrund des Schamfilens und des Winkels der Angelschnur für längere Zeit außer Gefecht gesetzt ist. Mit dem blaugrünen Rücken, den gefährlichen Zähnen und dem hellen Bauch ist er ein eindrucksvoller Fisch; der Körper läuft ganz schmal zu, bevor er sich zu einer scharfen, breiten und schwalbenschwanzähnlichen Schwanzflosse verbreitert, die den Fischern eine gute Zugriffsmöglichkeit bietet, wenn sie ihn an Land tragen.

« . . . *Atalantes* Achtersteven hat eine weiche Stelle, die abgestemmt und erneuert werden muß; ihr Ruder benötigt ein neues Ruderblatt und neue Bronzestropps. Außerdem muß der gesamte untere Teil abgedichtet werden. An Deck muß ein neuer Großschot-Leitwagen über das Ruder gebaut werden, die einzige Stelle, an der Bolzen durch die Unterzüge getrieben werden können. Der obere Teil des Niedergangs muß neu errichtet werden, ebenso die Sülls der Oberlichter», lautete Miettes Kommentar, als wir vor ihrer Abreise alle Einzelheiten durchsprachen, damit ich für wichtige Dinge nicht allein die Verantwortung übernehmen mußte. Ja, Miette verließ mich voraussichtlich für sechs Wochen, weil sie auf einem Thunfischboot des «Bureau des Pêcheries», der Fischereibehörde, mitfuhr, das auslief, um festzustellen, ob der weiße Thunfisch im Winter tatsächlich nach Madeira zog; dann wäre es vielleicht möglich, ihn in dieser Jahreszeit mit Netzen zu fangen. Mit einer Träne im Auge sah ich Miette nach, wie sie an Bord des Sechstonners *Hébé* auf dem Meer verschwand. Sie mußte unbedingt ein wenig Übung bei der Handhabung ihres Sextanten erlangen, und sie würde auch Erfahrungen mit dem schlechten Wetter im Atlantik sammeln.

Ich wurde mit einem Leben alleingelassen, das mir gefällt, aber unter Bedingungen, die ich nicht mag. Es war ein ständiger Kampf, die Arbeiter bei der Stange zu halten. Wenn ich aus der Stadt zurückkehrte, war mit Sicherheit kein Zimmermann mehr da, weil der Chef der Werft ihn abberufen hatte, um eine dringlichere Arbeit als unsere zu erledigen; oder aber er war einfach weggegangen, weil er Durst hatte und einen Liter Cidre holen wollte. «Was? Sie erwarten doch nicht von einem hart arbeitenden Mann, daß er vertrocknen soll?» Und was den hübschen, schäkernden Yves anbelangte, der seine Mütze immer tief über ein Auge zog und mit einem scharfen Meißel so präzise umgehen konnte: seine Woche fing nie vor dem Dienstag an, denn er brauchte den ganzen Montag, um sich vom Sonntag zu erholen . . . Er könne gut mit den Mädchen, hieß es; und ich stimmte dem zu, denn obwohl ich oft wütend über ihn war, konnte er mich doch immer zum Lachen bringen. Dann kam Le Gonidec an Bord, der unser hübsches Dingi nach den Plänen von Miette fast fertiggestellt hatte; er huschte aber sofort wieder weg zu seiner Schicht, und ich bekam ihn erst nach einer Woche wieder zu sehen. Die Wassertanks, die ich bestellt hatte, waren drei Zentimeter größer als angegeben und paßten nicht durch den Niedergang! Die meiste Arbeit fiel im Innern des Bootes an. Der Ballast wurde herausgenommen, so daß der Boden sorgfältig verkittet werden konnte; die Roheisen waren rostig und vom Bilgenwasser völlig verschmutzt. Ich beschloß daraufhin, sie abzuklopfen und mit Mennige zu streichen. Der Idiot, der mir dabei half, kam am nächsten Tag nicht wieder, denn er hatte sich ins Kittchen gebracht. Und der Arbeiter, der meine Schränke anfertigte, war ausgerutscht und hatte sich verletzt ...

So manches Mal packte mich die Verzweiflung, und ich dachte, die *Atalante* würde bis zu Miettes Rückkehr nie fertig. Am Ende kam der Besitzer der Werft mir zu Hilfe, und ein oder zwei Tage lang arbeiteten die richtigen Männer für mich. «Im Frühjahr ist es immer dasselbe», sagte der Skipper der *Lusitania* zu mir. «Darum gehe ich nicht in die Werft, sondern lasse den Zimmermann nach Feierabend für mich arbeiten ...»

Auf dem Kai lagen einhundertachtzig Roheisen, die zu behandeln waren, mit einem Gewicht von über zwanzig Kilogramm pro Stück. Da sie ein ausgesprochen brauchbarer Ballast sind, befürchtete ich, man könnte sie über Nacht mitgehen lassen, und ich arbeitete so schnell wie möglich. Mein Arbeitseifer veranlaßte viele Sonntagsspaziergänger zu Bemerkungen. «So ist es richtig ... Saubere Arbeit! Die scheut keine Arbeit, die Dame. Eine von uns würde so etwas sicher nicht tun ...» In der ersten halben Stunde nach solchen Bemerkungen ging es mir recht gut. Bis ich dann wieder jemanden murmeln hörte: «Völlig überflüssig ...», und dann war meine Freude plötzlich verschwunden. Ja, der Eigentümer der Bootswerft hatte mir zwar gesagt, es sei nicht nötig, die Roheisen zu behandeln, wenn der Innenraum abgedichtet war. Aber ich blieb bei meinem Entschluß, denn ich erinnerte mich daran, wie ekelhaft rostiges Bilgenwasser sein kann, wenn es bei stark überholendem Boot über die Sitzbänke schwappt.

Es gab Leute, die mit unseren Aktivitäten nicht einverstanden waren. Fontaine, ein Arbeiter, der meine Zurechtweisungen leid war, sprach es in der Regel offen aus: «Ja Sie, Sie wissen wohl alles besser, wie? Sie wollen das Feinste vom Feinen, aber nichts dafür bezahlen. Wenn Sie dieses hübsche Lotsenboot kaufen konnten, können Sie nicht ganz so arm sein ...»

Diejenigen, die nur hin und wieder vorbeischlenderten, rätselten herum. Sie konnten nicht herausfinden, was die *Atalante* nun eigentlich war. Sie mußte eine «Yak» sein bei den «Damen», die mit ihr zu tun haben ... Aber eine dieser «Damen» arbeitete schwer in abgetragenen Overalls, und die «Yak» wurde mit den beiden Bäumen ausgestattet, wie man sie von Thunfischbooten her kannte. Die guten Leutchen wunderten sich, denn sie konnten es sich nicht vorstellen, wie man ohne einen Fischereimeister auf Fischfang gehen konnte! Es kam auch vor, daß einige Skipper sich über uns ärgerten. Ihre Frauen hatten ihnen gegenüber erwähnt, daß sie nichts als Faulpelze seien und ihre sogenannte harte Arbeit lediglich eine *occupation de demoiselles* sei, ein Zeitvertreib für vornehme Fräuleins also ...

In jener Zeit waren Bücher für mich von großer Bedeutung. Nicht nur Geschichten über Kreuzfahrten, in denen man die besten Segelrouten über den Atlantik von Ost nach West erfuhr, oder Bücher über die Südsee, wie die von Frank Bullen und Hermann Melville, sondern auch technische Ratschläge zum Thema Bootsbau und Innenausstattung. Wir würden lange Zeit in diesem Schiff zubringen, also brauchten wir eine praktische Einrichtung. Achtern befand sich die Segelkoje mit Ersatz für laufendes Gut, mit Tauen und Fendern, einem klappbaren Seeanker, Koffern und unserem Außenbordmotor für das Beiboot. Kam man den Niedergang herunter, befand sich auf Steuerbordseite eine Reservekoje für den zweiten «Mann» der Wache: sollte sie an Deck nicht gebraucht werden, konnte sie sich dort ausruhen, ohne den Rest der Mannschaft aufzuwecken. Ein großer Schreibtisch auf der Backbordseite mit Karten, Navigationsbüchern, dem internationalen Signalbuch, Nebelhorn, Signalleuchten und einer kardanisch aufgehängten Öllampe erleichterte dem Kapitän die Arbeit.

Weiter vorn kam man in eine echte Lotsenkabine: auf beiden Seiten befanden sich je zwei Schlafkojen mit Bänken davor; ein großer Schlingertisch war in der Mitte auf dem Boden angeschraubt. Am vorderen Schott waren ein Bücherregal und ein kleines Harmonium angebracht, die unserem «Salon» den letzten Schliff gaben.

Mit ihrer durchgehenden Bodenfläche vom Mast bis zum Vorsteven war die Back der wichtige Bereich der *Atalante*. Steuerbord, neben der Tür, befanden sich die Positionslampen, Kerosintanks und der größte Wassertank. Dann kam unser üblicher Hängeschrank, der nur mit einem Öltuch verhangen war, damit die Luft zirkulieren konnte und somit die Bildung von Mehltau verhindert wurde. In den Waschtisch mit einer Schublade für jede von uns war ein großes Becken eingelassen, wo wir uns gründlich waschen konnten, wenn wir die Gummiwanne nicht aufbauen wollten. Ein Vorhang konnte quer durch die Vorpiek gezogen werden, wo wir ein echtes und teures Yachtklosett aufgestellt hatten. (Breite Regale auf beiden Seiten enthielten stark riechende Farbtöpfe, Lack, Email, Kitt, Mennige, Kerzenfett, Bürsten, Kalfaterwerg und Terpentin.) Dieser Teil unserer Inneneinrichtung hatte heftige Diskussionen ausgelöst. Wir beide hatten hinreichend Erfahrung mit Pumpventilen, um zu wissen, daß es besser war, so wenig wie möglich davon an Bord zu haben. Wir waren eifrige Verfechter des Pütz-Systems, das uns nie Schwierigkeiten bereitet hatte; es hatte uns nichts ausgemacht, den Eimer überall unbekümmert zu entleeren – auch neben der Yacht der Rothschilds in Monte Carlo. Ich weiß nicht mehr, was uns von unserer lieben Gewohnheit Abstand nehmen ließ . . . vielleicht befürchteten wir, New York damit zu schockieren!

Am Mast war ein Klappsitz befestigt. Von dort aus konnte man die Töpfe auf dem Herd am Schott festhalten, Gemüse auf dem kleinen Kombüsentisch zubereiten, die Tassen und Teller darüber erreichen und das Geschirr mühelos abwaschen, falls dies an Deck unmöglich war. Als nächstes kam unser wohldurchdachter Vorratsschrank auf der Backbordseite; die Regale für Brot und Gemüse waren wie Gitterwerk, um den Schimmel so lange wie möglich fernzuhalten; eine mit Zink ausgeschlagene Kiste weiter unten enthielt die Kartoffeln. Dann kam ein weiterer Wassertank mit einem Hahn, und dahinter befanden sich die Werkzeugregale, wo alles seinen Platz hatte, wie in einem Maschinenraum: Blöcke, Schäkel, Nägel, Rollen, Marlspieker, Holzhammer, Feilen, Meißel, Schraubenschlüssel, Zwirn und was man eben so braucht, wenn man wochenlang kein Land sieht. Wenn ich nun noch den Kettenkasten neben den Farbtöpfen erwähne, kennen Sie alles, was wir in unserer schwimmenden Welt hatten.

Nach getaner Arbeit setzte ich mich für gewöhnlich an Deck

und blickte auf den Atlantik jenseits der Bucht. Tiefer Friede legte sich über das ablaufende Wasser und die regungslosen Thunfischkutter. Sie saßen in ihren Schlickbetten wie Hühner, die mit ihrer weichen Kuhle zufrieden sind .. .Die Steinmauern von Port Louis am gegenüberliegenden Ufer der Bucht reflektierten in der Ferne die Milde des letzten Abendlichts.

Meine Gedanken wanderten nach Genf, wo sich in diesem Augenblick sonnenverbrannte junge Männer, zu denen auch mein Bruder gehörte, am Temple de la Fusterie trafen, um zu beratschlagen, von welchem Berg sie am nächsten Sonntag ihre Abfahrt unternehmen sollten ... Zu Hause grüßte Frimousse, meine wundervolle graue Katze, mit erhobenem Schwanz meine Mutter, die gerade zur Haustür hereinkam ... In Boulogne erwartete der Colonel auf der *Volunteer* mein Telegramm, in dem ich ihm mitteilte, daß ich keine Zeit hätte, ihn zu begleiten ... Ob immer noch Revell den Tisch deckte? ... In Paris stand die fröhliche Paulette, nachdem sie den ganzen Tag in ihrer Bank getippt hatte, in der Metro, die sie hinaus nach Neuilly brachte, und stellte ihr bestes Team für das Hockeyspiel am Samstag zusammen. Am anderen Ende von Paris kaufte sich die stille Geo, nachdem sie den Verkauf von Zaubertricks für heute abgeschlossen hatte, ein Stück Fleisch für ihr einsames Abendessen, und danach arbeitete sie an ihrem großen Projekt: einer modernen Zauberkiste.

Geo ... sie wäre die ideale vierte Frau in unserer Mannschaft, voller Energie, stark und besonnen. Als Verteidigerin in der französischen Hockey-Nationalelf war sie gewohnt, «aussichtslose» Situationen zu retten. Auf dem See war ich ein paar Tage mit ihr gesegelt, und sie hatte instinktiv gewußt, was sie mit den Leinen anzufangen hatte ... Während des Krieges hatte sie unter falscher Altersangabe Lastwagen über zerbombte Straßen gefahren. Sie hatte damals zuviel gelernt; als sie mit Gerbault diskutierte, ließen sie die Sinnlosigkeit des Krieges zu einer schreienden Wahrheit werden: wie falsch war es doch, daß der Mensch, diese Krone der Schöpfung, nicht mehr gelten sollte als eine Mücke. Geo und ihre persönlichen Erfahrungen hatten mir die Augen geöffnet für viele krank machenden Wahrheiten. Sie hatte Grund genug, gegen die düsteren Einflüsse zu rebellieren, die der Welt den Atem nehmen.

Ja, Geo wäre in Ordnung gewesen. Aber sie stand allein in der Welt und war mittellos. Es wäre verantwortungslos, sie dazu zu veranlassen, ihre Stellung hinzuwerfen. Angenommen, unsere Kreuzfahrt ging schief, wo würde sie dann stehen? Daher beschlossen wir, es mit der von Pa-tchoum vorgeschlagenen Frau zu versuchen. Sie war unabhängig und beinahe eine «fertige Ärztin», was nützlich wäre und die Tatsache kompensieren könnte, daß sie eine Fock nicht vom Toppsegel unterscheiden konnte. Ihr Name war Marie.

Die Arbeit machte Fortschritte. Und ich hätte um nichts in der Welt meinen Platz getauscht. Dennoch, seltsam genug und ohne Grund, fiel ich Depressionen zum Opfer. Nach außen hin hatte ich alles, was ich mir nur wünschen konnte: eine Arbeit, die mir zusagte, einen gesunden Körper, genug zu essen, und nette Menschen umgaben mich. Aber in mir war irgend etwas, das ein Eigenleben führte. In meinem Notizbuch stehen neben den Zeichnungen eines Rahsegels ein paar verzweifelte Bemerkungen:

«Dieses eine Mal verhielt ich mich ruhig und hatte den Mut, in meinem Innern Platz zu schaffen, um meine tiefsten Gefühle an die Oberfläche zu lassen. Es ist unerträglich. Was nützt es ... In mir entdecke ich nichts als Leere: weder Kinderliebe, noch Freundschaft, weder Pflichten, noch ein Ziel oder eine Daseinsberechtigung.

Kein überschwengliches Herz schlägt in mir, ich empfinde kein Drängen.

Es erfüllt mich mit Stolz, daß ich so gut bin und versuche, angesichts des Universums oder meiner selbst bescheiden zu bleiben.

Wie krank macht mich dieser immer wieder trügerische Verstand!

Die Tatsache, daß es überflüssig ist, Logbücher oder gut bezahlte Artikel zu schreiben, raubt mir jeden Mut.

In mir ist eine Einsamkeit ohne Ende.

Wer hilft mir?

Woher kommt dieses Leid? ...

Himmel! Warum soll man leben?«

In der Biscaya

Um unseren Traum zu verwirklichen, mußten wir die *Atalante* sicher über den Atlantik steuern. Wir beschlossen, zur Eingewöhnung zwei Wochen lang im Golfe de Gascogne auf Thunfischfang zu gehen.

In Kisten wurde der Proviant herangeschleppt. Miette kam zurück, nachdem sie auf dem Ozean wochenlang schlechtes Wetter erlebt und sich von nichts anderem als von Fischsuppe ernährt hatte. Sie behauptete, mit viel Schlaf und Sonne würde sie sich schnell erholen. Aber ich machte mir Sorgen, denn vor drei Jahren war sie vor unserer ersten Kreuzfahrt ein halbes Jahr ernsthaft krank gewesen.

Aber dann ernteten wir, was wir gesät hatten, und die Ereignisse überschlugen sich. Der Rest unserer Mannschaft traf ein. Pa-tchoum würde wie immer die Steuerbordwache mit dem Kapitän zusammen übernehmen; Marie kam unter meine Fittiche, und ich sollte eine Seglerin aus ihr machen, falls möglich. Sie war auch guter Dinge, bis sie entdeckte, daß der Betrieb eines Bootes mit viel Dreckarbeit verbunden ist, zum Beispiel mit dem Abkratzen des Innenraums der Back. (Ich hatte das ganze übrige Schiff allein gesäubert, bevor ich die Roheisen wieder an ihren Platz legte, und ich hatte mir überlegt, daß sie auf diese Weise lernen würde, wie ein Boot unter den Bodenbrettern aussah.) Ich arbeitete unterdessen zum ersten Mal mit meiner Filmkamera und dem schweren Stativ und filmte das Entladen der steifen, aneinandergepreßten Thunfische, auf deren Köpfen ich in den Ruderbooten stand. Mit der Absicht, beeindruckende Aufnahmen von der Saling aus zu machen, oder vom Bugspriet mit Blick auf den durch das Meer pflügenden Vorsteven, hatte ich eine ganze Ladung Akkus und viele Meter wasserdichten Drahtes bestellt, mit deren Hilfe die Kamera auch funktionieren würde, wenn ich mich bei Sturm mit beiden Händen festhalten mußte.

Am 1. August kam mein Kameramann an . . . mit einem Produzenten. Ein Erdbeben hätte keine größere Panik an Bord auslösen können. An Deck war kein Quadratzentimeter frei, da wir gerade die Segel anschlugen; ganze Knäuel steifer, neuer Hanfleinen lagen herum mit vielen Kinken, die strammgezogen und entwirrt werden mußten, bevor wir sie für die fünf Falle und ihre vierfachen Taljen verwenden konnten. Ich hatte in Paris meinen Kameramann sorgfältig ausgesucht: für einen Film über Cap Horn war er in einem Siebentonner um Tierra del Fuego gesegelt, so daß er Schiffe kannte, und als Vater einer vielköpfigen Familie war er an Mädchen gewöhnt. Daher wußte ich, daß Miette nicht unbedingt gegen seine Anwesenheit sein würde. (Was das Filmen anbelangte, so war Miette dieser Form der Kommerzialisierung immer feindlich gesonnen.) Aber der Produzent – was wollte der hier? Ich hatte ihn nicht eingeladen; ich hatte beschlossen, einen Kameramann dafür zu bezahlen, daß er die Ausrüstung des Bootes und unser Leben an Bord in guten Szenen festhielt. Auf See würde ich dann selbst filmen. Es wäre unmöglich, ständig diesem jungen Produzenten zu erklären, warum bestimmte Einzelheiten in einer ganz bestimmten Art und Weise gefilmt werden müssen.

Aber dieser sensible Mann spürte sofort die knisternde Atmosphäre; er ging damit in der einzig möglichen Art um: obwohl es ihm peinlich war, bewahrte er Haltung und stellte sich unter meinen Schutz. So wurde ich wohl oder übel zu einem Rundum-Puffer für ihn. Es tue ihm leid, wenn er sich eimische, aber er müsse die Anweisungen seiner Firma befolgen, die mir eine Standard-Kamera geliehen habe; er wisse nicht, was zwischen uns ausgemacht worden sei. Was sollte er nun tun? Er wolle gern meine Vorschläge berücksichtigen, aber ich könnte vielleicht seine Arbeit etwas erleichtern, wenn ich zum Beispiel so freundlich wäre, meinen Kapitän an Deck zu bitten, damit er unsere allgemeinen Vorbereitungen aufnehmen könne?

Die folgenden Tage waren anstrengend. Ich trug die Verantwortung für diesen Film. Obwohl ich befürchtete, Miette damit auf die Nerven zu gehen, wollte ich auf keinen Fall meine Ersparnisse für dieses teure Geschäft umsonst opfern. Unsere Beziehungen verbesserten sich, nachdem der Produzent seinen grenzenlos guten Willen bewiesen und die Holzschutzfarbe von den Ellenbogen des Maats gewischt sowie das schmutzige Geschirr gespült hatte. Nach acht Tagen verliebte er sich in all die rauhen Männer, die ihr Leben auf See verbringen, und ver-

Regatta der Themse-Bargen

Die havarierte *Amenartas*

schwand mit ihnen in der *Gypsy Queen* hinter dem Horizont, um den Thunfischfang in der Biscaya zu filmen.

Entsprechend unserer Vereinbarung mußte der Kameramann in französischen Francs bar ausbezahlt werden. Es war einer der bittersten Augenblicke in meinem Leben, als ich feststellen mußte – ich hatte schon länger keine Zeitung mehr gelesen –, daß sich der Franc erholt hatte. Um das zu bezahlen, was ich ihm schuldete, mußte ich den doppelten Betrag an Schweizer Geld berappen, als ich ursprünglich dafür vorgesehen hatte. Diese Erfahrung lehrte mich ein für alle mal, daß Geld keine haltbare Sache ist. Es hat keinen Sinn, sich darauf zu verlassen.

«Doch dem Käpten sei Dank!
Denn das Steuer verfing sich nicht im Bug.
Das kam, wie der Büttel bemerkte,
vom tropischen Klima, wo häufig genug
sich ein Schiff, sozusagen, verschlärgte.«
– *Lewis Carroll*

Dann kam die Zeit, in der die *Atalante* die ersten Manöver fuhr, in der sie täglich lebendiger wurde. Als sie sich in der Bucht und zwischen den Bojen vor dem verschlafenen Dörfchen Kernevel auskannte, wurde sie von unserem Segelmacher Calloch, ein Bretone durch und durch, nach Port-Tudy versegelt, der Hauptstadt der Insel Groix. Obwohl er mit seinem Spitzbart und den dicken Brillengläsern nicht danach aussah, war er ein großartiger Seemann. Im Alter von zwölf Jahren war er zum ersten Mal von zu Hause fortgegangen und hatte seinen Beruf in endlosen, erschöpfenden Fischfangzügen erlernt. Während des Krieges befand er sich ständig auf See und beförderte Grubenstützen nach Cardiff, wobei er mehr als einmal U-Booten begegnete. «Wir machten uns nichts aus ihnen», sagte er, «denn wir konnten nicht versenkt werden.» Seine harten, großen Hände konnten wie ein Schraubstock zupacken.

Im Hafen stellte Calloch unsere *Atalante* der Gesellschaft der Thunfischkutter vor, die sich darauf vorbereiteten, wieder auszulaufen. Sie fühlte sich unter ihnen wie eine jüngere Schwester, die wie sie ein Paar in den Himmel ragende Backspiere trug, aufgehißt in dem überfüllten Ankergrund. Dann vernahm sie einige ihrer großen Taten: die Wettrennen, die sie sich lieferten, um als erste ihren Fang heimzubringen. Jeden Fetzen Tuch gesetzt, ließen sie ihren Kreuzballon in wütenden Stürmen aus Südwest zu lange oben, bis schließlich der Toppmast wie ein Streichholz zerbrach ... Leicht schockiert erfuhr sie auch, wie die Mannschaften ihrer neuen Brüder sich kurz vor dem Auslaufen besaufen; und wie das Boot am nächsten Morgen noch beigedreht mit dem Schiffsjungen an der Ruderpinne auf Reede liegt und die Männer noch nicht wieder nüchtern sind – während ihre Frauen oben vom Leuchtturm ihre Spitzentücher im Wind flattern lassen und nicht druckfähige Worte rufen!

Auf Groix lernte *Atalante*, wie man ihre Fischleinen einsatzbereit machte. Als Köder dient ein winziges Büschel aus hellem Roßhaar. Da der gefräßige Thunfisch immer den ganzen Köder hinunterschluckt, benötigt der Haken keine Widerhaken. Er wird an einem Messingdraht bis zu einem Meter Länge befestigt, an den dann die Angelschnur geknotet wird. Jede der sechs Leinen an jeder Backspiere ist unterschiedlich lang und mit einem Ausholer versehen. Zwei Leinen – genannt die *bonshommes* – werden von beiden Seiten der Heckreling aus geschleppt, und eine von der Spitze des Besanmastes aus. Um den Fisch anzulocken, muß das Schiff vier Knoten Fahrt machen. Die Fische, die von der Fabrik aufgekauft werden, nennt man *comptable* (vertretbar). Sie müssen mehr als zwölf Pfund wiegen. Der Preis für ein Dutzend dieser «weißen Thunfische» schwankt zwischen 800 und 1200 Francs. Den Männern bleiben nur die sechs Monate der warmen Jahreszeit, in der sie ihren Lebensunterhalt verdienen, weil der Fisch im Winter irgendwo im Atlantik verschwindet, so daß dann nicht mehr gefischt wird.

Die *Atalante* verläßt Groix zu einer Probefahrt gemeinsam mit der *Hébé*, die auf sie aufpassen soll. Ihr Ziel ist eine imaginäre Linie über die Biscaya von der Bretagne nach Finisterre, nicht weit entfernt von den Fischgründen, in denen sich die Thunfische im Sommer gern aufhalten. Als wir Nebel aufkommen sehen, vereinbaren wir mit der *Hébé* einen Code. Um anzuzeigen, wenn wir über Backbordbug segeln, wird jeder von uns einmal kurz und einmal lang hupen.

Die erste Nacht der *Atalante* auf See ... Ich nehme die mittlere Wache. Meine Freude ist gedämpft. Der spielerische Wind ist zu leicht, eine schwere Dünung schüttelt heftig jedes lockere Teil der Takelage. Marie hat den tapferen Versuch unternommen, an Deck zu erscheinen, aber sie ist zurückgegangen: ihr ist schlecht, und ich brauche sie nicht. Ab und zu, wenn der Nebel aufreißt, wirft das starke Leuchtfeuer der Belle-Ile einen Strahl auf mich. Ich ärgere mich. Die kleinen Kompaßlampen werden nicht länger als zehn Minuten brennen. Marie wird nie dahinterkommen. Mir ist auch beinahe schlecht. Nur gut, daß ich etwas zu tun habe. Fischkutter müssen ein weißes Topplicht tragen; unser Licht dort oben wird nicht brennen bei diesen heftigen Stößen. Mist!

Pa-tchoum übernimmt die Morgenwache, und ich gebe ihr den Kurs, während ich ein wenig Kakao aus der Thermosflasche trinke. Dort unten werde ich erst nach dem Frühstück beruhigt schlafen, wenn Miette die Vormittagswache übernimmt. Sie weiß, wie sehr man bei diesen ständigen Stößen auf der Hut sein muß, die gefährlich sein können, wenn die Bäume mit ihrer Talje an den auf Deck befestigten Bolzen zerren, oder wenn irgendwelche Haken nicht sorgfältig verwahrt wurden.

Kurz nach Mittag gibt uns unser Kapitän das Ergebnis ihrer Meridian-Beobachtungen: ungefähre Breite 47° 3'. Das stimmt mit unserer Besteckrechnung überein. Miette ist noch nicht in der Lage, ihre Berechnungen mit der Spitze ihres Messers auf der Ruderbank durchzuführen, wie unsere Freunde von der Kabeljauflotte. Und ich kann nicht erraten, was sie fühlt (vielleicht lerne ich es in zehn Jahren ...), aber wir sind wahnsinnig stolz auf unseren guten Kapitän.

Ist es nicht großartig: wir können jetzt die sieben Meere befahren, nachdem wir «die Sonne schießen» können. Das letzte Mal, als wir nördlich von Sizilien mit einem Sextanten arbeiteten, fanden wir heraus, daß unsere Position auf der südlichen Halbkugel hätte sein müssen, weil uns ein Fehler bei den wissenschaftlichen Additionen unterlaufen war! ...

In der Ferne sehen wir, wie die *Hébé* bei einem Trawler längsseits geht, um Fisch zu kaufen. Das bedeutet, daß sie selbst nichts gefangen haben. Es weht ein leichter Wind, unregelmäßig; hin und wieder verhüllen Nebelschwaden den Blick auf den wogenden Horizont. Wir machen uns nicht so viel aus der Suppe, die Pa-tchoum uns so tapfer zubereitet hat. Der weißliche Sonnenuntergang verheißt nichts Gutes, aber ein Sturm wäre besser als dieses unaufhörliche Aufschlagen.

Während der ersten Wache ist mir so schlecht, daß ich «die Fische füttern» muß, bevor es meinem Magen besser geht.

Am Morgen des dritten Tages beginnen wir endlich mit all unseren Leinen auf dem Meer zu kreuzen. Die Dünung wird von Westen her höher. Trotz eines bedeckten Himmels sind wir bester Laune: wir segeln munter voran. Die *Hébé* in der Ferne sieht mit ihrer breiten Bugwelle unter ihren runden braunen Segeln anmutig aus. Die beiden riesigen, ausgebreiteten Angelruten mit den vielen Schlepptauen sehen aus wie dünne Arme, die wie Tänzerinnen zarte Fäden von sich halten.

Wir beobachten unsere Leinen und denken hin und wieder, daß sie straff gespannt sind. Schnell ziehen wir am Ausholer . . . Miette zeigt uns, wie man es so schnell machen kann, daß der Fisch keine Zeit hat, die Initiative an sich zu reißen. Am späten Nachmittag ist Miette auf dem Ausguck, denn dann geht der Thunfisch auf Jagd. Sie zieht schnell; die Leine strafft sich, sie muß sich noch mehr anstrengen: da ist ein Fisch. Sie erreicht den Messingdraht, der dunkle Thunfisch kämpft. Mit einem halbkreisförmigen Armschwung befördert sie ihn an Deck, während die straffe Leine ihr schmerzhaft in die durchnäßte Hand schneidet. Der Fisch wird getötet, indem ihm ein Marlspieker ins Gehirn gebohrt wird. Der weiße Bauch wird aufgeschlitzt, der Fisch wird ausgenommen, und unser Deck färbt sich rot mit Blut. Es ist eine besondere Art von Blut. Aufgrund seiner antiseptischen Eigenschaften werden die Hände gebleicht, und die Schnittwunden brennen. Wir fangen zwei Thunfische und behalten den kleineren (nicht ganz zwölf Pfund) für die Küche. Frische Thunfischsteaks schmecken, wenn sie gegrillt werden, wie zartes Kalbfleisch . . .

Am folgenden Tag fangen wir vier weitere *comptables*. Ich bin so aufgeregt bei meinem großen Fisch, daß ich um Hilfe rufe in der Befürchtung, ich könnte ihn verlieren. Es hat den Anschein, als wären wir in einen Schwarm hineingeraten; deshalb segeln wir nicht weiter, sondern verbringen einen Teil der Nacht beigedreht. Ein paar Topplichter blinken in der Dunkelheit um uns auf und bewegen sich kaum.

Am vierten Tag auf See, als die Brise gleichmäßig zunimmt, hissen wir die Fock Nr. 2. Wir bergen das Toppsegel; als wir entdecken, daß seine Schot sich irgendwo in der Gaffel verfangen hat, fluchen wir ausgiebig ... Und das Niederholen der Gaffel bei dem Wind ist ein verflixtes Ärgernis. Die *Hébé* ist nirgendwo zu sehen.

Um Mitternacht steigt Miette an Deck, um die mittlere Wache zu übernehmen und mich abzulösen; sie ist überrascht, wenn nicht sogar ängstlich, als sie bemerkt, wie stark der Wind weht. Die *Atalante* lag so ruhig beigedreht, als ich mich auf die Leeseite des Niedergangs kauerte, daß mir entgangen ist, mit welcher Kraft der Wind jetzt bläst. Das Ergebnis ist eine wohlverdiente Rüge für den Maat.

«Alle Mann an Deck! ... Einreffen! ... Zeigt, was ihr in der Dunkelheit könnt!»

Ein schwarzer Himmel verbindet sich mit der schwarzen See zu einer unheimlichen Masse; der stöhnende Ton des Windes in den Wanten ist von einer wohlbekannten, drohenden Beständigkeit, die mir Unbehagen einflößt. Vor dem Mast, wo es immer zugig ist, wird man betäubt vom lauten Aufklatschen kurzer Wellen, die wütend darüber sind, auf die träge Flanke eines schwankenden Schiffes zu stoßen. Nach dem Reffen führen wir dreihundert Pumpschläge aus und schütten das Meerwasser wieder dorthin zurück, wo es herkommt, und verringern unser Bilgenwasser auf ein angemessenes Niveau unter den Bodenbrettern, wo Ballast und leere Flaschen liegen. Kapitän und Maat kommen dank eines gutes Schlucks schweren Rotweins «Algérie 12°» wieder zu Kräften; sie fluchen auf den Zimmermann Yves, der ein Stück Fuge in der Gillung nicht abgedichtet hat. Das ist bis jetzt das einzige Leck, das wir entdeckt haben.

Am Morgen stimmt der Sturm ein höheres Heulen an. Und die hoch aufragenden Wogen, die von heftigen Böen weiß aufgepeitscht werden, sehen so bösartig aus, daß wir alles reffen, was wir nur können. Pa-tchoum geht dorthin, «wo das Unterliek eines auffliegenden Focksegels an der Schot reißt», und holt die Fock ein, wobei sie mit einer Masse dicker, nasser, steifer Leinwand zu kämpfen hat, die die Elemente ihr entreißen wollen.

Während dieses Manövers fallen wir weit ab in Lee von ein paar Fischkuttern. Die *Atalante* liegt nur schlecht bei, und ihre

Segel sind nicht im Gleichgewicht; das Stagsegel könnte ihr helfen, aber wir sind zu erschöpft, um es zu reffen.

In diesem Augenblick fällt uns ein, daß unser Topplicht nicht heruntergeholt wurde, als es auch schon auf Deck aufschlägt und in tausend Stücke zerbricht!

Ein paar Stunden später, kurz vor Mittag, hat sich der Wind unserer Meinung nach so weit beruhigt, daß wir die Segel wieder setzen können. Wir kreuzen auf in der Hoffnung, irgendwo die *Hébé* zu finden. Drei Stunden lang kreuzen wir und sehen keine Fischerboote bei der Arbeit. Aber zwei unbekannte Thunfischboote ziehen mit gehißten Toppsegeln schnell wie der Wind in Richtung Land dahin. Wir beschließen, es genauso zu machen. Schließlich waren wir gründlich seekrank, wir sind schon vier Tage außer Sichtweite der Küste und haben sieben Thunfische gefangen – mehr, als unser Mentor erwartet hat –, so daß wir zurückkehren können, ohne die Hänseleien unserer «großen Brüder» befürchten zu müssen. Auch hatten wir (aus Tradition) die ganze Zeit über nichts als weißen Thunfisch gegessen; der Rest des Fleisches um das Skelett des Tieres hängt in der Back neben den Farbtöpfen, wo er bereits im Dunkeln phosphoresziert. Man kann Thunfisch nicht einsalzen; genau wie das Geld hält auch er nicht lange. So mancher Fischer hat schon den Fang einer ganzen Woche verloren, weil er noch draußen bleiben und mehr als seine Kumpels zurückbringen wollte; Nebel, der ein oder zwei Stunden vorbeizog, hatte gereicht, die gesamte Ladung schlecht werden zu lassen. Die Fische werden mit einem gewissen Abstand voneinander an den Schwänzen auf Gestelle gehängt, die an Deck aufgebockt sind.

Wir segeln auf Raumschotskurs, aber leider so sehr rittlings auf der Dünung, daß wir die Großschot anholen müssen, um ein furchtbares Ausschwenken des Baumes zu vermeiden. Es ist so unerträglich, daß wir sogar das Großsegel niederholen müssen. Und wir haben die heikle Aufgabe, die ausbrechende Gaffel unter Kontrolle zu bringen, während wir selbst heftig hin und her geworfen werden. Heute sind wir dankbar für die Reling mit Stützen auf dem Schanzkleid!

Wieder beginnt eine unerquickliche Nachtwache. Durch die Feuchtigkeit werden meine Füße in Wollsocken und Holzpantinen kalt. Es ist beruhigend zu wissen, daß das Leben weniger anstrengend sein wird, wenn wir erst zu unserer großen Fahrt aufgebrochen sind. Wir werden tagelang auf demselben Kurs mit Passatwinden segeln, denen man vertrauen kann; weit weg von den Routen der großen Frachter, wo die Wache nicht so peinlich genau aufpassen muß ... Als dieser Gedanke vorbeihuscht, beuge ich mich zur Leeseite, um den Horizont noch einmal abzusuchen ... Und da, direkt über mir, sehe ich ein weißes Licht, ein Topplicht, fast regungslos und so hoch oben, daß wir uns an der Längsseite irgendeines Schiffes befinden müssen. Ich kann nichts sehen, keine Umrisse ausmachen ... Es ist unheimlich, angsteinflößend. Sollte uns denn ein Zusammenstoß mit dem Unsichtbaren bevorstehen? Was muß ich tun? ... Soll ich rufen? Ich habe nicht einmal die Zeit für eine Leuchtpatrone! Könnte es das Licht eines weit entfernten und sehr großen Trawlers sein?

Still zieht der leuchtende Punkt vorüber. Nichts ist passiert.

So ist das Leben: es geschieht kaum etwas. In einem Roman wäre dies der Augenblick für eine tragische Kollision gewesen, bei der die *Atalante* auf den Meeresgrund sinkt, während ihre gute Mannschaft von starken Männern gerettet wird, die zu einer einsamen Schatzinsel unterwegs sind ...

Wir beenden unsere Nacht friedlich unter Fock und Besan. Aber bei diesem beständigen Rollen kann niemand richtig schlafen. Die trübe Morgendämmerung enthüllt hohe, parallel verlaufende Wogen, die sich langsam bewegen und mit unregelmäßigen Schaumkronen überzogen sind. Keine von uns hat große Lust, zu arbeiten oder zu essen, aber wir sind uns einig, daß diese Woche in der Tat eine perfekte Übungswoche war. Wir nehmen ein wenig Suppe zu uns; im übrigen leben wir hauptsächlich von Zwieback und Kondensmilch.

Mittags befinden wir uns auf 47° 04' nördlicher Breite. Wir werden von drei Thunfischbooten überholt, die ihre Segel gesetzt haben. «Marche ou crève» muß ihre Devise sein – auf Biegen oder Brechen. Es macht ihnen nichts aus, wenn etwas kaputt geht, da der Schiffseigner bezahlen wird, vermute ich. Dennoch beschämen sie uns; und die blasse Marie bringt es fertig, uns an Deck zur Hand zu gehen, als wir das Großsegel wieder hissen.

Gelb geht die Sonne während meiner Ruderwache unter. Ich

suche den Osten ab nach einem Zeichen von Land. Und dort, während der Horizont für ein paar Minuten klar zu erkennen ist, sehe ich von irgendwo weit unten drei blasse Strahlen eines Leuchtturms. Aber dieses Zeichen von Menschenhand wird bald von dem dichter werdenden Dunst verschlungen.

Wir sind aufgeregt. Das spannende Spiel des Landfalls hat wieder begonnen. Ich muß einen der stärksten Leuchttürme an der Küste gesehen haben. Aber es kann nicht Belle-Ile gewesen sein, so weit im Süden sind wir nicht.

Obwohl wir gut vorankommen, können wir erst vier Stunden später den Leuchtturm von Eckmühl identifizieren. Endlich bestimmen wir den neuen Kurs, der uns nach Lorient führen wird. Im Westen kommt Les Glenans in Sicht, ein tragisches dunkelrotes Leuchten in die Dunkelheit werfend . . . Aber Pen Men auf Groix im Süden ist ein freundlicher, tröstender Anblick.

Die *Atalante* weiß jetzt, wo sie sich befindet. Sie segelt an diesem farbigen Morgen elegant durch die Flotte der Sardinenfischer. Ihre Mannschaft singt ihr Schifferlied nach der Melodie von:

«Sie waren zwei, sie waren drei,
sie waren drei Matrosen von Groix.«

Unsere schlanken Angelspieren werden aufgetoppt. Das Dingi wird vor Port Louis gefiert, Anker und Kette fertig . . . Nach sieben Tagen auf See kommt wieder unsere Thunfischfabrik in Sicht. Die *Atalante*, die Segel geborgen, liegt bald still.

Unsere Thunfische sind noch gut. Wir haben sie im Schatten des Dingis aufbewahrt und mit Meerwasser besprengt. Dieser kleine Fang wird von den Frauen der Fabrik mit Begeisterung angenommen. Wir hören, daß einer unserer großen Brüder mit leeren Händen zurückgekommen ist, weil seine Fische alle verdorben sind.

Aus der Traum

Obwohl Miette immer noch durch ihr Leberleiden geschwächt war, beschlossen wir, so bald wie möglich nach Spanien aufzubrechen. Bei Flut legten wir mit unserem Boot am Kai an, da wir unsere Zusatztanks mit frischem Wasser füllen wollten. Das Anlegemanöver war bereits beendet und die Mannschaft entlassen, als der Besitzer der Werft auftauchte und sagte, der Wasserschlauch sei nicht lang genug, wir müßten schnellstens noch zehn Meter weiter nach vorn kommen. Obgleich wir ihm klarmachten, daß der hintere Teil unseres Bootes bereits einmal Grund berührt hatte, legte er unser Tau um den nächsten Poller. Das Wasser sank schnell, und das Anhieven per Hand führte zu keinem Ergebnis. Daher rief er: «Alle Mann an Deck! . . .» und kurz darauf: «Wo um alles in der Welt ist Marie?» Mein armer Schützling tauchte an der Luke der Back auf, den Kopf voller Seifenschaum. Er empfing sie mit der erstaunlichen Bezeichnung: «Touristin . . .!», in die er so viel Geringschätzung legte, daß Marie in Zukunft bei diesem Wort wohl immer zusammenfahren wird.

Wir hatten keine Zeit, ihm zu erklären, daß sie keine Schuld traf. Mit aller Kraft zogen wir an der Winde. Dann kam jemand, der unseren guten Werftbesitzer in einer dringenden Angelegenheit fortholte: der Kai war leer! Wir hatten uns um etwa fünf Meter vorwärtsbewegt und nun endgültig angehalten.

Du lieber Himmel! was würde bei Niedrigwasser passieren? Die *Atalante* war weit von der Wand entfernt, an der sie anliegen sollte. Es mußte etwas unternommen werden, damit sie nicht Richtung Fahrrinne krängen würde. Wir zogen an der Heckleine: sie zerriß! Und keine Menschenseele war am Kai . . . Also würden wir wohl oder übel hinüberspringen müssen, da wir mittschiffs eine zusätzliche Leine an Land brauchten. Schnell . . . Aber was für ein Sprung – und dann ohne Anlauf!

Ich sprang . . . und landete wie ein Frosch auf der Kaimauer. Nachdem das Tau festgemacht war, zogen die Frauen, bis ihr Rücken sich unter der Belastung zu überdehnen schien. Aber ohne Erfolg. Schon machten sich die Folgen unserer Strandung bemerkbar: die *Atalante* legte sich zur Seite, aber – dank unserer neuerlichen Bemühungen – zum Kai hin. Schon bald waren die Wanten und ihre Webeleinen mit einem Sprung leicht zu erreichen: ich kletterte hinunter an Bord.

Mehr konnten wir nicht tun. Es war besorgniserregend. Sollten unsere dreiundvierzig Tonnen in der Mitte der Planken auf einem Felsen aufsitzen, würde bald ein Loch im Rumpf entstehen. Und wer wußte bei dieser Schlagseite schon, wie sie sich bei auflaufendem Wasser verhalten würde? Würde sie sich aufrichten, bevor das Wasser ihre Deckslichter erreichte?

Als wir an Deck saßen, das sich von Minute zu Minute unheilverkündend weiter neigte, spürte ich etwas Warmes, Klebriges in meinem Leinenschuh. Was war denn das? Mein Arbeitszeug war schwarz von Blut. Und darunter, auf dem Schienbein, klaffte ein tiefer Schnitt mit einer dicken, blutigen Kante und einem weißlichen Kern tief innen. «Das muß mit ein paar Stichen genäht werden», sagte Marie, «außerdem brauchst du eine Tetanusspritze. Du hast dich geschnitten, als du auf den Kai gesprungen bist, der voll alter Fischreste ist . . .»

Nun folgte eine lustige Szene: wegen der Schräglage unseres Schiffes ruhte ich mehr auf dem Schott der «Schrankkojen» auf der Steuerbordseite als auf der Bank. Marie fädelte ihren Faden ein, während die gesamte Mannschaft sich neben mir versammelte, um die seltenen Schweizer Flüche, die der Maat loslassen würde, für die Annalen des Schiffes zu sammeln . . . Aber ich biß mir lieber in den Finger, so daß nur ein Schweinegrunzen herauskam, als Marie die Stiche fest zuziehen mußte.

Der eigentliche Schmerz setzte erst ein, als alles hätte überstanden sein müssen. Marie hatte die Tetanusspritze in meine Bauchdecke gesetzt und etwas Watte mit Jod auf den Einstich gelegt. Kaum hatte sie sich in ihre Kabine zurückgezogen, um ihre Frisur zu richten, als ich auch schon hinter ihr her schrie, sie habe mich in Brand gesteckt! «Ich weiß, ich weiß», bemerkte sie in doktorhaftem Ton, «sei nicht so empfindlich!» Das brachte mich zum Schweigen, und da ich großen Respekt vor der Wissenschaft hatte, unternahm ich nichts. Aber Marie schnappte nach Luft, als sie den Baumwolltupfer entfernte: mitten auf meinem Bauch thronte eine hübsche Blase, deren Narbe mich noch lange Jahre begleiten sollte . . .

Den Bunkern auf der Leeseite der *Atalante* entnahmen wir Dosen, Flaschen und die Ersatzkette, die wir an den Kai schleppten, um den Rumpf und damit das Aufrichten zu erleichtern. Bei Ebbe konnten wir sehen, daß die Planken an einer Stelle ein wenig leckgeschlagen waren! Yves würde sie abdichten müssen, soviel war klar. Und ich versuche lieber nicht, mir ins Gedächtnis zu rufen, wie wir über den Mann redeten, der Marie eine «Touristin» genannt hatte ...

Endlich waren wir fertig. Die Planken waren abgedichtet; und einhundert Pfund Kartoffeln hatten ihren Weg in den Spezialbehälter gefunden. Noch einmal aßen wir eine Bouillabaisse bei Terriou und tranken ein letztes Glas mit allen. Ich gab der verspielten Katze einen Kuß und streichelte den Hund Plancton. Der letzte Brief an zu Hause war abgeschickt, in dem ich Vigo/Spanien, c/o französisches Konsulat als unsere nächste Anschrift angegeben hatte; und um meine Gefühle ausdrücken zu können, hatte ich in diesem Brief einen Absatz aus irgendeinem Buch, ich weiß nicht mehr, aus welchem, abgeschrieben. Er lautete:

«Alle Abfahrten sind ein wenig traurig und ernst, und dem Abschied von der Familie liegt der Gedanke zugrunde, daß man sich auf dieser Seite des Grabes vielleicht nicht wiedersieht. Aber letzten Endes macht dieser Gedanke eine Seglerfamilie nicht zu sehr betroffen. Die Risiken des Seemannsdaseins werden als gegeben hingenommen. Mein Vater und meine Mutter hatten sich schon oft von ihren Söhnen verabschiedet, und es gab keinen Grund, bei dieser Gelegenheit unglücklich oder melancholisch zu sein.»

Wir waren bereit zum Auslaufen.

Am ersten September verließen wir unseren Ankerplatz. Kein Wind wehte, und ich schleppte die *Atalante* mit dem Ruderboot hinaus, wobei ich aus voller Kehle ein Potpourri heimatlicher Gesänge zum besten gab. Ich bewunderte die Haltung, in der die *Atalante* sich im Wasser fortbewegte, und ich konnte jetzt sehen, daß ihre Seiten nach innen einfielen.

Das Wetter war schön und das Barometer zeigte ein «Hoch» an. Wir ließen Groix hinter uns und versuchten West zu Süd anzusteuern, den direkten Kurs nach Spanien. Aber der Wind zwang uns, Südwest zu Süd zu segeln. In der Nacht blieb das Meer ruhig, die Brise schwach, und wir konnten die drei Leuchtfeuer von Glénans, Pen Men und Goulphar auf der Belle-Ile erkennen. Um 4 Uhr morgens holten wir das Toppsegel und den Besan ein; der Wind war auf Nordwest umgesprungen und hatte Nebel mitgebracht. Wir sahen drei elegante Thunfischboote mit weißen Rümpfen und hellen Schanzkleidern. Um 13 Uhr Besan gehißt.

Gegen 19 Uhr einhundert Meilen zurückgelegt. Keine gute Leistung, wenn man bedenkt, daß wir länger als 36 Stunden auf See waren. Stagsegel und Spanker eingeholt, während Delphine geräuschvoll zu beiden Seiten des Bootes planschten, Brise frischt auf. Fock Nr. 2 gehißt, da wir beschlossen hatten, die Nacht beigedreht zu verbringen, um ruhig schlafen zu können.

Am nächsten Tag war herrliches Wetter, der Wind stand günstig, und das warme Ultramarin des Meeres war mit cremeweißen, leuchtenden Schaumkronen gesprenkelt . . . Aber all das reichte nicht aus, unseren Kapitän zu heilen. Sie war immer noch genauso schwach wie nach ihrer Rückkehr von der wissenschaftlichen Kreuzfahrt. Ihr Inneres war ständig in Aufruhr. Sie kam erst an Deck, wenn alle Hände gebraucht wurden. Da Marie immer noch keine große Hilfe war, hatten Pa-tchoum und ich viel zu tun. Wir hielten noch einen wunderschönen Tag durch. Aber auch ohne lange Diskussionen wußten wir, wie unsere Entscheidung ausfallen würde. Noch sagten wir uns: «‹So oder so, Mr. Jackson›, antwortete er», nach dem Gedicht von Stevenson, das uns bislang schon so oft geholfen hatte, ein Dilemma festzustellen. Entweder würden wir Miette in einem Krankenhaus in Vigo am äußersten Zipfel von Spanien unterbringen, oder wir würden sie nach Frankreich zurückbringen, wo sie wahrscheinlich schneller herausfinden konnte, was mit ihr nicht in Ordnung war. Der Weg war vorgezeichnet und Dringlichkeit war geboten, so daß wir mit der scheinbar unmöglichen Kehrtwende begannen: mitten in der Biscaya änderte die *Atalante* ihren Kurs und segelte nach Norden in Richtung auf den nächsten Hafen: Le Palais auf Belle-Ile. Kein Wort wurde darüber verloren. Wir wußten, daß wir klug gehandelt hatten. Vielleicht würden wir es später noch einmal versuchen . . .

Still verfolgten wir unseren Kurs zurück, der keine Spuren auf dem Meer hinterlassen hatte – nur in uns. Ich vermied es damals, nachzudenken. Heute weiß ich, wie schrecklich dieser Augenblick war. Wir drehten der Sonne, unserem Gott, den Rücken: es war uns nicht bestimmt, ihm um die halbe Welt zu folgen. *Atalante*, süße Frucht unserer Träume, unseres Trainings und vieler Mühen k.Atalante, endlich Wirklichkeit geworden – schon kurz nach deiner Geburt war dir der Untergang bestimmt. Du bist mein verlorenes Paradies, nichts hindert mich daran, mir den absoluten Erfolg vorzustellen, der deinen vollendeten Kurs gekrönt hätte.

Verloren – nicht nur das zauberhafte, zeitlose Leben weit weg von unserem Kontinent, verloren auch das intensive, wahrhafte Leben auf «meinem» Deck, in «meiner» Kabine, wo nur das Gesetz der dauernden Verständigung mit Miette galt. Wie traurig war sie, und doch selbstbeherrscht! Die *Atalante* bedeutete uns beiden so viel, und wir liebten sie beide von ganzem Herzen. Was hätte ich für Miette tun können? Nichts, ich konnte nur versuchen, meine Trauer vor ihr zu verbergen ... Das bedeutete, sie durfte mir nicht in die Augen sehen. Ich wagte nicht, an die zwanzig Proviantkisten zu denken, an meinen Vertrag mit der Filmgesellschaft, daran, was ich nun tun sollte. War es mir bestimmt, zu meinem Kontinent zurückzukehren, ihn lieben zu lernen und ein Bindeglied zwischen uns beiden zu finden?

Ich wollte und konnte noch nicht in die Zukunft blicken. In diesem Augenblick stand ich mit beiden Füßen auf der *Atalante*, und das war ein so großartiger Erfolg, daß ich sie so spät wie möglich verlassen wollte. Ich schrieb einen Brief an meine Kusine Picci, in dem ich ihr mitteilte, sie habe ihre Gartenbauschule für einen Monat zu verlassen und müsse mir helfen, das bezauberndste Lotsenboot, das es je gegeben hatte, um die bretonische Küste zu segeln. Ich hatte natürlich auch an Geo gedacht, aber es hatte keinen Sinn, ihr Leben in Paris für eine so kurze Zeit durcheinanderzubringen.

Ohne Schwierigkeiten erreichten wir die Ostseite der Belle-Ile und liefen in den Hafen von Le Palais ein; unser Heck wurde am Anleger des Leuchtturms befestigt.

Auf der anderen Seite des Hafens, Richtung Westen, standen Häuser und Cafés am Landesteg der einmal täglich verkehrenden Fähre zum Festland. Richtung Norden, auf einer Anhöhe über dem Hafen, erhob sich das alte Fort, in dem jetzt eine Besserungsanstalt für Jungen untergebracht war. Diese Jungen wurden manchmal zu Angelfahrten mit auf See genommen. Da ihr «Thunfischboot» neben unserem lag, versuchten sie unser Mitleid zu erregen und baten mit versteckten Gesten um Zigaretten. Sie sahen alles andere als gut aus mit ihren kahlgeschorenen Köpfen, und wir hörten, daß einige von ihnen bereits zweimal aus dem Fort ausgebrochen waren.

Wir wollten noch abwarten, wie Miette ein paar Tage absoluter Ruhe bekommen würden. In der Zwischenzeit besichtigten wir die Werft, in der jeder Rumpf aus Eichenholz gebaut wurde, wanderten um die Insel, um uns die ehrfurchtgebietende Höhle von Apothicairie anzusehen, die von den massiven Attacken des Atlantiks widerhallte; wir gingen an Bord von Schiffen aus Neufundland, die auf Reede lagen. Ihre Mannschaften, die ein hartes Leben führten, waren monatelang auf See gewesen und warteten jetzt auf eine Order, in der ihnen mitgeteilt würde, wo sie den gesalzenen Kabeljau an Land bringen sollten, der ihre Laderäume füllte.

An Deck dieser Schiffe waren all die flachbödigen Dorys zu imposanten Stapeln aufgetürmt. Wir inspizierten die Back der *Cancalais*, in der sechzehn Männer in Kojen lebten, die denen der *Atalante* ähnlich waren. Die Fischer nannten sich *bonshommes*: «Achteraus leben noch zwanzig weitere *bonshommes*», erfuhren wir. Obwohl sie recht wild aussahen, waren sie nicht halb so rauh, wie wir erwartet hatten – dafür, daß sie so viele Monate weder Frauen noch andere Annehmlichkeiten an Land gesehen hatten. Im Gegenteil, sie boten uns schüchtern und sehr höflich Kaffee in geschwärzten Bechern an und führten uns auf die Webeleinen, wo sie uns zeigten, wie man mit überhängenden Püttingswanten fertig wird. Dort oben war der Wind würziger und weicher als unten auf dem Wasser; aus dieser Höhe betrachtet, existierte das Deck fast nicht mehr, da es nur eine winzige Fläche des Meeres bedeckte ...

Vom Fockmars aus fiel mein Blick durch die Takelage von Großmast und Besanmast auf die eintönige, öde Küste.

Der Kapitän führte uns in seine Kabine, die mit Zigaretten-Karten geschmückt und von dem starken Geruch nach Mehltau durchdrungen war. Er zeigte uns die häßlichen Narben an den Handgelenken der Männer, die von nassem Ölzeug wundgescheuert werden, wenn sie rudern oder ihre Angelruten bedienen. Er erzählte uns ein wenig von ihrem Leben. Sie fischen monatelang, bis der Laderaum voll ist: der Fang sollte am Ende ungefähr anderthalb Millionen Franc einbringen. In den Fischgründen stehen sie miteinander über Funk in Verbindung, so daß sie schnell dorthin fahren können, wo der Schwarm ist. Bei jedem Wetter rudern alle Dorys mit je zwei Mann Besatzung um 2 Uhr morgens aus. In jedem Dory befinden sich etwa 2.000 Haken (30 Angelruten mit je 70 Haken). Um 10 Uhr kehren sie zum Frühstück zurück, das mit Kaffee oder Weißwein eingenommen wird.

Wir verließen die *Cancalais* und kletterten an Bord der *Armoricain*, die mit den vielen, erst vor kurzem erneuerten Taklingen ihrer Takelage ebenso gut in Schuß war: wir waren mit dem Ergebnis unserer Inspektion sehr zufrieden! Während der Kapitän «seine» Flasche Champagner für uns öffnete, erzählte er uns die Geschichte der *Kléber*, eines hübschen weißen Schiffes, das ganz in unserer Nähe lag. Sie hatte das Eiserne Kreuz erhalten, weil sie mit ihrer Kanone, die sie bis zur letzten Minute verborgen hielt, ein angreifendes U-Boot zum Rückzug gezwungen hatte.

Die Mannschaft, deren weite, abgetragene Hemdblusen im Wind flatterten und deren formlose Mützen schnittig über den Ohren saßen, scherzte mit uns, als wir fortgingen. Untereinander machten sie *sotto voce* zweideutige Witze und riefen uns laut zu, ob wir nicht an Bord der *Atalante* einen Schiffsjungen gebrauchen könnten.

Miette wollte nach Paris fahren. Schwer lastete ein Schweigen der Trauer über dem Boot. Diese Stunden waren so schmerzhaft, daß ich fortlaufen wollte. Und das tat ich auch.

Flucht mit der Amenartas

Im Hafen von Le Palais lag eine englische Motor-Yacht neben uns, der 54-Tonner *Amenartas,* die ihr Eigner, Graf Blücher, nach einem Pharao benannt hatte. (Zehn Jahre zuvor war sie als Motorbarkasse gebaut worden, deren Aufgabe darin bestand, während des Krieges U-Boote zu jagen.) Eines Abends, als die *Amenartas* an einer Muringboje in der Hafeneinfahrt von Le Palais vertäut war, hatte das kleine Frachtschiff, das zwischen der Insel und Quiberon verkehrte, sie beinahe in zwei Teile geteilt.

Die Folge war ein höllischer Rechtsstreit. Der Eigner war weggefahren und hatte seinem Ingenieur die Abwicklung übertragen. Man warf der Yacht vor, keine Ankerleuchten gehabt zu haben. Der Ingenieur behauptete das Gegenteil, außerdem habe er einen Mann auf Wache gehabt. Er war der Meinung, der Fall müsse von den Versicherungsträgern ausgehandelt werden und wollte sofort nach England zurückkehren. Aber die Dinge nahmen einen merkwürdigen Verlauf. Man hatte die beschädigte Seite der Yacht in der Guillaume-Werft am Ende des Dockbekkens fest zusammengeflickt; ein Gutachter aus Lorient hatte die Reparaturen als einwandfrei erklärt. Die Versicherungsagenten von Lloyd beendeten ihre Nachforschungen. Aber der Schleusenwärter weigerte sich, das Dockbecken zu öffnen. Er behauptete, er habe von seiten der Betreiberfirma des Frachtschiffes entsprechende Weisungen erhalten.

Die Yacht lag im äußeren Hafen, als ihr Ingenieur mich fragte, ob ich drei Tage Zeit hätte, denn er brauche eine Deckshand, die ihm bei der Ausführung eines Plans helfen würde, den er sich zurechtgelegt hatte, um den Behörden zu entwischen. Heimlich hatte er mit einem Lotsenfreund aus Guernsey vereinbart, dieser solle mit der Fähre am selben Nachmittag noch kommen. Sobald er an Bord wäre, würden wir uns davonstehlen; und Pa-tchoum sollte das zurückgelassene Dingi retten, das wir in der Eile nicht an Bord nehmen könnten. Nun, es war ein hübsches Dingi, und die Aussicht auf einen solchen Preis weckte unsere Pirateninstinkte. Miette und ich hatten geplant, daß ich den Anker nicht hieven sollte (es war ein nützlicher Patentanker), sondern die Kette durch die Klüse rutschen lassen und eine Boje daran befestigen sollte, damit sie ihn später auflesen könnte.

Es war mir gleichgültig, ob der Ingenieur die Wahrheit sagte, wenn er behauptete, die Behörden hätten kein Recht, ihn unter Arrest zu stellen, da er kein Handelsschiff, sondern eine Yacht fuhr, die das Blaue Band trug. Ich war lediglich bestrebt, die *Atalante* eine Zeitlang zu vergessen: ein paar Tage auf See kamen mir gerade recht – vor allen Dingen mit einem Lotsen, der mir eine Menge über die bretonische Küste erzählen konnte.

Die tägliche Fähre kam in Sicht, lief in den Hafen ein und legte an. Warren, unser Lotse aus Guernsey, wurde herübergerudert. Die *Amenartas* fuhr sofort los ... und nahm sowohl ihre Kette als auch ihren Anker an Bord! Sie stach in See, das Dingi im Schlepptau, und die enttäuschten Blicke der *Atalante*-Mannschaft folgten ihr ... Volle Kraft voraus, passierte die Yacht den Leuchtturm, wobei ihre Sirene dreimal triumphierend aufheulte.

Trotz seines Alters und seiner Glatze benahm sich der Ingenieur wie ein aufgeregtes Kind. Er sei mit knapper Not einer Verschwörung entronnen, sagte er. Jeder wolle die teure Reparatur seiner Yacht in Frankreich erledigt wissen, und sie hatten sich zusammengetan, um ihn am Verlassen des Hafens zu hindern.

Später erfuhr ich, daß die Fähre, mit der Warren gekommen war, im Postsack einen Brief mit sich führte, in dem angeordnet wurde, die *Amenartas* sei bis zur Gerichtsverhandlung in Nantes festzuhalten. Hätten wir auch nur eine halbe Stunde länger gezögert, wäre ein Entkommen unmöglich gewesen.

Es war sicher eine schwere Kollision in jener dunklen Nacht gewesen ... Die Yacht hatte so viel Schlagseite bekommen, daß das Wasser durch ihre Seitenfenster gedrungen war. Unter der Wasserlinie verdankte sie ihr Leben dem Kupferbeschlag, und über der Wasserlinie hatte der Wassertank als Stoßdämpfer gewirkt. Der Buganker des Frachters hatte die Yacht durchstoßen und dabei die Flasche Mayonnaise in der Kombüse zertrümmert ...

Wir hatten gerade eine vierzigstündige Reise begonnen, die so

Die Ketsch *Insoumise,* Lotsenboot aus Ostende

etwas wie ein Rennen war – ein Rennen gegen die Zeit. Warren mußte so schnell wie möglich zu seinem Zollamt zurück. Ich wollte wieder auf der Belle-Ile sein, wenn Picci eintreffen würde. Der Ingenieur war mit seinen Dieselmotoren vollauf beschäftigt, die er ölte und überwachte. Zu dritt wechselten wir uns am Ruder ab: Hobbs, die bezahlte Hand, der uns im wesentlichen mit kaltem Hummer bediente, Warren, der kaum das Ruderhaus verließ, und ich. Der kleine Warren hatte einen schwarzen Schnurrbart und glich eher einem Stadtmenschen als einem Seemann.

In der ersten Nacht passierten wir viele Lichter, die ich bereits kannte: den roten Schein von La Teignouse in der Bucht von Quiberon, die vorüberhuschenden Strahlen von Belle-Ile und Groix. Gegen Morgen leuchtete in der Mitte der gefährlichen Raz de Sein der Leuchtturm von La Vieille vor uns auf. Nach und nach tauchten seine verschiedenfarbigen Streifen auf: auf Grün folgte Weiß, dann Rot und zuletzt wieder Weiß. An dieser Stelle kann sich kein Segelboot durchschlagen, wenn es Wind und Gezeitenströme gegen sich hat. Wir trafen jedoch eine solche Flaute an, daß viele Fischkutter untätig unter ihren schlaffen Segeln verharrten, und der Leuchtturm hoch oben auf seinem Felsen sah aus wie ein nutzloses Spielzeug.

Schlaf übermannte mich, bis wir die Reede von Brest erreichten, deren Peilungen ich mir einprägen wollte. Wir steuerten den Chenal du Four beim Festland an. Im Westen erstreckte sich an Backbord eine Inselkette bis Ouessant; felsige, wilde, öde Inseln, von denen die besten Segler Frankreichs stammen . . .

Wir verabschiedeten uns von der Ile de la Vierge im Südosten, wo der hohe Leuchtturm sich klar wie eine riesige Kerze gegen den Horizont abhob. Unser Kurs führte nach Nordost auf Portland Bill zu. Warren erzählte mir von dem Vater des Grafen Blücher, der vor langer Zeit eine Meinungsverschiedenheit mit dem deutschen Kaiser hatte und seinen Abschied nahm mit den Worten, er wolle aus seinen Kindern englische Staatsbürger machen. Eigentlich war die Familie schwedischer Abstammung, aber als der Norden Deutschlands annektiert wurde, hatten sie dem Preußischen König gedient, um ihre Besitzungen behalten zu können. Heute gehören ihnen Baumwollplantagen in Ägypten – daher der Name der Yacht – und Waldgebiete in der Tschechoslowakei. Unser Eigner war der Enkel des berühmten Blücher; und (welch reizvolles Detail) der Arzt, der bei seiner Geburt zugegen gewesen war, mußte mit dem Schoner der Familie, der *Mermaid*, nach Guernsey gebracht werden. Heute gibt es in seinem Haus noch viele Relikte aus napoleonischer Zeit.

Unsere Seefahrt machte mir nicht viel Spaß. Überall war der Rauch verbrannten Öls zu riechen. Mich störte jedoch vor allem die Tatsache, daß wir weder mit dem Wind, noch mit den Wellen, noch mit den Gezeitenströmen arbeiteten. Es kam einzig und allein auf unseren arroganten Willen an, der unseren Kurs in absolut gerader Linie durch den weiten Raum zog. Sogar ein Auto oder ein Zug sind an Straße oder Schienen gebunden; nur ein Flugzeug muß seine Umgebung noch weniger beachten.

Wir kamen an vielen Frachtern vorbei. Das Boot tanzte auf der Dünung, und mein Hummer fühlte sich in meinem Innern nicht länger wohl. Nebel tauchte die Nacht in Weiß; wir mußten regelmäßig das Nebelhorn bedienen und den Motor auf halbe Kraft drosseln. Endlich stellten die Schotten eine Zeitlang ihr schüttelndes, ratterndes Klappern ein.

Am Morgen kam St. Catherine's Head in Sicht. Wir krochen gegen den Ebbestrom und passierten dabei Yarmouth. Kurz nach Mittag befand sich die *Amenartas* an einem Liegeplatz der Kemp-Werft vor der Royal Pier von Southampton in Sicherheit. Zum ersten Mal, seit ich auf ihr fuhr, hörte ihr Herz aus Metall auf zu schlagen. Um 19 Uhr wurden Warren und ich zur französischen Fähre hinübergerudert. Wir gingen an Bord und kauften unsere Fahrkarten.

Die Schwierigkeiten begannen damit, daß ich meinen ausländischen Paß vorzeigte. Nach diesem Dokument hatte ich den Boden Großbritanniens gar nicht betreten. Wie kam es dann, daß ich mich nach Frankreich einschiffte und ein Land verließ, in dem ich nicht gewesen war! Das Durcheinander war perfekt, und niemand wußte, was mit dem Maat der *Atalante* geschehen sollte. Jede Erklärung, die ich hervorbrachte, ließ mich nur umso verdächtiger erscheinen. Warum hatte ich es so eilig, zu meiner eigenen Yacht in der Bretagne zurückzukehren? In meiner Arbeitskluft sah ich ohnehin nicht sehr nach einer Yachtfrau aus . . . (Ich hatte mich noch nicht umgezogen.) Und was war das für eine Geschichte, ich hätte einem Nachbarn in Nöten helfen wollen, der vor den französischen Behörden fliehen wollte? Zum Glück kam ein freundlicher Zollbeamter vorbei. Er hatte mich ein paar Stunden zuvor auf der *Amenartas* gesehen und unser Dingi an Bord des Dampfers bemerkt. Zu guter Letzt glaubten sie mir. Aber sie gaben mir den guten Rat, so etwas nicht noch einmal zu tun! Nach dem Gesetz hätte ich die *Amenartas* nur in Gegenwart eines Einwanderungsbeamten verlassen dürfen ...

Am nächsten Morgen landete ich in Leinenschuhen am Bahnhof St. Lazare. Ich traf Miette, für die immer noch keine Diagnose vorlag. Unser Filmproduzent war auf dem Weg nach Spitzbergen und teilte uns mit, daß die Szenen gut geworden seien, die er an Bord der *Atalante* gedreht hatte. In der darauffolgenden Nacht befand ich mich im Zug auf dem Weg zur Belle-Ile. Aber die *Amenartas*-Geschichte war noch nicht zu Ende.

Dem Ingenieur hatte es gefallen, sich an die Presse zu wenden. Am Abend unserer Ankunft in Southampton hatten die Londoner Zeitungen eine Titelgeschichte. Unter der Überschrift «Yachtunfall! Flucht aus dem Hafen mit einer Frau als Quartiermeister!» waren viele unrichtige Angaben veröffentlicht worden. Ich wurde als Französin beschrieben, die ausdrücklich darum gebeten hatte, die Funktion eines Quartiermeisters einnehmen zu dürfen; in einer Zeitung hieß es sogar, ich hätte den Hafen zumindest mit einer Pistole in der Hosentasche verlassen. Dieses typische Produkt des Journalismus konnte mir nur schaden (es sei denn, eine Filmgesellschaft würde dadurch angeregt, mich mit Gold aufwiegen zu lassen). Man würde mir daraufhin vielleicht sogar meinen Amateurstatus aberkennen, falls ich noch einmal nach den Internationalen Yachtregeln in Regatten segeln wollte. Da mir die französische Staatsangehörigkeit angedichtet wurde, konnte ich sogar Schwierigkeiten mit den französischen Behörden bekommen, weil ich ihnen die Yacht geraubt hatte ... Nicht zuletzt erfuhr ich, daß mein Name sogar mit Gräfin Blücher angegeben wurde! Ich schrieb ihr, daß ich für diese albernen Geschichten nicht verantwortlich sei. Die Tageszeitung von Nantes, *Le Phare*, druckte den englischen Artikel ebenfalls ab; ich mußte sie um eine Gegendarstellung bitten.

Von meinen Freunden in Paris und London hingegen erhielt ich Briefe mit Glückwünschen zu diesem erstklassigen Publicity-Trick, mit dem ich wohl den Segelfilm verkaufen wolle, den wir im vergangenen Sommer gedreht hatten!

Wir fahren mit der La Françoise

Meine Kusine Picci hatte sich mit der *Atalante* bereits vertraut gemacht, als ich an Bord zurückkehrte. Obwohl wir zu diesem Zeitpunkt eine recht amateurhafte Mannschaft waren, beschlossen wir, die Bucht von Quiberon zu erforschen. Wir sehnten uns danach, Le Palais zu verlassen, das wir mit traurigen Erinnerungen verbanden. Trotz eines sehr schwachen und eigenwilligen Gegenwindes versuchten wir daher, aus dem Hafen herauszukommen. Die *Atalante* verpaßte eine Wende und trieb auf die Felsen zu, und wir mußten ihren schweren Anker ausbringen, bevor wir ihre Manilatrosse zum Anleger des Leuchtturms hinüberwerfen konnten.

Später lagen wir in absoluter Windstille gefährlich nah an der Brandung von La Teignouse, und wir ruderten aus Leibeskräften, damit die schnell aufsteigende Flut uns nicht übermannte.

Flußaufwärts auf dem Crach kreuzten wir mit vollen Segeln inmitten einer ganzen Flotte von Sardinenkuttern, die gegen die gurgelnde Ebbe ankämpften, und hatten eine wunderbare Segelfahrt. Wir ankerten vor La Trinité auf der Luvseite von vier Toppsegelschonern, den herrlichen Handelsschiffen dieser Region . . . Da ich zu faul war, unsere Lotleine zu entwirren, um eine Lotung vorzunehmen, fragte ich ein paar Fischer in der Nähe, ob wir an der richtigen Stelle vor Anker gegangen seien. Nachdem wir ihre Bestätigung erhalten hatten, gingen wir beruhigt zum Abendessen unter Deck.

Zwei Stunden später kam ein Dingi zu uns, das mit Seglern aus dem Ort besetzt war. Sie trugen alle weißen Flanell; ein bärtiger, imposanter Mann fiel besonders auf. Sie wollten uns warnen, daß wir auf einer Sandbank lägen und den Standort wechseln müßten. Der Ebbestrom im September zog so stark, daß wir auch mit Hilfe des Warpankers und des Ankerspills noch große Mühe hatten, voranzukommen. Unsere neuen Freunde waren so nett, uns zu helfen. Aber sie hatten einen Fehler gemacht, denn trotz unserer Mühen saßen wir letztlich doch auf Grund – zum Glück auf weichem Schlick. Unsere Segler beschlossen, bei uns zu bleiben, um uns von unserem gefährlichen Ankerplatz zu retten. Sherryflasche und Grammophon tauchten an Deck auf, das sich von Minute zu Minute senkrechter stellte. Dem Rat Monsieur de Kervilers folgend, warfen wir den Warpanker, der am Klaufall befestigt war, so daß wir das Boot bei auflaufendem Wasser mit der Talje aufrichten konnten.

Erst in der Nacht um 3 Uhr waren wir wieder flott und weiter oben in der Fahrrinne sicher vermurt. Zum ersten Mal erlebte ich den erstaunlichen Sog des Gezeitenstroms, den der Herbstanfang mit sich bringt. Seit jenem Tag habe ich mächtigen Respekt vor der Kraft des Mondes.

Für einen müden Seemann war der Crach äußerst erholsam. Die Flut trug unser Dingi weit landeinwärts, vorbei an Kiefernwäldern und saftigen Weiden, auf denen vereinzelt Kühe grasten. Hier und da entdeckten wir ein lauschiges Landhaus. Nach einem Picknick auf einem Bett von Kiefernnadeln kehrten wir zu unserem wunderbaren Schiff zurück. An den Abenden lasen wir unter dem weichen Licht der Öllampe Slocums «Sailing Alone» und Bullens «Cruise of the Cachalot», während Picci dem Harmonium die Musik Griegs entlockte.

An einem anderen Tag sahen wir uns die Insel Houat an. Der Sandstrand war menschenleer; wir spornten einander an, sprangen ins Wasser und schwammen in sorgloser Nacktheit, als wären wir in der Südsee.

Marie faßte den Entschluß, sie müsse sich ihrer Doktorarbeit wieder widmen, und fuhr zurück nach Paris. Es wäre unklug gewesen, zu dritt die schwere *Atalante* an dieser schwierigen Küste entlangzusegeln. Ich selbst wollte mich wie ein Vogel Strauß benehmen und den Kopf in den Sand stecken, um nicht sehen zu müssen, was vor mir lag: ich fürchtete mich davor, nach Paris zurückzukehren. Dann beschlossen Picci, Patchoum und ich, auf der *La Françoise* anzuheuern, einem der Schoner, die neben uns vor Anker lagen.

Er segelte in Ballast nach Jersey, wo er Holzmöbel laden sollte. Le Bideau, der Kapitän, sagte, er könne eine Koje mit seinem Steuermann teilen und uns seine geräumige «Schrankkoje» zur Verfügung stellen. Wir brachten unser Bettzeug und unsere Verpflegung mit an Bord. Die *Atalante* ließen wir in La Trinité zurück unter der Obhut von Rouzic, einem Segler aus dem Ort.

Sechs Tage verbrachten wir auf See. Sechs glückliche Tage jagten wir ohne den Gestank und den Lärm einer Maschine dahin und trotzten der ganzen Welt. Wie auch schon mit der *Atalante* bekalmten wir auch diesmal bei dem berüchtigten La Teignouse – so sehr, daß unser 160-Tonner sich zweimal um sich selbst drehte. Um 17.30 Uhr pflegten wir mit dem Skipper zu Abend zu essen. Dann übernahm ich mit dem Steuermann die Wache bis 22 Uhr. Wir fanden bald heraus, daß es dort unten zu dritt in einer Koje nicht die glücklichste Lösung war, auch wenn Picci mit ihrem Kopf zwischen unseren Füßen lag, damit wir mehr Ellbogenfreiheit hatten . . . Bevor sie in dieser unorthodoxen Lage steif wurde, zog Picci es vor, mit Le Bideau Wache zu halten.

«Draußen schoß das Boot davon mit dem Rauschen des Windes.»

Nachdem wir den Golf von Morbihan einmal hinter uns gelassen hatten, erkannte ich all die Landspitzen und Inseln wieder, die ich vor nicht allzu langer Zeit von Bord der flüchtenden *Amenartas* gesehen hatte.

Am Mittag glitten wir an La Vieille mitten im Raz vorbei: es war nahezu windstill, und die Einsiedler vom Leuchtturm hatten Schichtwechsel; sie hievten Proviant über die Felsen.

Im Chenal du Four, hinter der Pointe de St. Mathieu, wurde die Fahrt spannend. Dort veranstalteten wir plötzlich, gegen den Wind und den Gezeitenstrom bei leichter Brise ankreuzend, ein Wettsegeln mit dem Dreimaster *M.A. James, Plymouth*, den wir langsam überholten. Da wir schneller wenden konnten, hatte der Gezeitenstrom weniger Zeit, uns zurückzudrängen. Alle Inseln im Westen lagen im Dunst: es sah aus, als würden sie im Himmel dahintreiben.

La Françoise wurde von einer fünfköpfigen Mannschaft gesegelt, dem Kapitän, dem Steuermann Xavier, den Händen Guénnec und Felix sowie dem Schiffsjungen, den ich kaum reden hörte. Picci, die rohe Manieren nicht gewöhnt war – zu Hause wurde sie nur «die Prinzessin» genannt, weil sie in Rußland kurz vor der Revolution mit vielen Dienern aufgewachsen war –, kam völlig schockiert zu mir. «Also, weißt du», sagte sie, «ist dir bekannt, wie sie unser Trinkwasser abzapfen? Aus dem Wassertank hängt ein Gummischlauch, und der Junge saugt daran . . .»

Sie nannte mich einen Schmutzfinken, als ich ihr sagte, das mache mir nichts aus. Ich hatte nichts dagegen, denn Miette hatte es sich angewöhnt, mich reichlich mit dieser Bezeichnung zu versehen, nachdem sie entdeckt hatte, daß Alain Gerbault und ich beim Frühstück erscheinen konnten, ohne die Zähne geputzt zu haben. Dieser Mangel an Erziehung (oder Feingefühl) kam mir gut zustatten, als ich in Tibet Tee aus einer hölzernen Schüssel trinken mußte, die vorher von einem Lama sauber geleckt worden war (Ein Lama ist ein Mönch, kein Tier.) . . . An einem Punkt waren wir jedoch gleicher Meinung darüber, was wir nicht ertragen würden, und so verschworen wir uns jeden Morgen, um unser Waschwasser über Bord zu schütten! Le Bideau wollte nach altem Seemannsbrauch so viel Frischwasser wie möglich einsparen. Wir entdeckten, daß das Frühstücksgeschirr in unserem Waschwasser abgewaschen wurde . . . Daher spähte eine von uns an jedem Morgen unauffällig das Deck aus, beobachtete jede Bewegung Le Bideaus und sagte Bescheid, wenn die Luft rein war. Dann wurde das Waschbekken aus dem Deckslicht gereicht, um über Bord geleert zu werden.

Der lustige Kapitän mit seinem runden, geröteten Gesicht war der absolute Herr an Bord. Nach dem Abendessen erzählte er uns gern Geschichten, die wir leichtgläubig schluckten. Er machte uns vor, wie er und seine Freunde englisch redeten, wenn sie mit ihrer Ladung nach Cardiff fuhren. Oder er berichtete uns von der Zeit, als er auf einem Kriegsschiff vor der Senegalesischen Küste fuhr; die Offiziere waren der Meinung, sie seien in der Nähe von Dakkar, konnten aber wohl die Landmarken nicht erkennen. Am Ende riefen sie Eingeborenen in Höhlenwohnungen zu: «Wo sind wir?» Sie befanden sich vor St. Louis, ein paar hundert Meilen zu weit im Norden . . . Aber in seiner besten Geschichte beschrieb er zu gern die Aufregung, die er in Le Havre an Land verursacht hatte, als er mit seinem Dreimaster unter vollen Segeln in den Hafen rauschte, wobei seine Mannschaft aus flinken Negern in der Takelage verborgen war. Als das Unglück unvermeidlich schien, ertönte ein Pfiff, und wie durch Zauberhand war jedes Stückchen Leinwand innerhalb einer Minute unten, und das Schiff verlor mit kahlen Masten schnell an Fahrt.

Pa-tchoum, unsere «Schriftstellerin», führte ein Tagebuch, und dem Kapitän machte es Spaß, darin zu lesen. Es war ihm neu, daß sich jemand für seinen Alltag interessierte.

Xavier, der Steuermann, war weniger überschwenglich. Er hatte eine hohe Denkerstirn, einen langen, wilden, hellblonden Schnurrbart und gutmütige, freundliche Augen. Vor kurzem war ihm die Frau weggelaufen, wenn ich mich recht erinnere.

Unsere zweite Nacht auf See war windstill, und wir lagen regungslos vor dem kerzenähnlichen Phare de la Vierge. Der Schiffsjunge, der unter der Pinasse schlief, träumte laut und wiederholte: «Paris - Madrid . . .» Das waren die Worte, mit denen wir – ich weiß heute noch nicht, warum – jedes Wendemanöver begrüßten: wenn der Großschotwagen von einem Ende des Leitwagens zum anderen rutschte und mit einem Bang! gegen den Puffer schlug.

Tagsüber strich Guénnec das Beiboot an; heimlich hatte er mich gebeten, eine Yacht zu suchen, auf der er arbeiten könnte. Er dachte, es sei Zeit für einen Wechsel. Keiner von uns beiden konnte damals ahnen, daß wir schon im Lauf des nächsten Jahres wieder zusammen auf einem Boot fahren würden.

Auch in der folgenden Nacht traf die *La Françoise* kaum auf Wind, aber dafür ritt sie auf einer langen Dünung. Wir konnten viele Dampfer sehen, die am nördlichen Horizont vorbeizogen. Es wurde recht warm, vor allen Dingen in unserer muffigen Koje; und im stillen wünschten wir uns einen Sturm. Wir wollten den Wind erleben, den die Männer als «Sauwetter» bezeichneten, und sehen, wie sie mit einem Sturm fertig wurden . . .

Im Laufe des Nachmittags sahen wir, wie der Kapitän dreißig Flaschen mit der Aufschrift «Kirsch» oder «Eau de vie» in ein Faß leerte. Er zog uns ins Vertrauen. «Keine Angst», sagte er, «ich bin nicht verrückt. Sie waren nur mit Wasser gefüllt, was dem Zollbeamten nicht bekannt war, der uns einmal in Auray damit außerhalb des Zollbereichs ziehen ließ. Auf Jersey lassen wir sie mit echtem Schnaps füllen. Und wenn wir wieder zu

Hause sind, haben wir so viele Flaschen, auf die mein Freund, der Händler, keine Steuern bezahlen muß ...»

In der vierten Nacht merkten wir uns ein paar Lichter, an denen wir vorbeisegelten: l'Ile aux Moines, les Héaux und später dann das Plateau des Roches Douvres – gefährliche Gebiete, die für so manchen Schiffbruch in dieser von heftigen Tiden gezeichneten See verantwortlich waren. In fünf Jahren sollte die *Firecrest* östlich von hier ihr Ende finden. Der kleine Kutter war in Rowhedge, Essex, gebaut und war sowohl atlantischen Stürmen als auch Korallenriffen im Pazifik ausgewichen, bevor er am Ende seiner Weltumsegelung nach Frankreich zurückkehrte. Er war alt, und alle Halterungen waren abgenutzt, aber Gerbault liebte ihn so sehr, daß er sich weigerte, ihn an einen amerikanischen Millionär zu verkaufen. Er zog es vor, ihn dem französischen Marinemuseum zu schenken. Aber er sollte nicht in einem Zementbehältnis enden: er sank auf halber Strecke zwischen Cherbourg und Brest, im Schlepptau eines Zerstörers.

Mit auffrischender Brise war unsere Segeltour herrlich. Wir kreuzten jetzt auf die Insel Sark zu, dann durch die Déroute und nahmen Kurs auf St. Ouen's Bay an der Westküste von Jersey. Während einiger wundervoller Augenblicke verwandelte die untergehende Sonne den Strand in glühend rote Erde.

Wir umrundeten La Corbière Point und stellten verwundert fest, daß kein Lotse in der Bucht war. Wir segelten bis zur Bucht von St. Brelade, um ihm Zeit zu geben, aufzutauchen. Aber niemand kam – außer der Dunkelheit ... «Wir müssen bis morgen hier liegenbleiben», sagte der Kapitän, «nur weil diese feinen Pinkel ihren Sonntag einhalten.»

Ja, es war Sonntag, der dritte Oktober, aber niemand hatte es eilig, und es machte nichts, wenn wir zwölf Stunden länger auf See verbrachten. An Deck behielt der Wind die ganze Nacht hindurch seine tiefe, unaufhörlich pfeifende Musik bei, während er ein ruhig daliegendes Schiff stieß, drückte und wiegte.

Am Morgen schlug der geschäftstüchtige Lotse vor, wir sollten auf den Schlepper warten, der bei Flut hinauskommen würde. Da wir es ablehnten, uns auf diese kostspielige Angelegenheit einzulassen, mußten wir auf St. Helier zu lavieren, das klar und hell unter einem Sonnenstrahl dalag – das hieß, wir mußten zwanzigmal auf einer Reede voller versteckter Felsen wenden

. . . zwanzigmal mußte der Schiffsjunge wieder «Paris-Madrid» schreien.

Erst im Außenhafen trafen wir den Schlepper, der uns bei der Einfahrt in das zweite Hafenbecken auf Grund laufen ließ. Wir hatten ein starkes Tau am Kai befestigt, und holten es allmählich mit steigender Flut ein, bis wir es schafften, in das Dockbecken zu schlüpfen und endlich in Sicherheit zu sein.

Le Bideau beeilte sich, zu seinen *bonnes sœurs* an Land zu kommen, wie er sie nannte – katholische Ordensschwestern, deren Möbel er in die Bretagne zurückbringen mußte. Inzwischen tauschte ich eine Flasche Schnaps gegen einen großen Hummer. Unser letztes Abendessen fand statt. Noch einmal hörten wir Witze über die *poulies coupées*, die «Reespinnen», wie Frauen in der Seemannssprache manchmal heißen. Wir hatten beschlossen, nicht mit der *La Françoise* zurückzufahren, da ich die *Atalante* nicht zu lange allein lassen wollte.

Wir nahmen den Dampfer nach St. Malo, nachdem wir Warren begrüßt hatten, meinen Lotsenfreund von der *Amenartas*.

Die Befestigungen von St. Malo sahen wunderschön aus, wie sie dort aus dem Abenddunst auftauchten, sie glichen eher einem Märchenbild als der Realität; ich spürte, daß ein Mensch, der in einem dieser stolzen Häuser aufgewachsen ist, immer ein angeborenes Gefühl für Schönheit behalten wird.

Weil wir uns die vielen Kabeljauboote im Hafen ansehen wollten, verpaßten wir den Abendzug nach la Trinité und mußten im Wartesaal des Bahnhofs übernachten.

Wie immer war es eine Freude, die *Atalante* wiederzusehen: die geteerten, festgezurrten Segel, das braungelbe Deck, der schwarzglänzende Rumpf mit dem weißen Streifen am Schanzkleid. Picci mußte zurück. Monsieur de Kerviler lieh uns seinen besten Segler und einen zweiten Mann, damit wir die *Atalante* zu ihrer Werft bei Lorient zurückbringen konnten.

Dann mußte das Boot nur noch aufgelegt werden, eine äußerst deprimierende Arbeit, wenn man nicht weiß, ob es jemals wieder aufgetakelt wird.

Ganz plötzlich war es mir zuviel: ich konnte es nicht länger ertragen. Ich verhielt mich nicht so, wie es von einem guten Maat verlangt wird. Noch bevor alle Teile meines Schiffes zur Ruhe gebracht waren, so daß es die kalten Stürme und den

Die schöne Diana

Der Admiral in St. Jean de Luz

Sprühregen des einsamen Winters nicht fürchten mußte, lief ich davon.

Pa-tchoum blieb dort und erhielt den Auftrag, die letzten Arbeiten zu erledigen. Ich nahm die Fotos von *Perlette* und *Bonita* von den Schotten. Zum letzten Mal kniete ich vor unserem Navigationstisch und langte nach meinem Bleistift und der Filmkamera, die zwischen den Akkus und einem Spant eingekeilt war. Ein letztes Mal warf ich einen Blick unter meine Matratze, wo ich meine Segeltuchhose und meinen Südwester aufzuheben pflegte ... Die Schlüssel für die Vorhängeschlösser an den Luken lagen in ihrer Ecke unten im Bücherregal ... Gedankenverloren saß ich ein letztes Mal an der Heckreling neben der kleinen Messingplatte, die ich für das Log angeschraubt hatte. Und dann weinte ich, während ich in den Schlick blickte, in dem die *Atalante* sich ihr Loch gemacht hatte.

Woran liegt es, daß wir ein Boot so sehr lieben? Wenn es wegen ihres beengten Raumes ist, in dem alles in Reichweite liegt, sind wir dann nicht dumm, wenn wir in geräumigen Häusern wohnen? ... Wenn es wegen der anheimelnden Atmosphäre des Holzes ist, aus dem es gebaut ist, dann sollten wir nicht zwischen Betonwänden leben, die mit Papier verkleidet sind ... Es ist nicht die Tatsache, auf dem Wasser zu sein, die uns glücklich macht, denn ich habe oft «auf dem Trockenen» gelebt und spürte doch in mir dasselbe Gefühl der Zuneigung. Nein, ich glaube, es ist etwas anderes. Es ist das Boot mit seinem Fluidum, das uns erregt, ein in sich abgeschlossenes, unabhängiges Wesen ... mit einem eigenen Charakter. Es ist eine sensible Gestalt, an der jedes Teil eine *raison d'être* hat.

Ich wagte nicht, noch einmal zurückzublicken, als ich fortging. Aber die *Atalante* verabschiedete sich auf ihre Weise: die gespannten Falle trommelten heftig gegen den Mast.

Teil III

Neue Hoffnung . . .

Ich hatte den Versuch unternommen, eine Arbeitsstelle zu finden, bei der ich etwas von der Welt sehen würde – ohne Erfolg. Von der Grenfell Labrador Mission erhielt ich einen Brief, in dem es hieß, daß Frauen ausschließlich für die Arbeit im Krankenhaus oder in der Schule eingestellt würden, und nur dann, wenn sie sich für drei Jahre verpflichteten.

Der Mann von der Hudson Bay Company, der einem meiner Freunde versprochen hatte, mir zu helfen, war verschwunden . . . Der reiche Schweizer, der behauptet hatte, er könne mich bei seiner nächsten Großwildjagd zum Präparieren seiner Trophäen gebrauchen, hatte es nicht ernst gemeint.

Völlig auf mich gestellt, wußte ich nicht, was ich tun sollte. Vorerst war ich allerdings zutiefst dankbar dafür, daß ich nicht um jeden Preis arbeiten mußte.

Von dem Winter nach der Kreuzfahrt auf der *Atalante* weiß ich nicht mehr viel. Ich habe meiner Mutter vor kurzem geschrieben, sie möge mir meine alten Taschen-Tagebücher schikken, in der es Hinweise darauf geben muß, was ich damals unternommen habe. Sie sind zwar in Genf abgeschickt worden, aber noch nicht in Indien angekommen, wo ich während des Krieges schreibe und den relativen Frieden genieße, den die Entfernung mit sich bringt. Vielleicht ist der Zensor über meine Hieroglyphen gestolpert, die ich für die Spitznamen von Freunden oder für in Hockeyspielen erzielte Tore eingesetzt hatte; und die Zahlen neben dem Namen eines Berges auf diesen Seiten bedeuten die Anzahl der Stürze bei Abfahrten auf Skiern. Aber vergessen wir die verspäteten Tagebücher. Ich habe dadurch lediglich ein paar Monate aus den Augen verloren. (Ich habe sie letzten Endes doch noch erhalten, als ich sie nicht mehr brauchte.) Jetzt möchte ich mit der Suche nach meiner Vergangenheit fortfahren. Ich grüble nicht gern über diese längst vergangenen Tage; es verunsichert mich wie die Schauspielerin, die zu viel über sich nachdenkt: «Wie habe ich in dieser Szene ausgesehen? Konnte man mich ernstnehmen oder habe ich etwas vorgetäuscht? Habe ich die falsche Stimmung übermittelt?»

An meine Weihnachtsferien hingegen erinnere ich mich noch genau, weil ich sie auf Skiern verbrachte. Die verschneiten Berge, dieses wie in Watte gehüllte Reich, wußten, daß wir ihnen gehörten, und riefen uns Jahr für Jahr. Wie immer verstand es sich auch diesmal von selbst, daß mein Bruder und ich bei der alljährlichen Zusammenkunft des Maillart-«Clans» nicht zugegen sein würden. Erst zwölf Jahre später, als die steigende Popularität des Wintersports jedes Dorf und jeden Hüttenplatz mit unerträglichen Massen skilaufender Neophyten angefüllt hatte, tauchten wir zum Neujahrsbankett im Kreise der Familie auf . . .

Jedes Jahr stiegen wir am 24. Dezember zwei Stunden lang zu einer Berghütte hinauf – bepackt mit einem dreißig Pfund schweren Rucksack voll mit Kuchen, Fleisch und Wein. Beim Aufstieg zog langsam die Nacht herauf und brachte einen eisigen Wind mit sich, der uns den Schweiß auf der Stirn trocknete. Am farblosen Himmel und in dem Dorf zu unseren Füßen leuchteten immer helle Tupfer.

Nach einiger Zeit haben wir die Häuser hinter uns gelassen, und unser Herannahen wird nicht mehr von heiserem Hundegebell angekündigt; auf dem schmaler werdenden Pfad liegen nur noch vereinzelte Kuhfladen. Wir haben das Reich des Windes betreten: die Bergwelt, die er beherrscht und in der er durch die seidigen Nadeln der Tannen pfeift. Hier rutschen unsere Skistiefel ohne Nägel in den vereisten Spuren aus: Stürze sind ärgerlich, weil es schwierig ist, mit dem schweren Gewicht auf dem Rücken wieder aufzustehen. Man wird im Aufstiegsrhythmus unterbrochen und empfindet den steilen Pfad als unfreundlich. Zähe Burschen wie Popol oder Loulou singen ununterbrochen . . . Wie schaffen sie das nur? Endlich taucht die Hütte auf, grau und tot im Mondlicht; der Schlüssel ist eine Art Waffemit seinen fünfunddreißig Zentimetern. Schon bald haben wir die Öllampe angezündet, der Ofen röhrt, wir haben die Füße in dicke Fellpantinen gesteckt und schälen eifrig Kartoffeln. Popol ist ein hervorragender Koch, und mit Zizis Hilfe bereitet er Mahlzeiten zu, an die man noch Monate später gern zurückdenkt. Obwohl meine Schultern von ihrer Last befreit sind, schmerzen sie noch vom langen Tragen der harten Ski.

Am späten Abend kochen wir Glühwein, der in den Gläsern

dampft. In diesem Augenblick fühle ich mich am wohlsten, wenn die Männer im Chor unsere Berglieder anstimmen. Die Freude legt allmählich friedlichen Glanz auf ihre Gesichter. Unsere Gefühle werden jetzt mit den Worten eines Liedes besser ausgedrückt, als wir es jemals selbst könnten. Hier werden die goldenen Augen der Ziegen am Wegesrand beschrieben oder der reißende Wildbach, der vom Berg herabfällt und durch weite Wiesen fließt . . . Ich habe immer noch den tiefen, ernsten Klang von Milos Stimme im Ohr, wenn er sang:

«C'est toi, c'est toi, mon beau Valais,
Pays aimé à tout jamais . . .«

Ich mußte an ihn denken, als ich die Stimmen meiner russischen Nachbarn am Strand des Schwarzen Meeres in Sotschi hörte, als sie das Lied «Stenka Rasin» sangen. Auch sie wissen, wie man die Liebe zur Erde im Klang eines Liedes zum Ausdruck bringt.

Im Januar verbrachten wir alle unseren Urlaub in Le Tagui, einer Hütte in den Savoyer Alpen. Im Morgenlicht konnten wir von der Steinterrasse vor der Eingangstür weit über unser Gebiet blicken. Zu unserer Linken ragte im Osten der pyramidenförmige Gipfel des Mont Blanc um Kilometer über uns hinaus. Er thronte auf dem Dôme du Goûté und wurde von dem steilen, zerfurchten Glacier de Bionassay flankiert. Vor uns, im Süden, hörte das Tal im Col du Bonhomme auf. Aber die Tummelplätze, die uns das Vergnügen rasender Geschwindigkeit boten, lagen zu unserer Rechten, überragt von dem stillen Mont Joly. Von diesem sanft ansteigenden Gipfel gingen all die Grate aus, die «uns gehörten». Wir bewunderten diese parallel verlaufenden Gebirgsrücken . . . den ebenmäßigen Arête de St. Nicolas, die sich daran anschließenden runden Erhebungen des Arête du Milieu und den letzten, auf dem wir standen, La Venaz genannt. Am langen Buckel des Joly, wo sie ihren Ursprung nahmen, waren sie noch schmal, wurden dann zum Nordosten hin breiter, wo auf ihren niedrigeren Hängen ein paar vereinzelte Tannen wuchsen.

Wir beschlossen, La Venaz zu «machen», bevor die Massen

aus den Städten ankamen. Wir wachsten die Skier mit der warmen Handfläche, zogen die Jacken fest zu und machten uns auf den Weg. Wir hatten einen Aufstieg von einer Stunde vor uns.

Aus der Eiseskälte der letzten Schlucht, in der das Wasser viele Wochen lang gefroren sein würde, tauchten wir in den Sonnenschein. Die Hände in den Handschuhen waren steif, und ein Tropfen baumelte an der Nasenspitze. Da stand Les Communailles, der höchste Bauernhof im Tal, der als erster und als letzter die Sonnenstrahlen einfing. Théophile führte seine Kühe zum Wassertrog, deren Körper in der kalten Luft dampften. Von dort aus zogen wir unsere parallelen Spuren über offene Schneefelder; wir setzten die Sonnenbrillen auf; dann entledigten wir uns nacheinander der Handschuhe, Schals, Anoraks und Pullover. Unsere Welt bestand aus einem tiefblauen Himmel, einer goldenen Sonne über verschneiten Hängen und glitzernden Juwelen zu unseren Füßen – Juwelen, die so echt wirkten, daß man unwillkürlich hinschauen mußte, und jedermann konnte sie unbeschwert genießen. Dieselben weichen Umrisse, die ich an weißen, aufgeblähten Segeln so liebe, verschmolzen auch hier mit den blauen Schatten runder, sonnenbeschienener Buckel; in ihrem frostigen Schatten lag der Rauhreif in einer glitzernden Schicht, die mit einem metallischen Knistern hinter den Skiern zur Seite fiel.

Diese friedliche, strahlende Welt wurde plötzlich von den jungen Männern und ihren waghalsigen Kapriolen belebt. Vom höchsten Grat, auf dem sich die Umrisse eines Eisenkreuzes gegen die Unendlichkeit abzeichneten, schossen sie in direkter Fahrt hinab. Sie waren viel schneller geklettert als wir und kamen uns nun entgegen. «In Schußfahrt» pflügten sie durch den Pulverschnee wie ein Boot durch das Wasser und ließen funkelnde Strahlen wie Kometenschweife hinter sich.

Wir hielten an, um ihnen zuzusehen und den Schauder der Erregung mitzuerleben, der sie durchlief. Wir hielten den Atem an und murmelten spontan: «Nicht so schnell!» Vornüber gebeugt und dem kalten Wind ausweichend, der ihm den Atem nahm, fuhr Loulou, der drahtige Junge, haarscharf an uns vorbei; seine stechenden schwarzen Augen waren weit in die Ferne gerichtet, und seine Ohren waren stromlinienförmig nach unten geklappt, wie die eines jagenden Tiers.

Keiner stürzte, was uns ebenso freute wie enttäuschte – so merkwürdig ist die menschliche Natur. Mit einem rasanten Schwung, der die jungfräuliche Schneedecke roh aufriß, kamen sie zum Stillstand. Sie fuhren meisterhaft. Als wir schließlich am Ziel unseres Aufstiegs ankamen, nachdem wir die abschüssige Seite der Schneewächte erklommen hatten, waren die Männer schon vor uns dort. Wir standen neben dem Eisenkreuz auf dem langen Grat des Joly und blickten hinab in das nächste Tal, in dem sich sechshundert Meter unter uns der Ort Mégève befand. Diese andere Seite des Berges war ganz und gar nicht steil, und hier war der Schnee für gewöhnlich von der Sonne verdorben. Daher blieben wir auf unserem Grat, der uns schließlich zur Hütte zurückführen würde. Dort oben kitzelte die saubere Luft in meiner Nase; sie erreichte kalt und schneidend meine Lungen und erweckte Hunderte neuer Zellen zum Leben, die voller Freude in mir bebten.

Es waren glückliche Tage damals. Ich liebte mein wildes Leben, unsere Possen im Schnee, die verbrannten Gesichter, die wir alle nach zwei Tagen an der frischen Luft hatten, die Art und Weise, wie wir uns gegenseitig mit unseren epochalen Stürzen am Berg aufzogen. Ans Herz gewachsen ist mir dieser Teil der Welt auch wegen eines Augenblicks, den ich auf der runden Spitze des La Venaz erlebte. Ich war die letzte und mußte noch einen stumpfen Ski abkratzen. Irgend etwas veranlaßte mich, den Kopf zu heben. Allein in den Himmel ragend, in unvergeßlichem Glanz, blickte der Gipfel des Mont Blanc der Sonne entgegen. Der Nebel hatte sich gesenkt und verbarg noch die Welt dort unten ... Aus seinen eintönig grauen Schwaden erhob sich diese gleißende Vision, und außer dem runden Gipfel, auf dem ich neben ein paar kleinen Tannen saß, die unter dem Schnee fast verschwanden, war von der Welt nichts zu sehen.

Was da vor mir stand, war mehr als der Berg, den ich mit seinen Felsen, Eiswänden und Schneefeldern wie meine Westentasche kannte. Dieser Augenblick verlieh dem einsamen Gipfel eine besondere Bedeutung. Seine ewige Würde sang mir zu: «Ich bin schön!» Aber warum besaß dieser grandiose Gipfel, den ich doch so gut kannte, plötzlich die Kraft, mich zu rühren? War es nur die Verbindung des rauchigen Nebels mit den Sonnenstrahlen? Oder zeigte mir etwa die Erde die Stimmung, in der sie sich befand? Zum ersten Mal rührte mich die Schönheit zu Tränen, obwohl ich schon oft in unserer Alpenwelt gewesen war ... eine Eigenschaft, die sowohl einem Grashalm als auch einem Berg innewohnen kann ...

Dasselbe goldene Licht liebkoste die Schneefelder und die regungslosen Wellen des Nebels. Für einen Augenblick verschmolz meine Identität mit dem, was ich sah; ich war leuchtender Schnee und gestaltloser Nebel. Weil mein Blick in Frieden und Stillschweigen diesen wunderbaren Berg erreicht hatte, war ich über mich hinausgewachsen und eins geworden mit meiner Vision.

An jenem Abend war ich dem Mysterium nah gewesen.

Nach einer Woche Aufenthalt in der Hütte wurden wir stark und leichtsinnig ... Eines Abends beschlossen wir, nachdem wir unsere Suppe gegessen hatten, mit Skiern über den Berg und hinunter nach Mégève zu fahren, um dort «einen draufzumachen». Bevor wir uns auf den Weg machten, tranken wir eine Menge Glühwein, um gegen die stechende Kälte besser gerüstet zu sein. Danach stiegen wir mühelos empor und erlebten das besondere, erregende Gefühl, etwas Ungewöhnliches zu unternehmen.

Der Schnee leuchtete so hell, daß wir nicht wie Blinde den Berg hinunter tappen mußten. Je länger wir unterwegs waren, desto mutiger wurden wir. Der Schnee war hell und so «leicht», daß ich das Gefühl hatte, gar nicht fallen zu können. Unebenheiten und Löcher waren schlecht zu erkennen, und ich blieb in meinen Knien immer elastisch, damit sie instinktiv als Stoßdämpfer reagieren konnten. Wir wußten, wo wir auf diesen offenen Feldern im Schuß hinunterfahren konnten. Und so stob ich dahin wie ein herabstoßender Vogel, frei von den gewöhnlichen Gesetzen der Schwerkraft. Die Kälte trieb mir Tränen aus den Augenwinkeln, während meine Hose hinter den gebeugten Knien flatterte. Ich fühlte mich viel eher von Geschwindigkeit und Kälte berauscht als von unserem Wein. So fuhr man gut Ski ... Nichts konnte schiefgehen. Ich konnte sogar mit den Jungen Schritt halten ... Aber das hatte ich kaum zu Ende gedacht, als ich grob aus meinem trunkenen Zustand aufgeweckt wurde: ich fiel, rutschte den harten, gefrorenen Abhang hinunter in eine wohlbekannte Senke, die die Jungen klugerweise umfahren hatten.

Auch dieser unfreiwillige Kontakt mit der harten Realität konnte mich nicht ernüchtern. Das Leben war trotzdem lustig, und es gab Tausende glücklich blinkender Lichter in dem dunklen, samtenen Gewölbe über mir. Nach unserer schnellen Abfahrt fühlten wir uns wie die Sieger und sangen lauthals, als wir zwischen den grauen Häusern von Mégève hinunterschossen. Wir, die Bezwinger der Berge, stießen die Tür eines Lokals auf und eroberten die Tanzfläche, auf der wir uns wie wild im Kreise drehten. Und dann nahmen wir vor Krügen voller Weißwein Platz.

Anders als die Ausländer um uns herum fühlten wir Genfer uns in Mégève wie zu Hause – nicht, weil unsere Heimatstadt so nah war, sondern weil wir die ersten gewesen waren, die in diesem Landstrich auf Skiern gestanden hatten. Meine Eltern waren vor zwanzig Jahren bereits hierhergekommen, Mutter fuhr damals in einem knöchellangen Rock Ski und Vater unter einer Schalmütze verborgen. Ja, wir fühlten, daß sie uns gehörten, diese Berge, die wir so liebten.

Trotz der Akkordeon-Klänge und der über den Boden schlurfenden Bergstiefel erwachte plötzlich meine tiefe Liebe zum Wasser. Von einer Sekunde auf die nächste waren meine Gedanken zur *Atalante* zurückgesprungen. Ich beschrieb ihre Eigenschaften und spürte die alte, starke Sehnsucht nach ihr.

Ich sprach mit einem Mann von beeindruckendem Aussehen, der an unserem Nachbartisch saß; er war groß, hatte graue Haare, stahlblaue Augen in einem sonnenverbrannten, tief zerfurchten Gesicht. Auch wenn er keine hochgeschlossene, marineblaue Jacke getragen hätte, wäre mir klar gewesen, daß er Segler war. Er schien sein eigenes Leben und das Weltgeschehen im allgemeinen zurückhaltend und aus der Ferne zu beobachten. Er war ein pensionierter Admiral, der beschlossen hatte, das ganze Jahr über an Bord seiner Yacht *Insoumise* zu leben. Er war ein ausgezeichneter Skiläufer und wollte mit seiner Tochter Diana zwei Wochen in den Bergen verbringen. Die *Insoumise* war eine gedrungene Ketsch, die lange Zeit Lotsenboot in Ostende gewesen war; sie wartete jetzt in Southwick auf ihn. Im Frühling würde er mit seinem Sohn, zwei Freunden und einer «Hand» als Hilfe in See stechen mit Kurs auf die Inseln im Pazifik. Er war schon früher in der Südsee gewesen, und er wollte seinen Lebensabend dort verbringen.

Damit der Admiral auch recht verstand, wie sehr mich seine Geschichte in Aufregung versetzt hatte, beschrieb ich ihm unsere bisherigen Kreuzfahrten, unsere Vorbereitungen für eine Fahrt nach New York und den Umbau unseres Lotsenbootes in eine Yawl. Die *Atalante* und die *Insoumise* waren vom selben Bootstyp – obwohl letztere einige hundert Tonnen größer war –, beide waren kursbeständig auf See und so gebaut, daß sie mit Hilfe ihrer starken Besegelung Hurrikans reiten konnten. In Ostende, wo er sie billig erstanden hatte (die Lotsen hielten nichts mehr vom Segeln und waren auf Motorboote umgestiegen), hatte der Admiral achtzehn Monate an Bord gearbeitet, um eine Yacht aus ihr zu machen.

Ich weiß nicht mehr, wer es zuerst erwähnte, aber als wir uns in jener Nacht trennten, war klar, daß ich bereit sein würde, umgehend an Bord der *Insoumise* zu kommen, falls man mich dort gebrauchen könnte.

Alle, die zu der Berghütte gehörten, kletterten zurück Richtung La Croix. Meine Beine waren bleischwer; ein feuchter Wind war aufgekommen, und die Sterne waren verschwunden. Die Jungs waren amüsant; sie berichteten in allen Einzelheiten über ihre Erfolge bei einigen Pariserinnen, die noch nie zuvor mit derart kräftigen Männern getanzt hatten. Ich beneidete sie um ihre Fröhlichkeit, während ich mich zwischen zwei Welten hin- und hergerissen fühlte, doch zu keiner vollständig gehörte; die eine bestand aus verschneiten Bergen, die andere aus Meer und Inseln in weiter Ferne. Am nächsten Tag versuchte ich zu vergessen, daß es Segelboote gab, die ans andere Ende der Welt fuhren – für den Fall, daß diese Begegnung in Mégève wieder eines dieser aufregenden, aber enttäuschenden Zusammentreffen ohne Zukunft gewesen sein sollte.

Auf der Insoumise ans Ufer gebunden

Das war es nicht, denn die Angelegenheit entwickelte sich besser, als ich gehofft hatte. Wieder einmal war es so, als würden meine Gedanken und meine Zukunft mich forttragen aus einem Land, in dem ich keine Möglichkeit sah, mich niederzulassen. Schon im März saß ich mit meinem alten Seesack voller Seemannskleidung im Zug nach Newhaven. Der Admiral hatte mir geschrieben, seine Mannschaft sei fertig, und er wolle so schnell wie möglich nach Gibraltar starten.

Der Gedanke, schon bald wieder zu einem Segelboot zu gehören, erfüllte mich mit Freude; aber ich wollte mich nicht hineinsteigern. Noch war die große Abfahrt nicht gekommen, obwohl ich dem Admiral glaubte, wenn er sagte, das englische Klima und die Engstirnigkeit seiner Landsleute seien Grund genug, ihn aus der Heimat zu vertreiben. Er wollte so bald wie möglich nach Süden segeln; und ich wollte dies auch, aber nicht um jeden Preis. Meine Entscheidung hing davon ab, wer außer mir noch an Bord war und wie wir miteinander auskommen würden: auch wenn am anderen Ende der Welt ein Paradies existierte, gab es keinen Grund, an Bord einer wahren Hölle dorthin zu gelangen. Und der Admiral war ebenso vorsichtig wie ich, denn er hatte gesagt, daß es bis Gibraltar eine Probefahrt sein solle.

Barhäuptig und neben der wundervollen Diana groß wirkend, stand er am Kai in Newhaven und winkte mir entgegen. Während all die Landratten in ihren dunklen Zug huschten, fuhren wir, die marineblauen Seeleute, an der Küste entlang nach Southwick.

Die *Insoumise* lag an einem hölzernen Landesteg im Kanal von Southwick vertäut. Von Bord aus sah man am Ufer niedrige, traurig anmutende Häuser, hinter denen sich das Land versteckte. Sie war das perfekte Schiff für eine Hochseefahrt: wuchtig, mit starkem Schanzkleid, dicken, an Jungfern angeschlagenen Wanten, einem Deckshaus über dem Niedergang, einem langen Bugspriet und einer Vierkant-Rah hoch oben am Großmast. Sie war fast fertig zum Auslaufen, nur der Proviant mußte noch an Bord gebracht werden. Außerdem stand noch Lackierarbeit an, die man nur bei schönem Wetter erledigen konnte.

Aber es sollte tagelang, ja, sogar wochenlang regnen. In dieser Zeit ging ich nur zweimal an Land. Auf der *Insoumise* stieg ich in die Höhle eines Wikingerfürsten hinab, und dort verflüchtigte sich das Land zu einem Nichts. Der geräumige Salon war eine Augenweide, vor allem dann, wenn ein Sonnenstrahl durch das Deckslicht fiel und die goldenen Rahmen der alten Seestücke erhellte. Große, aus Holz geschnitzte polynesische Götzenstatuen machten ganz den Eindruck, als wollten sie nicht länger immer denselben dekorativen Fisch essen. Verleimte, tätowierte Schädel verstorbener Südsee-Insulaner waren in kofferähnlichen Truhen untergebracht, ihre ausgeblichenen Haarbüschel hatten sich in Pfeilen verfangen, mit denen einst Fische getötet wurden; ihre toten Augen waren entweder mit Kaurismuscheln oder mit Perlmutt ausgelegt, die die Kornea imitieren sollten. Halsketten aus den Schalen von Meerestieren, Kleidung aus Bast, fremdartiges Mattenflechtwerk und Pareos lagen dort, die ebenfalls von den Antipodeninseln stammten. Allein beim Anblick der vielsagenden, messingbeschlagenen Seekisten begab sich die Phantasie ins Kielwasser des Kapitäns Kid und seiner gesetzlosen Piraten. Zweimal in der Woche polierte die Tochter des Admirals den matt glänzenden hölzernen Schreibtisch, den alten Eßtisch und die Chippendale-Stühle. Das Linoleum auf dem Boden wurde dunkelgrün, wenn es nach dem Einwachsen gewienert wurde. An den Wänden feuerten Fregatten auf alten Ölgemälden ihre Salven über tosende Seen.

Viele Stunden verbrachte ich in dem Lehnsessel neben dem Ofen und lauschte Geschichten, sah mir Fotos an oder las Bücher über die sieben Meere.

Nach dem Frühstück wurde für gewöhnlich der Dynamo angeworfen, um die Batterie für unser elektrisches Licht zu laden. Dann setzte sich der Admiral hin, rauchte endlose «Gold Flakes», beantwortete meine Fragen oder erzählte von seinen Erlebnissen. Während des Krieges hatte er eine Zerstörerflotte in Australien kommandiert. Da es ihm freistand zu segeln, wohin er wollte, war er in das Great Barrier Reef hineingefahren und an den Küsten der Inseln entlang, die einmal Deutschland gehört hatten. Dort in Neuguinea hatte er eine nervenaufreibende Expedition geleitet und war flußaufwärts auf einem unbekannten Fluß den Spuren eines fliehenden Feindes gefolgt, über dessen befestigtem Lager mitten im Dschungel die deutsche Flagge geweht hatte.

Bei einer anderen Gelegenheit wollte er das Festland erkunden und war mit Eingeborenen aufgebrochen, die sich vor den Wilden im Innern des Landes fürchteten. Er hatte jede Menge Laschen und Lukendeckel als Geschenke mitgenommen, mit denen er diese Wilden überreden wollte, ihn durchzulassen. Ich weiß nicht mehr, wie es ausging; aber der Admiral lief so nackt herum wie seine Eingeborenen und war ebenso dunkel geworden wie sie.

Einem Gespräch über diesen Teil der Welt hatte ich nicht viel beizusteuern, außer dem, was Gerbault mir über seine geliebten Insulaner geschrieben hatte. Als das Gespräch sich aber dem Mittelmeer zuwandte, konnte ich auch ein bißchen «Garn» spinnen. Einmal waren wir von den Italienern im Maddalena-Archipel inhaftiert worden, weil wir durch verbotenes Gebiet gesegelt waren ... Dann hatte die «Bora» unser Gaffel in der südlichen Adria abgebrochen ... Wir hatten unser Boot durch den Kanal von Korinth gezogen, weil wir nicht genug Geld für den Schlepper hatten ... Sir Roger Keyes, diensthabender Kommandeur der Mittelmeerflotte, hatte unsere *Bonita* in Argostoli inspiziert, und weil er so heftig mit Miette debattiert hatte, war das Flaggschiff HMS *Queen Elizabeth* mit zehn Minuten Verspätung ausgelaufen ... Und der Flaggleutnant King-Hall hätte sogar beinahe an der Rahnock gebaumelt, weil es ihm nicht gelungen war, uns am Tag zuvor zum Abendessen an Bord der *Queen Elizabeth* zurückzubringen!

Jeden Morgen ging Diana an Land, um einzukaufen, während Olive, ein Freund der Familie, in der Kombüse das Essen zubereitete. Die anderen Mannschaftskameraden auf der *Insoumise* waren Michael, der Sohn des Admirals, ein kräftiger Kerl von achtzehn Jahren, und Mann, der Bootsmann, ein kleiner Kerl mit einem grauen Schnauzbart, der immer geschäftig wie eine Maus umherlief. Die unkonventionelle Atmosphäre an Bord machte das Leben recht angenehm. Aber das Wetter draußen war ungemütlich; Regen prasselte auf das Deckshaus, und ein ständiger Südweststurm heulte und jammerte in der Takelage. Außerdem konnte ich nicht herausfinden, was mit unserer Yacht geschehen würde. Zunächst schien alles in Ordnung zu sein, die Liste der Besorgungen war abgehakt, und wir hatten die Bunker mit Kohlen für den Herd gefüllt.

Dann kam dem Freund des Admirals etwas dazwischen, der unsere fünfköpfige Besatzung vervollständigen sollte (wenn ich mich zur Mannschaft zähle). Er hätte sicher ersetzt werden können, aber auch Michael ließ uns im Stich. Er hatte seine Großmutter besucht, und irgendein Familienproblem verhinderte seine Rückkehr. Michael hatte in der Handelsmarine gearbeitet und war gerade aus Australien zurückgekehrt. Er war so gut wie zwei Männer, und wir konnten nicht auf ihn verzichten. Man beschloß, die *Insoumise* nach Trouville hinüberzusegeln (wo Klima und Lebenshaltung annehmbarer als in England waren). Dort würde sie bleiben, bis eine Lösung gefunden war.

All dies klang wenig erfreulich, und nachdem ich geholfen hatte, auf der *Insoumise* alles abzuschaben, zu streichen und zu spleißen, beschloß ich nun, sie zu verlassen. Meine alte Barge-Yacht, die *Volunteer*, befand sich bereits auf See, auf dem Weg zu einer Kreuzfahrt durch die holländischen Kanäle. Der Colonel hatte mich mit einer Lawine von Telegrammen zugeschüttet, weil er mich als Dolmetscherin brauchte: er habe eine phantastisch preiswerte französische Mannschaft angeheuert, mit der er nicht ein Wort wechseln könne . . . Bis zu diesem Zeitpunkt hatte ich die *Volunteer* aus meinen Plänen gestrichen: ich hatte alles auf ihr gelernt, was möglich war, sie war manchmal zu aufreibend für meine Nerven, und ich hatte beschlossen, mich nach etwas Besserem umzusehen. Aber für die kurze Zeit, in der die *Insoumise* vorbereitet wurde, wäre sie gut genug . . . Und der Colonel hatte meine Heuer, die ich höher angesetzt hatte als vor zwei Jahren, ohne weiteres akzeptiert. Ich kann jetzt schon sagen, daß ich mir jeden Pfennig, den ich auf dieser Fahrt bekam, sauer verdienen mußte.

Die Niederlande

«Wollt Ihr vieles auf engstem Raume sehen, bereist die Niederlande.»

– *Thomas Fuller*

Ich freute mich, als ich die Aufschrift «*Volunteer* – Harwich» auf dem Spiegel der alten Barge wiedersah. Ihre Dächer waren weiß gestrichen, sie hatte ein neues Bugspriet und ein neues Toppsegel: diese Veränderungen bemerkte ich sofort. Der Colonel, immer noch der alte, wollte so schnell wie möglich ablegen, so daß ich nicht einmal Zeit hatte, auszupacken: schon befanden wir uns in der Schleuse und baten um Öffnung der Drehbrücke. Wir verließen Calais Richtung Osten.

Aber auf dieser originellsten Kreuzfahrt der *Volunteer* war alles gar nicht so leicht; und unser erstes Manöver sollte nur ein Beispiel dafür sein, was auf einer Barge so alles passieren kann. Wir hatten den Gare Maritime noch nicht ganz verlassen, als Baranger, unser kleiner Kapitän, auf etwas aufmerksam wurde: die Barge machte kaum Fahrt, und es war klar, daß sie die Strömung zwischen den Wellenbrechern niemals überwinden würde. Er beschloß, zurückzufahren, aber trotz des lärmenden Motors verloren wir vollständig an Fahrt und trieben langsam mit der Längsseite auf den Wellenbrecher zu. Baranger warf bereits eine Leine an Land, als der Colonel ihm befahl, das Toppsegel zu hissen und Richtung offenes Meer zu segeln . . . Aber wir trieben nur hilflos umher und mußten den Anker auswerfen. Wir schickten nach einem Fachmann aus der Garage de Londres. Baranger lief zum Hafenmeister, um herauszufinden, auf welchem Grund unser schwerer Rumpf bei Niedrigwasser aufliegen würde . . .

Im Beiboot arbeitete Le Roux, unser Hansdampf in allen Gassen, mit nacktem Oberkörper an unserem Propeller, der von einem Seil blockiert war, das sich fest in ihm verwickelt hatte. Dann und wann schlug die wogende See über seinem Kopf zusammen, während er versuchte, mit seinem Messer die schuldige Warptrosse durchzuschneiden. Die weiße Haut seines Rükkens war gesprenkelt von der Wasserbleifarbe, mit der unser Rumpf überzogen war. Inzwischen hatte Yves, unser Bootsmann, den Kattanker ausgebracht und am Spill eingeholt, so daß wir uns jetzt in der Mitte des Beckens befanden. Spuckend und frierend führte Le Roux seine Tauchübungen fort, aber ohne Erfolg. Die Welle hätte vielleicht freigelegt werden können, wenn es möglich gewesen wäre, den Motor rückwärts laufen zu lassen, aber man konnte den Propeller nicht einmal mit der Hand bewegen. Unter Brigg- und Toppsegel liefen wir an den Strand, wo bei Ebbe alles in Ordnung gebracht wurde.

Zum ersten Mal befand sich die *Volunteer* in Händen von vier Männern, die – wie ich gerade festgestellt hatte – etwas von ihrer Sache verstanden. Unter diesen Voraussetzungen würde es wunderbar sein zu segeln, dachte ich damals. Zum Glück konnte ich nicht ahnen, wie viele graue Haare mir wegen dieser Mannschaft noch wachsen würden.

Noch am selben Abend legten wir ab und verließen die Ridens Bank an Steuerbord. Die Brise nahm stetig zu, und später konnte man im Norden Sturzseen sehen, die sich bedrohlich auf Untiefen brachen. Dünkirchen kam in Sicht. Als ich unter Deck ging, schlingerten wir so stark, daß unser Funkgerät zu Boden fiel! Da wir genug Männer an Bord hatten, gönnte ich mir eine durchgehende Nachtruhe.

Als der Colonel am nächsten Morgen an Deck kam, stellte er fest, daß der Rudergänger geradewegs auf die Schelde-Mündung zuhielt, obwohl wir doch die Maas und Rotterdam zum Ziel hatten . . . Sofort zog der Eigner den Schluß, Baranger habe, weil er keine Karte lesen könne, die beiden Mündungen verwechselt und den falschen Kurs angegeben. Tatsächlich aber war der Sturm so heftig gewesen, daß der Kapitän beschlossen hatte, bei Flushing Schutz zu suchen, das man an dem hohen Flachkran weithin gut erkennen konnte. Aber der Morgen war über einer ruhigeren See angebrochen, die sich in eine seifiggrüne Brühe verwandelt hatte; daher segelten wir weiter, vorbei an der Insel Walcheren, wobei wir den Leuchtturm von Westkapelle ausmachten, der zwischen cremefarbigen Sanddünen lag. Viele holländische Botteryachten, tonnenförmige Schiffe mit Seitenschwertern, waren um uns herum auf Fischfang; ihre Skipper, die sich in ihren steifen Schürzen aus dickem Ölzeug

Schlepper im Hafen von Rotterdam

Eine Gracht in Amsterdam

kaum bewegen konnten, grüßten uns mit langsamen Gesten. Wenn man vor unterschiedlichen Küsten segelt, ist es immer wieder faszinierend festzustellen, wie die jeweilige Art zu fischen einen bestimmten Bootstyp geschaffen hat, der sich den verschiedenartigen Küstengewässern angepaßt hat. Heutzutage jedoch verschwinden diese charakteristischen Schiffe, das Ergebnis jahrhundertelanger Erfahrung, da große Frachter so leicht die Gewässer nach ihren schlüpfrigen Bewohnern durchsieben können.

Während unsere Barge wehklagend in einer Grunddünung rollte, ging ich an Deck, um das Kotelett zu essen, das Le Roux gekocht hatte. Inzwischen hatte sich die Brise gelegt, und der Motor trieb uns auf einer beigefarbigen See voran und einem Land entgegen, das keiner von uns kannte. Wir sollten die Frau des Colonels mit einer Freundin in Rotterdam an Bord nehmen, die schnell und bequem mit einem Postschiff dorthin kommen sollten. Die beiden wollten einen der besten Tulpenhändler Hollands aufsuchen und Zwiebeln kaufen. Das neue Land grüßte uns aus der Ferne mit den Flügeln einer Windmühle, die sich vor der kalten Luft hinter die Dünen am Strand geduckt hatte, die von Gras umsäumt waren.

Später stellten wir fest, daß wir kaum vorankamen, obwohl wir versuchten, die Hauptströmung zu meiden, die durch die Maas hervorgerufen wurde. Aber nach vier Stunden Arbeit sah es eher so aus, als wären wir hinter das Feuerschiff auf der Maas zurückgefallen. Wir waren umringt von allen möglichen Bootstypen, und es war ein furchtbares Gefühl, ein Ruder zu haben, das kaum auf eine Drehung des Rades reagierte. Wir suchten das Meer nach einem Lotsen ab, bis wir erkannten, daß auch er hilflos gewesen wäre, da zur Krönung des Ganzen ein starker Gegenwind aufgekommen war. Die Segel wurden gelöst und gesetzt; wir beschlossen, Richtung Scheveningen zu kreuzen, und hofften, daß wir von da aus leichter Hoek van Holland erreichen würden.

Zum zweiten Mal wurde es Abend, seit wir die französische Küste verlassen hatten; und immer noch kreuzten wir, während die unheimlichen Wettergeräusche sich noch verstärkten. Sogar Baranger gab zu, daß er müde war, und meine Augen brannten von der angestrengten Suche nach den Lichtern der vielen

Schiffe um uns herum. Am nächsten Morgen kamen wir endlich dank mitlaufendem Wind und Gezeitenstrom kanalaufwärts voran. Wir lehnten das Angebot eines Schleppers ab, der für das Abschleppen nach Rotterdam zehn Pfund verlangte. Auf dem Fluß herrschte reges Treiben: Bagger rasselten schmerzvoll, Männer nahmen Lotungen vor, trotz des dichten Verkehrs wurden alte Bojen ersetzt durch neue mit hellen Streifen. Auf dem Norddamm, ganz in unserer Nähe, überholte uns ein Zug; und genau in diesem Augenblick versagte mit einem metallischen Schnappgeräusch unser Motor. Die Wasserkühlung war nicht in Ordnung, die Maschine hatte sich überhitzt, woraufhin das Einlaßrohr verstopfte. Friedlich und langsam segelten wir weiter, während ein Vertreter der Hafenbehörde an Bord kam, um sich eine Zigarre und ein Glas Brandy vom Colonel abzuholen; zumindest konnte ich nicht herausfinden, was er außerdem von uns wollte. Der Motor sprang wieder an, nachdem er sich abgekühlt hatte. In der enger werdenden Wasserstraße überholten uns Dampfer. Tack ... der Motor war wieder ausgegangen, begleitet von dem kleinen Geräusch, das unseren Ohren vertraut zu werden begann; und Le Roux warf unserem Eigner vor, daran herumgespielt zu haben ... denn er hatte ihn vom Salon aus gerade eben noch im Maschinenraum stehen sehen!

Diesmal schwitzten die Männer vergeblich bei ihrem Versuch, das Schwungrad anzuwerfen; der Motor konnte nicht wieder zum Leben erweckt werden, und alle ärgerten sich. Ich war die meiste Zeit allein an Deck und machte mir Sorgen, da unsere Segel kaum zogen – ein gefährlicher Zustand zwischen so vielen Schiffen. Ein Schlepper war damit einverstanden, sich unser anzunehmen und uns für vier Pfund abzuschleppen. Und so war ich endlich in der Lage, einen Blick auf die Landschaft zu werfen, wo auf grünen Weiden Kühe standen und Bauernhöfe sich unter schützende Baumgruppen duckten ... Einen zauberhaften Eindruck vermittelten die Häuser und das dichte Laubwerk von Maasluis am Ende des glitzernden Kanals.

Bald wurde das Land grau und war überzogen mit Lagerhäusern, Hebekränen, Drehkränen, Aufzügen und Vorratsspeichern, die die Namen großer Schiffahrtslinien trugen. Ganze Prozessionen von Leichtern blockierten den Weg; Schlepper und Barkassen schossen gefährlich nah vorüber, wobei sie hupten, um ihre Absichten kundzutun. Der Fluß war nie glatt, weil zurücklaufendes Wasser und Kielwasser ständig gegeneinander liefen. Über dem Land hing der rußige Dunst, der alle großen Industriezentren vor dem Himmel verbirgt. Und dort schimmerte der blitzblanke Yacht-Club, der wie ein Juwel in grauer Umgebung aufleuchtete und frisch gestrichene Schiffsrümpfe, blanke Messingarbeiten an holländischen Bojern, auf Hochglanz polierte Deckaufbauten, glatte Rundhölzer, leichte Dingis und schneeweiße Falle zur Schau stellte ... Es schien unglaublich, daß all diese Luxus-Boote auf demselben Element gesegelt waren wie die vielen übereifrigen Flitzer, die um uns herumsausten.

Dort in Veerhaven kam die *Volunteer* in einem friedlichen Dockbecken unter, das von Bäumen umgeben war, hinter denen ein Kirchturm emporragte. Dieser stille Winkel stand in krassem Gegensatz zu dem quirligen Treiben auf dem Kanal, das mich mit seiner Geschwindigkeit, seinem Lärm und den vielen unterschiedlichen Bootstypen überwältigt hatte. Auf der gegenüberliegenden Seite des Flusses, Richtung Süden, war der Blick auf den Himmel durch mehrere Reihen von Kränen vergittert. Ganz in der Nähe überquerte eine riesige Fähre den Fluß so schnell, daß ich mich wunderte, warum sie unterwegs nicht in viele Schiffsrümpfe hineinfuhr. Und dort – ich mußte vor Überraschung lächeln! – fiel mein Blick auf einen hellroten Fleck: es war die Schweizer Flagge mit dem weißen Kreuz, die leuchtend am Heck eines großen Seeschleppers wehte.

Herr Reens, der Schiffslieferant, hatte nach uns Ausschau gehalten und kam an Bord, sobald wir angelegt hatten. Er teilte uns mit, in welchem Hotel wir Mrs. Benett und ihre Freundin antreffen würden. Noch am selben Abend waren sie an Bord. Die «Madame» war ziemlich ehrfurchtgebietend, bis man ihre scharfen, geistreichen Augen hinter einem Kneifer zu sehen bekam. Sie pflegte ihren Mund in entschlossener Weise zu spitzen. Mit anzusehen, wie sie ihren Ehemann behandelte, war zu lustig, um es in Worte zu kleiden, da sie ihn als den unartigen Schuljungen hinstellte, der hinter dem Rücken seines Lehrers Grimassen schneidet. Ein Zwischenfall ereignete sich jeden Tag, sobald die Portwein-Karaffe herumgereicht wurde: dem armen Jack, der ihn für sein Leben gern trank, war es nicht erlaubt, ihn anzurühren, da er reines Gift für seine Diabetes war. Der tägliche Heldenmut, den er aufbringen mußte, um nichts aus der Flasche in sein Glas zu kippen, fiel ihm wohl schwerer als durchs Feuer zu gehen. Darum erlag er der Versuchung wohl oft genug. Zum Glück hieß es, Brandy sei weniger schädlich für ihn, daher trank er ihn als Ersatz ... Armer Jack, wie sehr hatte er später noch zu leiden, als er eine Insulin-Kur auf sich nehmen mußte! Miette hat ihn einmal gefragt, was man spürt, wenn man an dieser Krankheit leidet, und die für ihn so typische Antwort lautete: «Sie sorgt dafür, daß ich mich in jedes Mädchen verliebe, das ich sehe!»

In Wirklichkeit ging es ihm oft schlecht, und er war nicht in der Lage, sein Temperament zu zügeln. In diesen Augenblicken war es ratsam zu warten, bis der Sturm sich verzogen hatte, und seine Worte nicht allzu ernst zu nehmen. Ich muß zugeben, daß es nicht leicht war, diese Haltung beizubehalten, wenn er mir zum Beispiel vorwarf, ich sei keine große Stütze mehr und stelle mich auf die Seite der Mannschaft ... Natürlich hatte ich nichts dergleichen im Sinn, sondern übernahm während der gesamten Reise die Rolle des Stoßdämpfers und erklärte der einen Seite höflich den Standpunkt der Gegenpartei. Und es ist immer schwierig, auf diese Weise ein gegenseitiges Einvernehmen zu erzielen.

Am 30. April, dem Geburtstag von Königin Juliana, waren alle Boote hübsch dekoriert, und Musik lag in der Luft. Ein Holländer, Steward und Koch zugleich, kam an Bord und ersetzte Le Roux, der Deckshand wurde. Wir beschlossen, ihn an Land zu setzen, sobald wir das nächste Mal in Frankreich anlegten. Unser vierter Franzose war der wortkarge Danet. Ein Mechaniker baute einen neuen Wassereinlaß ein, der fünf Millimeter weiter war als der alte. Verfugungen wurden überprüft und die Abschmierpumpe gereinigt, so daß wir alle dachten, die Maschine würde sich wie ein Engel verhalten, da einfach nichts mehr funktionsuntüchtig sein konnte.

Der Lotse kam. Der Colonel feilschte mit den Händlern, die Benzin, Öl, Milch, Fisch, Farbe, Decken, Wein, Töpfe und Pfannen lieferten ... jeder verlangte in holprigem Englisch eine Quittung und Geld. Wir wurden in tausend Richtungen ausgeschickt, um alles nachzuprüfen. Baranger gegenüber betonte ich die lustige Seite der ganzen Sache, aber er konnte nur vor sich hinbrummen: er könne seine Tagesarbeit nicht planen, weil er nie wisse, was passieren würde, und weil er immer wieder gestört werde. Nichts habe seine Ordnung auf dieser vermaledeiten Barge, auf der eine neue Farbschicht das Allheilmittel für alle Defekte sei. Wenn er das gewußt hätte, hätte er nicht angeheuert, aber der Yacht-Club Frankreichs hatte ihn angewiesen, das Kommando auf der Yacht *Volunteer* zu übernehmen, von der es hieß, daß sie in den Regatten von Le Havre segelte!!! Baranger wußte nicht, wo er den Steward unterbringen und womit er ihn einkleiden sollte oder wie lange wir unterwegs sein würden, bis wir wieder einen größeren Hafen anliefen. Ich sagte ihm, daß gerade darin doch der Reiz unseres Lebens bestehe, in der unkonventionellen Art, mit einem Hausboot umherzuziehen ...

Baranger war ein kleiner Franzose, *monté sur ses ergots comme un coq gaulois*, mit einem kurzgeschorenen schwarzen Schnurrbart. Dieser stolze «gallische Hahn» konnte mir nicht in die Augen sehen. Dennoch erhaschte ich während unserer Kreuzfahrt hin und wieder einige seiner Erinnerungen. Mit achtzehn Jahren hatte er sein Schiff in Seattle ohne Erlaubnis verlassen, nachdem er vom Tode seiner Mutter erfahren hatte. Er hatte sich eine Art Passierschein verschafft und begann ein wildes Leben zu führen: weite Strecken legte er auf dem Rücken eines Pferdes zurück, schürfte nach Gold und lebte in einem Zelt. Als seine gesamte Barschaft verbraucht war, schlug er sich nach San Francisco durch, wo sein Konsul ihn auf den Windjammer *General Lebodof* brachte. An Bord wurde er einer Nachmusterung nach französischem Handelsrecht unterzogen; dann hatte er für lange Zeit seine Strafe in der französischen Marine abzudienen. Er ging erneut auf See und desertierte wieder in San Francisco – diesmal, um sich einem Walfänger anzuschließen. Er verdiente viel Geld, heiratete, ließ sich nach sechs Monaten scheiden, arbeitete als Lotse in Le Havre und kaufte einen 60-Tonnen-Thunfischfänger. Dann geschah etwas Furchtbares: in einem Sturm fünfundsiebzig Meilen südwestlich von Penmarch brach sein an der Mastspur verrotteter Mast, und das Schiff sank. Er rettete seine Männer, die sich in den Segeln verfangen hatten; sie verbrachten neun Stunden in dem

Ruderboot und waren völlig durchnäßt, da die See trotz des über Bord gehängten Ölsacks über ihnen zusammenschlug. Sein Boot war nicht versichert, und er erhielt nur einen kleinen Betrag von fünftausend Francs mit der Rettungsmedaille für die Rettung seiner Mannschaft. Danach wurde er Direktor einer Kreosot-Öl-Firma, bis sie bankrott machte. Und dann, natürlich, mußte er auf dieser vermaledeiten Barge landen. Dies sei die Krone seiner bisherigen, unglücklichen Erfahrungen, sagte er.

An unserem letzten Tag in Rotterdam sollte ich einen Scheck im Büro eines netten Mannes einlösen, der mir galant seine Dienste anbot, falls ich die «Tanzflächen» der Stadt kennenlernen wollte! Als ich wieder beim Yacht-Club ankam, war von der Barge nichts mehr zu sehen. Was sollte ich tun? Ich konnte ihr nicht nachschwimmen oder eine Barkasse anheuern, weil ich nicht wußte, welchen Weg unser Lotse mit ihr genommen hatte! ...

Ich blickte hilfesuchend umher und sah einen gut gekleideten jungen Mann mit rosigem Teint, vollen Lippen und krausem Haar, der offensichtlich ein Club-Mitglied war. Er hörte sich meine Geschichte an und brachte mich zu einem Mitarbeiter der Firma Schmidt & Co., der offensichtlich die Hälfte aller in Sichtweite liegenden Schlepper gehörte. Wir sprangen in den Schlepper, der vor dem Club wartete – er hatte ursprünglich zum Stapellauf eines 4.000-Tonners fahren sollen –, und man brachte mich in rasender Fahrt über den Fluß. Die Mannschaft legte Masten und Schornstein erst in letzter Sekunde vor einer Brücke um, jagte an riesigen schwarzen Rümpfen vorbei oder schnitt griesgrämige Schlepper, die eine halbe Meile schwer beladener Leichter hinter sich her zogen, die hilflos wie die Körper überfütterter Riesen tief im Wasser lagen.

Schließlich überholten wir die *Volunteer*. Sie befand sich hinter einer Brücke, die nur am frühen Nachmittag für fünfzehn Minuten geöffnet wurde; dies hatte den Lotsen dazu veranlaßt abzulegen, ohne auf mich zu warten. Ich sprang an Bord, und mein Schlepper war im Handumdrehen verschwunden.

Zunächst wurden wir vier Stunden lang von einem anderen Schlepper flußaufwärts gezogen, der in die Ijssel abbog. Dort schwappte unser Kielwasser auf beiden Ufern über saftige Weiden und ließ scheue Schilfgräser miteinander wispern. Ziegen leckten an den unteren Steinen des Deiches. Kalt stach die Luft auf den Wangen.

In Ufernähe flatterten fröhliche Fahnen. Mitten in dem grünen, flachen Land erhoben sich zwei riesige Windmühlen, deren Segel schlaff herunterhingen. Die unermeßliche Weite des Himmels war hier deutlicher zu spüren als auf See; offensichtlich verstärkte das flache Land diesen Eindruck, das hier nur noch ein schmaler Streifen war. Die friedlichen Haufenwolken, deren Ränder von einer unsichtbaren Sonne erleuchtet wurden, sahen aus wie jene Wolken, die man aus den Gemälden holländischer Meister kennt. Wie immer, wenn Wasser in meiner Nähe ist, verspürte ich eine leichte Erregung.

Wir näherten uns der Stadt Gouda, deren alles überragende Kirche hinter den Bäumen am Deich mit uns Versteck spielte. Wir legten längsseits von leuchtend bunten Bargen an, und unser Schlepper verließ uns. Wir bereiteten uns auf die Durchfahrt durch die Schleuse vor und hielten unsere Fender aus alten Reifen bereit. Ungeduldig, wie er war, gab der Colonel dem Schleusenwärter zwei Gulden zusätzlich in der Hoffnung, daß er uns vorzeitig durchschleusen würde . . . aber lange Zeit geschah überhaupt nichts. Um 21 Uhr beschlossen wir schließlich, zu Abend zu essen. Es stellte sich heraus, daß für die Mannschaft kein Essen eingekauft worden war, also wurden der Lotse und der Koch in aller Eile an Land geschickt, um etwas zu besorgen. Um 22 Uhr waren diese hartgesottenen Holländer noch nicht zurück. Da ich vermutete, daß sie einen Bummel machten, gab ich die Reste unserer Mahlzeit der maulenden französischen Besatzung, die inzwischen des Wartens überdrüssig war. (Wie vermißte ich den guten alten Revell, den die Kapriolen der Barge nie überrascht hatten . . . Sobald wir irgendwo anlegten, sprang er auch schon an Land und kam im Handumdrehen mit Milch, Fisch, Butter und Obst zurück.) Die Nörgeleien Barangers waren lästig, er klagte, er könne nicht so unregelmäßig essen, es sei das schlimmste Boot, auf dem er je angeheuert habe während der letzten achtzehn Jahre, in denen er auf Yachten gefahren sei usw. Eine Meuterei braute sich da zusammen; ich wollte gerade vorschlagen, daß ich ab sofort alles selbst in die Hand nehmen würde . . . als der Colonel auftauchte!

Die lautstark geführte Diskussion hatte seine Aufmerksamkeit erregt, und jetzt befahl er allen in scharfem Ton: «Gehen Sie jetzt zu Bett. Morgen früh um sechs sind alle im Einsatz.» Dann begann er, den Wecker aufzuziehen!

In der überfüllten Kombüse stand ein Donnerwetter kurz vor dem Ausbruch. Ich nahm den letzten Rest meiner Diplomatie zu Hilfe, baute mich vor dem Colonel auf und erklärte ihm, die Männer seien seit unserer Abfahrt von Calais Tag und Nacht auf den Beinen gewesen, außer einer kurzen Nacht in Rotterdam; sie könnten nur sehr spät schlafen gehen, da sie sich erst auf die Tische in der Kombüse legen konnten, wenn nach unseren späten Abendessen alles aufgeräumt war; und morgen sei Sonntag, was der arbeitenden Bevölkerung viel bedeute. Ich nannte ihn sogar einen Sklaventreiber aus dem schwärzesten Afrika ... Da mußte er lauthals lachen, «der Aufruhr war zerronnen, der Kampf verloren und gewonnen ...» Er stellte den Wecker auf 7.30 Uhr vor und spendierte eine Flasche Weißwein für die Mannschaft, mit der sie sich die wöchentliche Ruhepause verschönern sollte.

Ich ging hinaus, als Le Roux gerade Eier kochte und Yves eine Büchse Ölsardinen öffnete.

Der 1. Mai, ein Sonntag, begann sehr friedlich. Wir verließen die überfüllte Ijssel und befuhren einen anderen Wasserweg. Rinder, denen man Decken übergelegt hatte, starrten stumpf auf die Barge, die in dieser zierlichen Umgebung plumper denn je aussah. Wenn wir Drehbrücken passierten, mußte ich zwanzig Cent in den schmutzigen kleinen Holzschuh werfen, der am Ende einer Angelrute baumelte. Die Leute eilten in ihrem Sonntagsstaat heraus, um uns in Augenschein zu nehmen; jedes Haus hatte am Kanal eine Waschstelle, die im Sommer, so unser Lotse, alles andere als gut roch. Das Wasser schlug am Ende eines jeden Gartens in kleinen Wellen an Land, und selbst auf den Bargen, die in dem bewegten Wasser an uns vorübersegelten, waren winzige Gärtchen angelegt.

Eine Betriebsstörung verschaffte mir Zeit, an Land zu springen, nachdem wir in ein grasiges Ufer gestoßen waren, und mit wilden gelben Blumen stellte ich meinen ersten und letzten Blumenstrauß in diesem Jahr zusammen. Unter Wasser kämmte die Strömung die willigen gelben Gräser in eine Richtung. An Deck strich die Mannschaft die Kabinendächer an; um dem Colonel einen Gefallen zu tun, hatten sie die roten Mützen aufgesetzt, die er ihnen gegeben hatte. Unten im Maschinenraum hämmerte der sogenannte Fachmann aus Rotterdam am Motor herum, um dann zu behaupten, wir hätten nicht mehr genug Treibstoff. Das stimmte nicht; daher begannen wir dem Koch Glauben zu schenken, der uns davor gewarnt hatte, daß sein Landsmann nicht gut sei. Der arme Colonel, er hatte Pech! Offensichtlich hatte er all das zusätzliche Personal eingestellt, um seiner Frau eine störungsfreie Kreuzfahrt zu bieten ... «Madame» hatte nur begrenzt Zeit zur Verfügung, jede Störung war gefürchtet, niemand außer dem Colonel konnte die Reparaturarbeiten an der Maschine überprüfen, doch gleichzeitig mußte er seiner Frau gehorchen, die gemeinsam mit ihm etwas besichtigen wollte ... Es war uns bestimmt, ein paar aufregende Momente zu erleben!

Als wir Haarlem verließen, überholte uns am Ufer ein Mann, der uns etwas zurief. Der Lotse übersetzte: wir standen in Verdacht, dem Händler Dutzende von Benzin- und Ölfässern gestohlen zu haben. Unser hervorragender «Fachmann» hatte es vorgezogen, die Schotten seines Maschinenraums mit diesen Fässern vollzustellen, anstatt sie in unsere Tanks zu entleeren!

Besichtigungen

Noch vor Haarlem sahen wir unsere ersten Tulpenfelder – ein unvergeßlicher Anblick. Vom Mast aus konnte man symmetrisch angelegte Quadrate von verwirrendem Rot, Weiß, Blau, Gelb und Purpur sehen: es war wie das Musterblatt eines Händlers für Emaillemalerei. Am Uferrand waren die abgeschnittenen Köpfe der Blumen in Wällen aufgeschichtet.

In Haarlem hatte ich einen Freund: drei Jahre zuvor waren wir Seite an Seite gesegelt, als jeder sein Land bei den Einhandregatten der Olympischen Spiele vertrat. Am Telefon erfuhr ich, daß Tony Hin sich in Amerika aufhielt, aber seine Brüder und Schwestern wollten mich abholen. Sie waren fröhlich und machten einen glücklichen Eindruck. In ihrem wohlhabenden Haus lernte ich Tonys Mutter kennen, die ganz in schwarzen Satin gekleidet war. Wir hielten uns in einem mit schimmerndem Holz getäfelten Raum auf, in dem eine kleine Öllampe unter einem Kuzifix brannte. Ich berichtete Mr. Hin über alle Mißgeschicke der *Volunteer*:

«Hätte man verhindern können, daß der Fachmann den Motor zerstörte, daß der Lotse uns an jeder zu passierenden Brücke zuviel Geld abknöpfte, daß der Koch den Whisky des Colonels trank, die Rechnung für seinen Einkauf verdoppelte und mit den Fingern aß?» Der kleine Mr. Hin war mit seinen kampflustigen Augenbrauen und seinen rosa Wangen noch genauso lebhaft wie 1924, als er am Ufer auf und ab zu laufen pflegte, um Tony letzte Ratschläge zu erteilen. Er beschloß, einen Tag mit uns zu fahren, um sich die Sache einmal genau anzusehen.

In Groenendaal besichtigten wir die Blumen des bekannten Gärtners Roze. Am Eingang fragte man uns, ob wir zuvor schon einen anderen Garten besucht hätten, denn es kommt vor, daß man eine ansteckende Krankheit auf die Blumen überträgt; verdächtige Zwiebeln wurden hinter Asbestzäunen isoliert aufbewahrt. Die Köpfe der Tulpen wurden abgeschnitten, um die Zwiebeln zu kräftigen. Tulpen fühlen sich am wohlsten in Sandboden, der dem Meer abgerungen wurde und in dem man im ersten Jahr entweder Kartoffeln oder grüne Erbsen angebaut hat. Tulpen waren aus Asien nach Europa eingeführt worden; und ich sollte sie später einmal auf dem Hochplateau von Baluchistan wild wachsen sehen, wo sie wie kleine, rührend anzusehende, regungslose gelbe Flammen inmitten einer Kieswüste anmuteten.

Aber hier in Holland bedeuteten sie ein großartiges Zeugnis der Kultur: mit ihren fleischigen Stengeln, ihren durchscheinenden Adern und ihren matten, dicken, pudrigen Blättern, die aussahen, als wären sie aus grünem Gummi. Soll ich versuchen zu beschreiben, wie ich mich in diesem zauberhaften Garten fühlte? Nicht nur die Qualität der Tulpen war einmalig, sondern auch ihre Quantität. Ganze Armeen standen in strenger Habachtstellung; und die Blätter versuchten schüchtern, mit dem Liebreiz ihrer Kurven diesen Eindruck zu mildern. Die greifbare Nähe unzähliger Blumen sandte so starke Strahlungen aus, daß ich mit ihrem vibrierenden Leben erfüllt wurde. Das Blumenbeet mit der «Prinz von Österreich» war ein rotes Meer, so rot, so intensiv, daß man sich in einem Bad von Freude wähnte und nur von dem einen Wunsch beseelt war, laut zu rufen, begleitet vom Widerhall der Zimbeln, die einen großen Sieg verkündeten. Ja, durch das Auge kann eines Menschen innere Verfassung völlig verändert werden.

Als ich mich einem Beet voll dichter, blauer Hyazinthen näherte, mußte ich tief einatmen! Es war, als hätte ich ein Fenster geöffnet und würde in den klaren Himmel schauen. Und diesmal fiel ich meinem Geruchssinn zum Opfer. Die ganze Süße der Erde durchdrang mich mit solcher Macht, und der Wohlgeruch war so überwältigend, daß mir vielleicht schlecht geworden wäre, wenn ich mich nicht entfernt hätte.

Selten und verwirrend war der Anblick der orangefarbigen Tulpen: eine tiefe, lebendige Masse roten Goldes, bei deren Anblick ich blinzeln mußte, als würde ich in einen Hochofen schauen . . . Ja, sie waren wie Feuerzungen, die durch eine unbekannte Macht zum Stillstand gebracht worden waren. Wenn die Sonne darauf spielte, war dieses Orange von größerem Glanz erfüllt als der kostbare Purpur, den die Dichter besingen. Eine solche Farbe war es wert, von den Herrschern des Reiches der Mitte gewählt zu werden. Ich stellte mir die Szene vor: der Sohn des Himmels dankt der strahlenden Sonne, wobei er allein auf der runden weißen Marmorplattform in seiner orangefarbenen Robe kniet, die sich unter einem klaren, tiefblauen Himmel über die Stufen breitet.

Haarlem hatte uns auch andere Freuden zu bieten: das Wunder der Portraits eines Franz Hals, die in der Stille eines hellen Museums vor Leben strotzten ... Und die merkwürdige mittelalterliche Atmosphäre der Kathedrale St. Bovan, gegen deren Mauern sich niedrige Häuser lehnten. Als ich meinen Blick an den hohen Säulen im Innern hinaufgleiten ließ, stolperte ich über alte Grabsteine, die ungleichmäßig in den Boden eingelassen waren. Vom Dach hingen drei bildschöne kleine Galeeren herab, die Wilhelm von Oranien zur Erinnerung an den fünften Kreuzzug der Kathedrale gestiftet hatte. In der Kirche eines Landes, das der Eroberung der Meere so viel verdankte, durften Schiffe einfach nicht fehlen.

Kurze Zeit später saßen wir wieder in unserer Kombüse und speisten friedlich mit Herrn und Frau Hin, während wir langsam Richtung Amsterdam fuhren, wobei wir die vielen Brücken von Haarlem durchquerten. Plötzlich spürten wir einen Ruck, und die Barge stand. Eine Want hatte sich in einer Drehbrücke verfangen, und unsere Saling war verbogen; zum Glück war der Schaden nicht noch größer. Niemanden traf die Schuld: wenn wir nicht gerade volle Kraft vorausfuhren, konnten wir die Barge mit ihren vierundzwanzig Metern Länge kaum daran hindern, leicht seitwärts abzudriften und gegen die vielen Poller an den holländischen Wasserstraßen zu stoßen. Wir mußten daher während der Fahrt ständig unsere Reifenfender über Bord hängen lassen. Vielleicht wäre es besser gewesen, schneller zu fahren und die Brückenwärter in Schrecken zu versetzen, damit sie den Verkehr anhielten, sobald sie uns kommen sahen, und nicht noch sechs Wagen über die Brücke ließen. Wahrscheinlich liebten die ruhigen Holländer, die Tag für Tag an ihren Brückenwinden drehten, dann und wann das Risiko, um ein wenig Spaß zu haben. Aber warum mußten sie damit warten, bis ausgerechnet die arme *Volunteer* vorbeikam? Konnten sie nicht sehen, daß die Einlaufrohre für die Maschine mit Tang fast verstopft waren!

Mit drei Signaltönen bat man um Öffnung der Brücken. (In

der Sprache der Wasserwege bedeutet ein Signalton «Ich gehe nach Steuerbord», zwei Töne «Ich gehe nach Backbord».) Wir hatten nur eine alberne kleine Trompete, und diese furchtbaren Brücken machten uns so nervös, daß wir sie schon meilenweit im voraus ertönen ließen. Die Brückenwärter schienen sich nie auch nur einen Millimeter zu bewegen, und weil wir dachten, sie hätten uns nicht gehört, bliesen wir immer wieder, immer heftiger, bis alle Menschen an Land denken mußten, wir seien verrückt geworden . . . Einmal öffnete sich eine Eisenbahnbrücke für uns. Als wir langsam weiterfuhren, stellte ich mir vor, wie schrecklich es wäre, wenn ein Schnellzug das Signal überfahren und geradewegs in die Luft fliegen würde, um dann auf der *Volunteer* zu landen.

Ich fürchte, wir gaben nicht gerade ein Paradebeispiel für unseresgleichen ab. Echte Lastschiffer erkennt man an ihren sparsamen Bewegungen. Hin und wieder habe ich sie in Holland oder Frankreich beobachtet, wie sie stundenlang mit verschränkten Armen dastanden und die lange Pinne mit ihrem dicken Hinterteil bewegten.

Die Schleuse in Spaarndam ermöglichte uns eine grüne Pause im Schatten alter Bäume. Mr. Hin beschloß, ein wenig länger an Bord zu bleiben. Er hatte gerade festgestellt, daß unser Lotse uns die Schleusengebühren für ein um hundert Tonnen größeres Boot als die *Volunteer* zahlen ließ, weil er annahm, daß wir die Sache nicht im Gebührenverzeichnis nachprüfen würden.

Wir glitten rasch über einen Kanal dahin, dessen Wasserspiegel über den Feldern lag, als unser «Fachmann» uns anhalten ließ: die Maschine war glühend heiß, und das Kühlerwasser zirkulierte nicht. Die Lenzpumpe war geplatzt, und ein Verbindungsstück war verbrannt, und das nur, weil der Seehahn, wie der Colonel feststellte, nicht geöffnet worden war . . . Na ja!

Ich genoß die Stille an Deck, alle Segel waren gesetzt. Dann erstarb die flüsternde Brise, und wir liefen zwischen nachgebenden Schilfhalmen weich auf Grund.

Ein Schlepper, der uns überholt hatte, erschien zu unserer Rettung. Wieder fuhren wir voran; und wenn die Karte uns nicht gesagt hätte, daß wir uns dem Nordseekanal näherten, hätten wir an Wunder geglaubt. Ein riesiges, schwarz-weißes Linienschiff glitt geisterhaft auf grünen Weiden über Land!

Die *Bonita* (1875 gebaut)

Volunteer: meine widerspenstige bretonische Mannschaft

Bei hereinbrechender Dunkelheit sprang Mr. Hin an Land, da er noch an diesem Abend nach Hause zurückgehen wollte. Seine guten Wünsche klangen uns nach, und er lud mich noch einmal ein, die nächsten Olympischen Spiele in Holland auf seiner Yacht zu verbringen.

Sie sollten im nächsten Jahr stattfinden. Wo würde ich in einem Jahr sein? Auf einem anderen Kontinent mit der *Insoumise*, oder würde ich immer noch blind und allein umhertappen und nicht wissen, wohin? Niemand brauchte mich, keine Beschäftigung sagte mir besonders zu, was sollte ich also tun? Würde mich jemals ein Verlangen ergreifen oder eine Notwendigkeit zwingen? War «abwarten» wirklich die einzige Antwort, die ich fand?

In Rotterdam hatte ich mich danach gesehnt, allein zu sein. An jenem Abend war ich an Land geschlüpft und langsam den Boompjes-Kai entlanggeschlendert, der mit kleinen, runden Bäumen bepflanzt war. Erschöpft hatte ich mich auf eine einladende Persenning fallen lassen. Hier kannte mich niemand, in diesem fremden Land, daher entspannte ich mich, ließ alle Selbstbeherrschung fallen und ergab mich einem denkwürdigen Weinkrampf. Mein Leben – zu welchem Zweck war es geführt worden, so frei und ohne jede Bindung? Gab es ein konstruktives Ideal, dem ich von ganzem Herzen dienen konnte? Ich sehnte mich danach, mit Menschen zu arbeiten, die dasselbe Ziel anstrebten, und die menschliche Wärme um mich zu spüren, die große Ideen hervorbrachte, und den Mut, sie zu verwirklichen. Abwarten . . .

Mein Logbuch enthält keinerlei Einträge über Unterhaltungen oder Gedanken. Die bloße Feststellung «gut gesegelt» charakterisiert den schönsten Tag einer langen Kreuzfahrt. Ich vermied jede Art lyrischen Ausdrucks – weil ich Worten mißtraute und befürchtete, daß sie hohl klingen würden. Meine Tagebücher sind voll mit praktischen Hinweisen wie:

«Le Havre verlassen. Gut in der NW-Fahrrinne gehalten. An Backbord befindet sich die Banc de l'Eclat; an Steuerbord Treibsandbänke, die anfangen, sobald der Kies am Strand in Sand übergeht. Wellenbrecher von Le Becquier vor dem Cap de la Hève . . .»

und an anderer Stelle:

«Hurra! Habe herausgefunden, wie man altes Ölzeug reinigt. Man kocht es mit Ammonium und Soda in Wasser; wenn es trocken ist, trägt man schichtweise Terpentin auf ...»

Ich kann nur hoffen, daß die äußeren Umstände von damals – soweit ich mich an sie erinnere – auch die alten Gedankengänge wieder aufleben lassen. Haben Sie sich je an Ihre Eindrücke aus der Vergangenheit herangepirscht? Wenn ich nach Rehen, Kulans oder wilden Schafen Ausschau halte, projiziere ich ihre rechteckigen Umrisse auf die verschwommene Landschaft, bis diese bloße Vorstellung verschwindet, sobald die lebenden Tiere in Sicht kommen. Auf dieselbe Art und Weise muß ich mir meine früheren Gedanken, Stimmungen und Argumente vorstellen und versuchen herauszubekommen, welche glaubhaft klingen und welche zu den Tatsachen passen. Natürlich ist man dabei versucht, zu bluffen: es wäre ein Leichtes für mich, Gründe für meine früheren Regungen auszugraben, die mich in einem günstigeren und sympathischeren Licht erscheinen ließen. Aber wenn meine Suche einen Wert haben soll, muß sie ehrlich sein. In der Absicht, einen Beweggrund für meine damalige Unbedachtsamkeit zu finden, untersuchte ich jedes mögliche Motiv. Ich fing bei den niedrigsten an, in denen sich beschämende Schwächen verbergen. Eine Zeitlang nahm ich sogar mein Herz in beide Hände, um der erschreckenden Erkenntnis gewachsen zu sein, daß möglicherweise Feigheit oder Trägheit mich geleitet hatten. Aber nein, das war es nicht. Obwohl ich gern einen Umweg mache, um Ärger aus dem Weg zu gehen, gefällt mir der Kampf gegen Schwierigkeiten ebenso, und obwohl ich gern faulenze, genieße ich das Gefühl der Zufriedenheit, das sich nach Vollendung eines Werkes einstellt. Was war es, das mich daran hinderte, etwas Nützliches zu tun? War ich zu ehrgeizig und dürstete mich nach mehr als nach einem Überleben in meinen Kindern ... nach Größerem, Grenzenlosem?

Meine Versuche, die Vergangenheit mit Leben zu füllen, können nur bruchstückhaft ausfallen. Meine Freunde haben vielleicht den Eindruck, daß ich ihnen nicht gerecht werde, aber ich schreibe keinen Roman, in dem jede Person einer besonderen

Aufmerksamkeit bedarf. Ich stelle nur zusammen, woran ich mich erinnere. Die Eintragungen in meinem Logbuch handeln ausschließlich von meinen Ruderwachen; und wenn ich sie hier niederschreibe, sieht es so aus, als sei ich immer präsent gewesen. Ich glaube, daß ich an anderer Stelle – nämlich dann, wenn ich von guten Seglern umgeben sein werde – weniger tauglich aussehen werde.

Als ich im Hafen von Amsterdam aufwachte, sprang ich noch im Morgenmantel an Deck, denn ich war neugierig auf dessen Aussehen. Eine immer wiederkehrende Freude beim Segeln ist es, daß man sich beim Morgengrauen an einem neuen Ankerplatz befindet. In der letzten Nacht war die *Volunteer* einem sehr breiten Kanal gefolgt, und wir hatten nicht viel von der Stadt gesehen, außer den hell erleuchteten Dächern der Bahnhofshalle. Am Morgen kam, sobald wir das Boot in der Nähe des Yacht-Clubs vertäut hatten, ein ganzer Schwarm von Schiffslieferanten an Bord. Die Einwohner von Kaschmir haben dieselbe Angewohnheit, ein Hausboot in Srinagar zu überfallen und die Produkte Indiens feilzubieten ...

Nachdem ich im Ruderboot die Reede überquert hatte, befand ich mich in übelriechenden Kanälen, die mich an Venedig erinnerten. Wie fröhlich kann eine Stadt sein, wenn jede Straße ein Wasserweg ist, in dem sich das Licht des Himmels spiegelt, der zitternde Schatten einer alten Pappel, die eleganten Umrisse alter Dächer. Wie überraschend sind die Perspektiven, die man entdeckt, und wie sehr freut man sich über den verlassenen Kanal, an dessen Rändern Brunnenkresse wächst und in dem sich eine rote Backsteinkirche spiegelt! Einen krassen Gegensatz zu diesen abgelegenen Gewässern bildet der eindrucksvolle Nordseekanal, auf dem es alle Arten von Booten gibt.

Die Prozessionen der Radfahrer, die über die niedrigen Brükken der Stadt fahren, reißen nicht ab. Ich stellte fest, daß auch kleine Jungen schon rauchten, und mit achtzehn waren offenbar die meisten bereits zu Zigarren übergegangen. Meine Augen wurden nicht müde, den Bargen in ihren leuchtenden Farben zu folgen. Und es klang wie ein Märchen, als ich erfuhr, daß die Königin in einem Palast wohnt, der auf dreizehntausend Pfählen erbaut war!

Am nächsten Tag legte ein hübsches kleines Wassertaxi neben der *Volunteer* an, um seine Dienste anzubieten, die aber, laut Colonel, zu teuer waren. Daher nahmen wir alle in unserem Motorbeiboot Platz und legten ab. Der Fachmann blieb als Wache an Bord. Wir drifteten sanft dahin, aber der Motor sprang nicht an. Ein paar Kugellager waren auf mysteriöse Weise entzweigegangen ... Danach bat der Fachmann um seine Ablösung. Sein Arm sei aufgrund der schweren Arbeit, die er habe verrichten müssen, ganz geschwollen, so daß er damit zu einem Arzt müsse. Der Colonel gab ihm seine dreißig Gulden. Am nächsten Tag kam der Schiffslieferant und teilte uns mit, der Fachmann wolle zu einem Chirurgen gehen und brauche im übrigen mehr Geld. Bei diesen Worten überkam den Colonel ein heftiger Zorn: «Wie bitte? Der Mann war nur vier Tage hier an Bord. Ich habe ihm in Rotterdam ein Pfund Sterling gegeben, und nun will er noch mehr. Er wird wohl oder übel ohne auskommen müssen!»

Dieser Zwischenfall hatte den Colonel so aufgeregt, daß er sich wie ein losgelassener Bulle gegen die Mannschaft wandte, noch bevor ich ihn aufhalten konnte. Warum hatten die Männer ihr Abendessen um 19 Uhr noch nicht wie vorgesehen beendet? Und jetzt, da Le Roux Deckshand war, warum hatte er seine Steward-Kleidung noch nicht an Danet weitergegeben? Zufällig hatte Danet, der sonst ein gutmütiger Mensch war, an diesem Tag schlechte Laune. Er nahm all seinen Mut zusammen, dann brachte er hervor: « ... er war nie damit einverstanden gewesen, Abend für Abend um 23 Uhr mit Eimern voll heißem Wasser herumzurennen. Das wäre eher eine hübsche Beschäftigung für ein Fräulein wie Miss Ella! Jawohl! ... Und er konnte die Steward-Kleidung von Le Roux gar nicht anziehen, weil Le Roux noch nie welche gehabt hat. Sie war in den Schränken des Schiffes nicht zu finden, und ganz sicher war der letzte Steward damit von dannen gezogen ... Und überhaupt hatte er vergessen zu sagen, daß er ebenfalls in Le Havre kündigen würde, sobald die Barge wieder zurückgekommen wäre!»

Ich mußte nicht viel übersetzen. Der Boss hatte den Sinn der Worte sehr wohl mitbekommen. Der gute Colonel! Ich mußte lächeln, als ich ihn in diesem Hornissennest sah, und ich bewunderte die Eleganz, mit der er sich daraus zurückzog, wobei er sich bei Danet entschuldigte, inzwischen recht beschämt über seinen Ausbruch. Es wurde beschlossen, daß ich dem Agenten in Le Havre schreiben und ihn um einen französischen Koch bitten sollte. Zur Erleichterung aller machten sich der Colonel und seine Gäste schon bald klar zum Aufbruch, weil sie in Abendgarderobe auf einer der großen Yachten neben uns speisten.

In Amsterdam genossen wir es, uns in den Museen alte Meister anzusehen. Man bekam einen Schock, wenn man sah, wie stark das Leben in den Originalen pulsierte, die hierzulande nur als Kopien bekannt sind. Man sollte sich Gemälde eigentlich allein ansehen; aber trotz der störenden Würdigungen des Colonels fürchtete ich mich so sehr, ihn in den unzähligen Räumen des Rijksmuseums zu verlieren, daß ich mich wie eine Klette an ihn hängte.

Bilder ziehen mich mehr an als Diamanten, dennoch beobachtete ich mit Interesse, wie wertvolle Steine geschnitten werden. Wir stiegen zum vierten Stockwerk eines Hauses hinauf; es war so alt, daß man das Gefühl hatte, es habe sich in Jahrhunderten nicht verändert. Zunächst sahen wir zu, wie die Steine mit Hilfe einer dünnen Kupferscheibe – ähnlich dem Instrument, mit dem der Zahnarzt Zähne bearbeitet – in zwei Teile geteilt wurden. Der Rand der Scheibe wurde mit Diamantstaub geschmiert, der mit Öl vermischt war. Um einen Stein durchschnittlicher Größe zu zerteilen, fährt die Scheibe eine Woche lang mit zischendem Geräusch um ihn herum. Dann folgt der zweite Arbeitsgang, bei dem dreißig oder fünfzig Facetten geschliffen werden müssen. Dabei werden zwei Diamanten, von denen sich nur der eine bewegt, gegeneinander gerieben. Zuletzt wird poliert. Die mit Diamantenstaub überzogene Oberfläche einer großen Scheibe, die ständig in Bewegung gehalten wird, bearbeitet drei Steine, die sie zur gleichen Zeit poliert. Geduld, fachliches Können, Präzision und sagenhafter Wohlstand leben bescheiden nur einen Steinwurf weit entfernt vom engen, schmutzigen, deprimierenden Judenviertel.

Bevor wir Amsterdam verließen, ging ich noch einmal ins Museum, um mir die großen Zauberer El Greco und Rembrandt anzusehen und mich von drei neuen Freunden zu verabschieden. Ich beschäftigte mich reihum mit allen, war gerührt von Filippino Lippis ausgezeichneter Farbtiefe, dem überschwenglichen Charme Cranachs des Älteren und von der grün-goldenen Süße eines Van Mieris.

Kollisionen und eine «Rettung»

Bereit, ihren Kurs Richtung Rotterdam zurückzuverfolgen, verabschiedete sich die Bargen-Yacht *Volunteer*, R.D.Y.C., von Amsterdam, der Hauptstadt der Niederlande. Es war 6 Uhr, und die Welt war in einen rosa schimmernden Dunst gehüllt. Die beiden Damen waren nach England zurückgekehrt, und ich hoffte, das Bordleben würde nun vielleicht reibungsloser ablaufen.

Wir näherten uns einer großen Eisenbahnbrücke, und ein einziger Warnton aus unserer lächerlichen Trompete genügte, den südlichen Brückenbogen in Bewegung zu setzen – eine beeindruckende und völlig kostenlose Vorführung. Nur Eisenbahnbrücken sind für den Schiffer gebührenfrei.

Von hinten wehte eine so starke Brise, daß wir den Hilfsmotor stoppten. Wir fühlten uns großartig – Baranger eingeschlossen. Im rechten Winkel bogen wir aus dem Nordseekanal ab und segelten nach Süden. Diese Kursänderung vollzogen wir in beeindruckendem Stil, mit einer Halse, die jeden auf seinem Posten geschäftig hielt. Wir flogen nur so dahin, und Holland erschien uns jetzt um vieles kleiner, da es keine Motorpannen gab. In fünf Stunden erreichten wir Haarlem, wo ein guter Elektriker, der uns von Mr. Hin empfohlen worden war, schnell die durchgebrannten Drähte unseres Dynamos auswechselte, und bald waren wir wieder unterwegs.

Weiter oben, wo keine störenden Untiefen ihr zischendes Wellenspiel trieben, jagte eine Bö die nächste. Sie füllten unser Toppsegel und ließen uns vorwärtsgleiten. Wir waren so beschäftigt mit dem Aufgeien vor jeder Drehbrücke, daß wir kaum Zeit fanden, uns die sauberen, hübschen Villen anzusehen oder die stämmigen, hübschen Mädchen, die in Kanus ruderten. Die Brücken öffneten sich, ohne zu zögern. Es sah so aus, als hätten wir am Ende doch noch die richtige Technik erlernt, aber ich glaube, es lag eher daran, daß wir den ganzen Tag in Frieden verbracht hatten. Es hatte keine mißtrauischen Kommentare, keine übereilten Manöver gegeben, und die Barge war glücklich gewesen.

Es war nur die Ruhe vor dem Sturm.

Am nächsten Tag blies dieselbe heftige, nordöstliche Brise, auf die jede Windmühle ausgerichtet war. Wir flogen von Flußbiegung zu Flußbiegung, die Strudel in unserem Kielwasser zogen eine schnell vergängliche Spur über ein blaues Binnenmeer. Direkt hinter einer Kurve, als wir wieder einmal in niedrigem Wasser dahinglitten, sahen wir plötzlich die doppelte Zugbrükke von Woudbrugge vor uns. Im Handumdrehen hatten wir unsere Segel aufgegeit und die Vorsegel auf das Deck heruntergeholt, so daß wir schnell an Geschwindigkeit verloren. Wegen des Windes konnte ich aber die Barge nicht genau parallel zu den Pfählen der Brücke halten. Na ja, es würde eben zu einem weiteren Anstoßen kommen – was machte es schon ... Und ob es etwas ausmachte! Man stelle sich folgendes vor: der obere Teil der Brückenplattform war zwar hochgezogen, lehnte aber noch ein wenig nach vorn über. Ein paar Pfunde mehr als Gegengewicht hätten sie senkrecht stehen lassen. Unsere Takelage war nicht nur durch die Plattform bedroht, sondern auch, noch weiter oben, durch den doppelten Hebelarm, der immer noch leicht auf und ab wippte. Mit mehr Glück als Verstand konnte ich einen vollen Stoß in die Wanten vermeiden. Zuerst verhakte sich die Funkantenne und riß wie die Saite einer Geige entzwei. Dann blieb das Geer an der Brücke hängen. Das dicke Stahlseil begann sich zu dehnen ... dehnte sich noch ein wenig mehr und wollte sich offensichtlich mit der Kraft unserer immer noch in Fahrt befindlichen einhundertzwanzig Tonnen messen. Die Brücke neigte sich verdächtig weit nach vorn; ein Stück grün angestrichenes Eisen fiel aufs Deck, begleitet von bedrohlichen, krachenden Geräuschen. Ich sprang so weit wie möglich zurück und wußte nicht, was zuerst fallen würde – die Brücke oder unsere Spriet. Dann explodierte das Stahlseil ... Am Ende kam die *Volunteer* drei Meter vor einem Schlachthaus zum Stehen, aus dessen Fenster uns der blasse, gallertartige Kopf eines toten Schweines angrinste.

Das alles geschah so schnell, daß ich nur fassungslos zusehen konnte. Baranger, der durch jahrelange Fahrten auf Windjammern geübt war, kletterte die Brücke hinauf, um unser Achterstag zu befreien. Yves, unser Witzbold, sagte, wir hätten gerade eine neue Art entdeckt, Mandoline zu spielen. Der Colonel stieg mit unserem Lotsen an Land und begann den Brückenwärter zu beschimpfen, weil er seine Maschinerie nicht bis zum letzten Zentimeter betätigt hatte. Der Brückenwärter erwiderte, wir hätten keinen Grund gehabt, so schnell zu fahren. Bei diesen Worten beschuldigte der Colonel unseren Lotsen, er habe den Befehl zum Bergen der Segel zu spät erteilt, wahrscheinlich habe er selbst nicht genau gewußt, wo die Brücke ist . . . eine Bemerkung, die nicht gerade dazu angetan war, die Beziehungen zwischen Großbritannien und Holland zu verbessern.

Bis auf dieses unglückliche Mißgeschick gefiel mir Woudbrugge mit seiner harmonischen Gestaltung. Das Licht in Holland ist einmalig: der endlose Himmel spiegelt sich im Wasser und gießt eine silbrige Helle herab, die die Welt ringsum erstrahlen läßt. In dieser sonnigen Stille hatte Yves begonnen, das Geer zu spleißen. Ich saß neben ihm mit Nadel und Faden und nähte einen Vorhang für den Maschinenraum. Auch wenn eine Leinwand so dick wie meine war, erklärte mir Yves, sollte ich in der Lage sein, eine Naht von etwa acht Metern in einer Stunde zu nähen. Ein guter Segelmacher sollte auf einer Nadellänge neun Stiche schaffen. Im Salon bereitete unser Boss einen Bericht für die Versicherungsgesellschaft vor.

Wir schafften es, Rotterdam und Veerhaven noch am selben Abend zu erreichen. Aber zunächst setzte uns unser Lotse auf Grund, einmal im alten Rhein in der Nähe der Alfen-Brücke, ein zweites Mal vor der Eisenbahnbrücke in Gouda. Er konnte sich nie dazu entschließen, den Hilfsmotor anzuwerfen. In der Schleuse von Gouda, die wie üblich mit Lastkähnen überfüllt war, sprang ich an Land, um unsere Gebühr zu entrichten, bevor der Lotse sich auch nur in Bewegung setzen konnte: sie betrug ein Viertel dessen, was wir vor einer Woche gezahlt hatten.

In Rotterdam meldete sich Reens, der Schiffslieferant, um uns mitzuteilen, daß aufgrund einer telefonischen Nachricht aus Woudbrugge der Schaden an der Brücke auf einhundert Pfund Sterling geschätzt worden sei, da der Verkehr für eine Woche unterbrochen sein würde. Wir hätten auf der Stelle nach Reens schicken sollen, so daß er die Schätzung für uns hätte übernehmen können, die wahrscheinlich viel niedriger ausgefallen wäre. Wir erfuhren auch, daß die Unterschrift Barangers, eines ausländischen Kapitäns, auf unserem Bericht bei einer englischen Versicherungsgesellschaft ungültig war.

Wir aßen im Yacht-Club und stellten fest, daß die Geschichte unseres Unfalls schon die Runde gemacht hatte. Unser unfreundlicher Lotse – allein der Gedanke daran, daß wir ihm sechzehn Gulden pro Tag gezahlt hatten! – hatte in dem Lokal nebenan erzählt, wir seien alle verrückt, er selbst habe alle Arbeiten an Bord übernehmen müssen, die Reparaturen an der Brücke würden zwölfhundert Gulden kosten, und man würde die Barge einbehalten, weil der Colonel keinen roten Heller besaß!

Als ich am nächsten Tag anrief, um mir den Wetterbericht geben zu lassen, erfuhr ich, daß vor Hoek van Holland eine schwere See mit Wind aus NNO tobte. Da dies an sich ein günstiger Wind war, wenn man nach Frankreich segeln wollte, übertrieb ich die Meldung ein wenig, damit wir im Hafen bleiben und den Männern einen Tag Ruhepause gönnen konnten.

Dennoch waren wir fleißig. Ein Zimmermann baute neben der Maschine ein Regal: wir stellten fest, daß die Akkus zum Teil zerstört waren; außerdem entließ ich den guten, aber schmutzigen Koch, weil ich entdeckt hatte, daß er Essensreste in den Ecken der Schränke verrotten ließ. Wir beschlossen, daß ich versuchen sollte zu kochen, bis wir Ostende erreicht hätten, wo wir leicht jemanden für diese Arbeit finden würden.

Unsere verzögerte Abreise war der Grund für eine Ergänzung unserer Schiffsmannschaft. Während wir im Club etwas tranken, trafen wir den wohlgekleideten jungen Mann wieder, der mir vor einer Woche geholfen hatte, die *Volunteer* einzuholen. Er befand sich in offener Revolte gegen seine Familie: er hatte die Wohlhabenden und ihre Umgebung «satt» und gerade eine auf ihn zugeschnittene Tätigkeit in einem der väterlichen Büros ausgeschlagen. Sein Vater herrschte über eine der größten holländischen Kondensmilch-Firmen. Der junge Mann wollte aber auf dem Lande leben und sich völlig dem Schreiben widmen. Seine Eltern drohten damit, ihm die Unterstützung zu entziehen, aber er kümmerte sich nicht darum, da er glaubte, leicht eine Beschäftigung als Heizer auf einem Frachter zu finden. Er hatte alles mit seinen älteren Schwestern besprochen, die offenbar Verständnis zeigten. Die eine war Künstlerin, die andere setzte ihr Vermögen dafür ein, ledige Mütter zu unterstützen.

Ich dachte, der junge Mann befindet sich auf dem richtigen Weg. Er sah aus, als könne ihm eine Veränderung nur guttun. Es war etwas Weiches, Rundliches an ihm: er mußte unter seiner weißen Haut härter werden. Sein Verhalten war recht blasiert, da er bisher nur mit der *jeunesse dorée* in Oxford, Zürich, Paris und Berlin zu tun gehabt hatte. Ich war der Meinung, daß er zunächst einmal leben müsse, bevor er irgend etwas von Wert schreiben konnte. Was wußte er schon von der Schwierigkeit, Arbeit zu finden, von der Drohung des Hungers, von dem allgegenwärtigen Konkurrenzkampf, dem Zwang, immer mehr lernen zu müssen, um «vorwärts zu kommen», von den persönlichen Interessen, die die meisten Handlungen bestimmen und die verantwortlich sind für so viel moralische Prostitution? Später einmal las ich diese Zeilen, die wie für ihn bestimmt waren – und für so viele andere:

«Eingepfercht in ihre Sittlichkeit; geprägt von ihren Reden,
mit Konventionen ganz und gar umhüllt,
haben sie dich ausgestellt als Schaustück ihrer Lehren,
doch hörst du nicht die Wildnis, wie sie nach dir brüllt?«

Der Colonel machte ihm spontan das Angebot, mit uns zu kommen, und sagte, er müsse nur für sein Essen zahlen, da Miss Ella sicher dafür Sorge tragen werde, daß er sich an Bord nützlich machte. Unsere Meinung war, daß wir nicht nur einer Seele helfen sollten, aus den «eisernen Klauen» des Materialismus zu entfliehen . . . sondern wir sollten uns einen holländischen Dolmetscher sichern, der dafür sorgen würde, daß wir nicht länger eine Zielscheibe des Spottes in den Niederlanden wären. Außerdem dachte ich mir, daß er, gebildet wie er war, einen reizenden Gesprächspartner für unseren Eigner abgeben würde, so daß ich ein wenig Zeit für mich hätte.

Van – wie wir ihn nannten – kam am darauffolgenden Tag mit einem Koffer an Bord. Er aß mit der Mannschaft und versteckte sich vor seinem Arbeitgeber, während wir eine letzte Mahlzeit in der vornehmen «Koninklijke Roeé – en Zeilvereeniging ‹De Maas›» einnahmen.

Um 2 Uhr am 11. Mai legten wir ab, vorangetrieben von mächtigen Böen aus Norden. Die Männer freuten sich ungeheuer, daß die Barge Kurs auf Ostende und Frankreich nahm. Bedrohliche Brücken und lästige Sandbänke lagen hinter uns ... hinter uns auch ein Land, das «pas de possibilité de boire un verre» bot, keine Möglichkeit, ein Gläschen zu trinken, bei dem man Seemannsgarn mit Menschen spinnen konnte, die sich in einer zivilisierten Sprache unterhielten. Ich persönlich stimmte mit Baranger in diesem letzten Punkt überein; ich würde mir furchtbar verloren vorkommen, wenn ich in Polen, der Tschechoslowakei oder in Holland leben müßte, in Ländern, deren Sprache von zu vielen Konsonanten belastet ist.

Während er die alte Barge steuerte, führte Yves Van die verschiedenen Möglichkeiten vor, wie wir uns einem neuen Land zu nähern pflegten. Seine Beschreibungen waren so anschaulich und geistreich – obwohl kaum übertrieben –, daß Van sie in Verse kleiden mußte, von denen ich Ihnen an geeigneter Stelle noch eine Kostprobe liefern werde.

Wir mußten unsere poetische Tätigkeit aufgeben, weil uns voraus Gefahr drohte. Plötzlich befanden wir uns in den Klauen eines heftigen Windes, waren unfähig zu wenden und trieben ab. Baranger konnte unsere furchtbare Maschine nicht anwerfen. Unser Raharm krachte seitwärts schwer in eine stabile hölzerne Bake, die das hochgezogene Beiboot aus seinen Davits riß und weit weg schleuderte. Dieses eine Mal war das Aufgeien und Ankersetzen in Rekordzeit erledigt!

Die Barge war knapp vor einer kleinen Pier zum Stillstand gebracht worden, auf der sich bereits Zuschauer versammelt hatten. Wir nahmen den Schaden in Augenschein. Das Großsegel war am Schothorn zerrissen, die Gaffelgeertalje war verschwunden, und von unserem wunderschönen Beiboot waren uns nur Spiegel und Segel geblieben, die vom Davit herabhingen; der Rumpf selbst war jedoch nicht völlig zerstört, und ein paar zuvorkommende Leute aus dem Ort reparierten es für uns.

Es war äußerst wichtig, so bald wie möglich aus der gefährlichen Nähe der Pier zu verschwinden. Wir überlegten, daß es vielleicht ratsam wäre, nach einem Schlepper zu schicken, da die Männer anscheinend ohne Erfolg am Hilfsmotor hantierten. Aber dann spürte ich an dem wohlbekannten Zittern, das alle Messingstangen an den Deckslichtern vibrieren ließ, daß wir starten konnten. Und mit einem Stoß, der so heftig war, daß sich der Bootshaken durchbog, drehte Yves den Bugspriet in die richtige Richtung. Van hatte gerade perfekt vorgeführt bekommen, welche Possen die Barge trieb, und er entdeckte, daß das Leben auf einer Yacht nicht so leicht ist, wie es sich anhört.

Inzwischen hatte der Colonel – sehr verärgert über das letzte Ereignis – in aller Schärfe zu Baranger so etwas gesagt wie: «Maintenont, attontion, ici sont les commondes!» Er sprach französisch mit einem nasalen Akzent, was in der Regel lustig war, aber Baranger lachte diesmal nicht. Wenn der Eigner selbst das Kommando bei Manövern übernehmen wollte, bedeutete dies, daß er seinem Kapitän nicht vertraute, wobei es nicht der Fehler des Kapitäns war, wenn der Motor nicht ansprang. Nach diesem Ausbruch übertraf sich der Colonel noch in Taktlosigkeit, als er Yves beibringen wollte, wie man ein Segel näht! Yves hatte zwar durchaus seine Fehler; er neigte dazu, freche Antworten zu geben und zu viel zu trinken, aber er wußte praktisch alles, was man über ein Segelschiff wissen muß. (So viel, daß ich mir seine Adresse notiert hatte, falls ich eines Tages einen richtigen Segler brauchen würde.) Yves wurde wütend und begann, eine offene Rebellion zu inszenieren. Er war umso empörter, als der Colonel gerade erhebliche Punkte gemacht hatte, indem er nämlich seiner argwöhnischen Mannschaft erfolgreich demonstriert hatte, wie leicht es war, Segel und Mast aufs Deck herunterzuholen, um den neuerlichen Schaden auszubessern.

Die Emotionen schlugen hohe Wellen, als wir Maasluis hinter der Industriestadt Schiedam erreichten, wo wir für die Reparatur anlegten. Van lud den Colonel ein, mit ihm eine Kirche in der Nähe zu besichtigen. Das war äußerst geschickt, da wir alle eine kleine Verschnaufpause brauchten. Obwohl diese häufigen Streitereien immer auf irgendeine blödsinnige Kleinigkeit zurückzuführen waren, konnte ich ihren Ausbruch nie verhindern. Erst am folgenden Tag brachte ich die gegnerischen Parteien dazu, über ihre alberne Empfindlichkeit lachen zu können.

Im Schlick gefangen

Am nächsten Tag segelten wir bis Hoek van Holland, kehrten aber schleunigst wieder in den Schutz des Kanals zurück: das offene Meer, auf dem wir uns unbedingt hatten vergnügen wollen, war überzogen mit einer erschreckenden Schicht weißen Schaums, den ein stürmischer Wind aus Südwest vor sich hertrieb. Wir beschlossen, zwischen den Inseln hindurchzusegeln, die den schlammigen, stark verzweigten Mündungsarmen von Maas, Schelde und Rhein vorgelagert sind.

Die *Volunteer* verfolgte ihren Kurs zurück, bis sie auf Steuerbordseite die Halbinsel Rozenbourg umrunden und entlang der Neuen Maas nach Süden segeln konnte. Wir fuhren ohne unliebsamen Zwischenfall in die Schleuse von Nieuwesluis ein, um dann dem geraden und ziemlich langweiligen Kanal zu folgen, der die Insel Voorne in zwei Hälften teilt.

Ein Klacken aus dem Innern der Barge . . . Die Maschine setzte aus, und wir stießen heftig in eine weiche Sandbank. Mutig stieg der Colonel unter Deck, um die kränkelnde Maschinerie zu überprüfen. Dabei stellte er fest, daß Rauch aufstieg. Ein starker Brandgeruch breitete sich aus, so daß er – umsichtig, wie er war – kaltes Wasser auf die leidenden Kolben schüttete! Das gab ihnen den Rest, da sich das Material durch die plötzliche Kälte zusammenzog und das Schwungrad festsaß. Es war die alte Geschichte: dickes, braunes Seegras hatten die Wasserzufuhr verstopft.

In der Stille des Nachmittags hörte es sich plötzlich an, als würden Dutzende von Vögeln auf unserem Deck herumpicken: das Platschen von Regentropfen unterbrach unser Schweigen. Ein frischer Nordwind kam auf, so daß wir unsere Segel setzten und uns in eine Richtung treiben ließen, in der wir Hilfe vermuteten. Ich hatte gerade noch Zeit gefunden, im wilden Gras zwei Margeriten zu pflücken.

Die kleine Stadt Hellevoetsluis, in der wir anlegten, war einmal ein Marinestützpunkt gewesen, und Van fand einen Werftingenieur, dem er die Symptome für unsere wiederholten Betriebsstörungen beschrieb. Gute Mechaniker kamen an Bord und schraubten jede Schraube ab, an die sie herankamen, bis sie herausfanden, daß das Hauptlager weggefressen war – (vielleicht auch etwas anderes, denn ich verstehe nichts von Maschinen). Aber ich blieb im Maschinenraum, um diesen derben Männern bei der Arbeit zuzusehen. Sie hockten, sie suchten, sie jonglierten mit öligen Schraubenschlüsseln, sie schwitzten und redeten kaum. Der Nachmittag war lange vorüber, ebenso die Zeit zum Abendessen, und noch immer machten sie weiter: schließlich brachte ich ihnen Kaffee und Sandwiches. Sie gingen fort und nahmen das mit, von dem sie glaubten, es sei der Grund für unseren Ärger. Sie wollten es in der Nacht noch umarbeiten . . . es waren sehr nette Burschen mit runden Gesichtern, ehrlichem Aussehen und krummen Beinen, und sie schienen recht dankbar für die zusätzliche Arbeit zu sein!

Acht Stunden später tauchten sie aus dem grauen Morgendunst wieder auf und bauten alles ein, was sie herausgenommen hatten, aber die Maschine war noch ebenso störrisch wie zuvor. Schließlich ließ man einen klugen kleinen Offizier kommen, der den Vorschlag machte, es doch einmal mit dem Magnetzünder zu versuchen, und schon bald pulsierte unsere gesamte Maschinerie wieder. Wir legten ab, nachdem wir unsere Schulden bezahlt hatten, und ich hatte am Kai bei Leuten aus dem Ort Milch und Fisch gekauft.

Gemächlich setzten wir unseren Weg durch ein Binnenmeer fort, wo die mausernden Seemöwen im Gleitflug ihre Spiele trieben und der frische Wind mit Ozon und Jod angereichert war. In Van, der eben erst aus Rotterdam geflohen war, kamen Urlaubsgefühle auf. Er fand alles amüsant – die seltsamen französischen Wörter, die Yves benutzte, oder die Art und Weise, wie der Colonel seinen Tee aus einer Untertasse trank.

Die Inseln Voorne und Putten verschwanden hinter uns, als wir auf unserem Kurs Richtung Vuile Gap südlich von Beierland diagonal einen breiten Sund überquerten. Mit Motorkraft schien die Navigation leicht zu sein, und wir hatten unseren Kurs so gewählt, daß er uns zum Eingang des Vuile Gap bringen sollte. Die Atmosphäre erinnerte mich an meinen ersten Tag in einem Gezeitengewässer, der schon lange zurück lag: wir hatten Brightlingsea verlassen, um den Spitway zu befahren, und England war im Dunst unwirklich geworden. Derselbe Eindruck drängte sich mir damals auf. Was war mit dem Festland geschehen? Am Horizont konnte ich an den unwahrscheinlichsten Stellen dünne, blasse Sandstreifen ausmachen – oder war es Schlick, oder Erde? Nur aus der Luft kann man genau unterscheiden, wo die Sandbänke enden und die holländischen Strände beginnen. Schließlich entdeckten wir eine Gabelungsboje, von der wir annahmen, daß wir sie auf der Karte identifizieren könnten. Ein Frachter schien uns ebenfalls den Weg zu weisen. Aber als wir ihn überholten, teilte uns der Skipper mit, wir befänden uns nördlich von Beierland, wohingegen unser Vuile Gap weiter im Süden lag.

Mit gut laufendem Motor hatten wir unsere halbe Drehung schnell beendet, und der Colonel, der auf den geringen Tiefgang der *Volunteer* baute, beschloß, geradewegs über das flache Wasser zu fahren und nicht um die Boje herum, die wir gesehen hatten.

Plötzlich schien die ganze Welt wie verhext! Ich spürte keinen Ruck, vernahm kein Geräusch; aber bei einem Blick hinunter auf das Wasser sah es so aus, als würden wir rückwärts fahren: der starke Ebbestrom zog das gelbe Wasser mit sich fort. Wir strandeten – meilenweit von allem entfernt, was den Namen Land verdient hätte. Baranger wollte das Großsegel setzen, da eine ordentliche Krängung uns vielleicht von dem klebrigen Grund freisetzen würde, so daß wir die Tiefe erreichen könnten, die wir gerade verschmäht hatten. Aber da er sich von so viel Wasser umgeben sah, konnte der Colonel die Sache nicht ernst nehmen. Er bestand darauf, die Barge vorwärts zu zwingen, und rief: «Ici sont les commondes!», «Hier steht das Kommando!» Aber die Schlickbank hatte uns gefangen. Es blieb uns nichts anderes übrig, als auf die nächste Flut zu warten, die etwa gegen 1 Uhr in der Nacht kommen würde. Yves zog die beiden Seitenschwerter so hoch wie möglich, und der Anker wurde gesetzt, wobei er in dem niedrigen Wasser einen lächerlichen Platscher verursachte. Der zweite Anker wurde in das Beiboot gelegt, etwa vierzig Meter im rechten Winkel von der Barge weggerudert und in die Fahrrinne geworfen.

Wir waren nicht völlig verlassen. Der Skipper eines Segelbotters, der im Kanal vor Anker lag, ruderte zu uns herüber und versprach, um Mitternacht zurückzukommen und uns zu helfen. Er teilte uns mit, daß es uns mindestens achtzig Gulden kosten würde, wenn wir uns von einem Schlepper herausziehen ließen. Er war hübsch, sauber und jung. Die sehr hellen Augenbrauen und der Schnurrbart hoben sich deutlich von seinem rotbraunen Gesicht ab, und die Augen waren klug und rege.

Ich befürchtete, unsere unfreiwillige Pause könnte eine zu hohe Belastung für den Colonel sein, der nicht untätig herumsitzen konnte. Aber er plauderte mit Van über die Landwirtschaft in Holland und hielt uns schon bald einen Vortrag über Viehbestand, Kreuzungen, erwartete Milchmengen usw. Auf seinem Anwesen experimentierte er mit den neuesten Tricks, die von Modellbauernhöfen angepriesen wurden, und er beschrieb stolz, daß die Schwänze seiner Kühe aus Gründen der Sauberkeit an einen Balken hochgebunden seien.

Wir gingen früh zu Bett, und kurz nach Mitternacht waren wir alle wie geplant an Deck, wo wir gegen einen eisigen Nordweststurm ankämpften, der unseren auf Grund gelaufenen Rumpf schüttelte. Zum Glück vergaß ich bei der harten Arbeit am Spill die stechende Kälte der Nacht sowie die seltsame Furcht, daß die Sonne nie wieder aufgehen würde. Unsere Bemühungen, die Barge wieder zum Schwimmen zu bringen, blieben ergebnislos. Wir holten lediglich den Anker so weit ein, bis er längsseits war: ein nutzloser Haken, der uns die ersehnte Freiheit nicht geben konnte. Wir schalteten den ohnmächtigen Motor ab und kauerten uns neben den Ofen, um Hände und Füße aufzuwärmen.

Zur Unbeweglichkeit verdammt, in einem Niemandsland den Elementen preigegeben, weder dem Land noch dem Meer gehörend, fühlten wir uns von Gott und der Welt verlassen. Allein in der Nacht, war die *Volunteer* wie eine Ausgestoßene weit entfernt von allen Lebensadern der Welt, den Eisenbahn-, Dampfer- und Flugzeuglinien, die auf allen Karten verzeichnet waren. Wir waren weder auf einem lebendigen Schiff, das sich bewegt, in die Stille der Hochsee getaucht, noch waren wir von der Stille eines Hafens umgeben, die hin und wieder von einem menschlichen Ruf, vom Gebell eines Bastards, vom Knirschen eines gequetschten Fenders oder dem Aufplatschen von Abflußwasser unterbrochen wird, das aus halber Höhe aus einer Hafenwand tritt. Wir lagen bewegungsunfähig als Opfer der Einsamkeit im Herzen eines Windes, den wir uns nicht zunutze machen konnten. Dann und wann wiegte eine stärkere Welle unseren Rumpf in seinem Bett.

«Aber erst im Morgengrauen sahen wir, wie schlecht unsere Lage war . . .» Wir saßen mitten in einem dunklen Fleck schmierigen Schlicks. Wenn wir auf dem schnellsten Wege eine Fahrrinne erreichen wollten, mußten wir mit dem Heck zuerst in die Richtung vorstoßen, aus der wir gekommen waren. Wenn es uns jedoch gelingen sollte, die Barge um ein Viertel nach Steuerbord zu drehen, könnten wir versuchen, vorwärts zu fahren. Baranger war sehr für die zweite Möglichkeit, da unser Schiff eine größere Chance hatte, sich mit dem Bug voran zu bewegen, der nicht so stark durch die schweren Maschinen belastet war. In Stiefeln konnte man auf dem Grund gehen, der uns gefangen hatte, und Van wurde zum nächsten Ort geschickt, um einen Schlepper anzufordern.

Ebenfalls zu Fuß trugen die Männer den Anker mit Kette nach achtern, wobei sie den Spuren der Barge folgten, die immer noch in dem weichen Grund zu sehen waren. Wenn man eine Zeitlang auf der grauen, puddingweichen Oberfläche stillstand, sie er unter dem Gewicht ganz allmählich nach. Ein leises Sauggeräusch begleitete dann das Anheben eines Stiefels, und Wasser sammelte sich in den Fußstapfen . . .

Ich bereitete gerade unser Mittagessen vor, als Van zurückkam. Er hatte hinter den Deichen einen Ort Goudwaert entdeckt und mit einem Motorleichter vereinbart, daß er uns herausziehen solle. Bei Flut arbeiteten wir alle schwer und waren voller Zuversicht: wir am Ankerspill holten ein, und die Palls klinkten langsam ein. Mit Hilfe des Leichters brachten wir die Barge um eine halbe Länge nach achtern: das war alles, was wir in Richtung auf die Freiheit gewannen. Der Leichter gab die Hilfeleistung bald auf – verärgert darüber, daß die Bucht unserer Trosse sich in seinem Propeller verheddert hatte – und fuhr mit unserer guten Trosse von dannen.

Wieder waren wir auf uns gestellt.

Die Situation war nicht ganz so lustig, wie wir zunächst gedacht hatten. Wir hatten uns keine Sorgen gemacht, weil wir wußten, daß die Flut in den nächsten drei Tagen, bis zum 18. März, höher steigen würde, und wir waren sicher gewesen, daß sie hoch genug auflaufen würde, um uns freizusetzen. Aber jetzt sah die Sache ein wenig anders aus. Die *Volunteer*, die bei Hochwasser sacht hin und her gewiegt wurde, grub sich aufgrund ihres Gewichts jeden Tag tiefer in ihr Bett. Wir würden nicht nur ausreichende Wassertiefe benötigen, sondern auch jede Menge Pferdestärken, die dem Sog an unserem flachen Boden entgegenwirken müßten. Angenommen, wir wären so fest eingegraben, daß wir uns nicht mehr rühren könnten, dann wären wir bei Hochwasser einem Sturmwind ausgeliefert, der einen Brecher nach dem anderen auf unsere Deckslichter und eine Grundsee nach der anderen gegen unseren Rumpf donnern würde. Yves gab es auf, uns von seinem langen Brief nach Hause zu erzählen, in dem er das preiswerte Grundstück beschrieb, das wir für den Sommer vor der holländischen Küste gefunden hatten, wo es keinen Grund für die Errichtung eines Zaunes gab, weil unsere Nachbarn weit weg waren; ein kleines Problem bestand allerdings darin, daß die Zufahrt nicht ganz zur Eingangstür führte . . .

Wir mußten uns möglichst schnell ein erfolgreiches Manöver überlegen, wenn wir nicht ein paar scheußliche Wochen damit zubringen wollten, auf die nächste Springflut zu warten.

Inzwischen hatte ich beschlossen, mir die Einwohner von Beierland einmal anzusehen, und ich ruderte mit Van und Le Roux im Beiboot an Land. Das war gar nicht so einfach, wie es sich anhört, weil wir unsere private «Zufahrt», wie Yves sie genannt hatte, nicht finden konnten – noch nicht einmal den nächsten Deich. Nachdem wir gegen den Ebbstrom angekämpft hatten, lief das Beiboot zwischen Schilfgräsern auf Grund, doch immer noch trennte uns ein breiter Wassergraben vom Land.

In Goudwaert kauften wir Fisch und Butter ein, und die Fenster der Geschäfte, die wir betraten, wurden schwarz von Kindern, die uns von außen neugierig betrachteten und ihre rosigen Nasen am Glas plattdrückten. Trotz einer ausgedehnten Suche konnte ich kein Gemüse auftreiben, und jedesmal, wenn wir anhielten, wurde uns eine Reihe Fragen gestellt, auf die Van mit unerschöpflichem Humor antwortete. Schon bald bekam ich den Eindruck, etwas sehr Seltenes zu sein, wenn ich sah, wie alle Welt herauseilte, um mich zu sehen . . . wären wir vor Island gestrandet, hätten wir kaum mehr Neugier erregt.

Alte Häuser in Amsterdam

Die fatale Brücke

Wir fanden den Leichter, der uns verlassen hatte, und vereinbarten, daß er es noch einmal versuchen sollte, diesmal mit stärkeren Trossen. Auf unserem Rückweg amüsierte ich mich über die vor jeder Bauernhaustür aufgreihten Holzpantinen, die den Menschen gehörten, die das Haus betreten hatten. Später sollte ich diesem Brauch bei den Japanern und den Mohammedanern wieder begegnen – bei Menschen, die bestrebt waren, ihre Räume so sauber wie möglich zu halten. Die Schuhe läßt man draußen und geht auf Strümpfen hinein.

Bei starkem Gegenwind mußten wir uns mühsam den Rückweg zum Beiboot erkämpfen. Gebeugt außerdem von der Last der Einkäufe, fiel uns hier eine Flasche Bier, dort ein Beutel Kartoffeln hin. Da wir große Schwierigkeiten hatten, zur *Volunteer* zurückzurudern, kamen wir erst an, als sie schon wieder hoch und trocken lag. Wir mußten das Beiboot vor Anker legen und die letzten Meter unseres Ausflugs zu Fuß zurücklegen. Seemöven und Strandläufer hatten ihre Fußabdrücke auf dem weichen Grund zurückgelassen, der für mich so aussah wie unser Planet nach der Sintflut. Die trockenen Flecken waren gerippt, als habe das Meer dort die winzigen Wellen einprägen wollen, die entstehen, wenn ein flüchtiger Wind das Auf und Ab der Oberfläche leicht kräuselt. Die Tage, in denen wir in Holland festsaßen, wurden untermalt durch die schrillen Schreie und heiseren Rufe der Möwen.

Das unermeßliche Himmelszelt war von dunklen, nebelhaften Wolkenfetzen überzogen, und die untergehende Sonne warf ein totes Licht auf unsere erstarrte, regungslose Umgebung, aus der das Meer verschwunden war.

Wir hatten den Bugspriet hochgezogen, damit er die Arbeit des Schleppers nicht behinderte. Nun deutete er auf komische Art und Weise flehend und drohend zugleich auf die Wolken am bleigrauen Himmel. Mit der Abenddämmerung gingen wir schlafen, da wir an diesem Tag – dem zweiten, den wir vertan hatten – nichts mehr unternehmen konnten. Wieder standen wir mitten in der Nacht auf, bemannten das Ankerspill und hofften das Beste. Wir stöhnten und keuchten bei der Arbeit, und meine Hände fühlten sich an, als würde sich die Haut lösen und an den Metallgriffen hängenbleiben. Hin und wieder streifte uns ein warmer Dunst aus dem Kombüsenschornstein. Aber die Flut war nur sehr schwach, und wir konnten nicht einmal die Ankerkette an Bord hieven. Entmutigt gingen wir wieder unter Deck.

Beim Frühstück eröffnete uns der Colonel, er sei auf das Schlimmste gefaßt. Da es so aussah, als sinke das Boot täglich über einen halben Meter tiefer in den Schlick, hatte er ein Telegramm an die Versicherung geschickt, in dem er ihnen mitteilte, daß man einen Totalschaden ins Auge fassen müsse. Eine letzte Hoffnung hatten wir noch. Baranger zufolge würde das Wasser, das mit der nächtlichen Flut nicht gekommen war, mit der Flut am Nachmittag kommen und uns somit vielleicht heben. Oder wir müßten ein ganzes Regiment bestellen, damit es einen Kanal grabe, durch den das Wasser uns erreichen könnte. Bisher waren unsere Peilungen, die wir an Bojen vornahmen, unverändert.

Baranger und seine Leute nutzten die nächste Ebbe und verlegten noch einmal die Anker. Nachdem sie nahezu die gesamte Kette des Hauptankers in die richtige Richtung getragen hatten, stellten sie fest, daß die letzten Kettenglieder tief unter dem Bug vergraben waren. Das hieß, wir mußten Spaten an Land besorgen, um die Kette freizulegen. Kein Wunder, daß wir in der Nacht nichts erreicht hatten! Kurz vor Mittag hatten wir Spaten – natürlich hatten wir nicht daran gedacht, Gerätschaften dieser Art in die Yachtausrüstung aufzunehmen –, und die Männer begannen, eine Höhle unter unserem Bug auszugraben, um die Kette freizulegen. Es war ein hartes Stück Arbeit, und Yves drückte das Allgemeinbefinden mit den Worten aus: «Wir müssen hier wirklich bis zum Umfallen schuften!»

Am Nachmittag kam die junge Flut schnell herein, vorangetrieben durch einen Wind aus Nordwest. Wir hißten das Stagsegel und drehten die Handgriffe am Ankerspill, während sich das Drahttau zu unserem Leichter spannte und unter der Anstrengung zitterte. Die holländische Barge zog jedoch selten in einer geraden Linie. Sie fuhr im Zickzackkurs und zog aus allen möglichen Positionen, wie eine Ameise, die eine zu große Bohne in Besitz genommen hat.

Das Boot begann sich zu bewegen; auch unser Motor lief, und unsere Kette streckte sich. Als wir das Tau des zweiten, im rechten Winkel ausgesetzten Ankers aussteckten, war es abrupt zu Ende, und die Männer fielen an Deck. Sie hatten es weder verlängert noch einen Schwimmer daran befestigt ...

Schließlich brachte uns unser Schlepper in die Fahrrinne, in der wir ankerten, während der Colonel unter Deck unseren Freunden von der Barge etwas zu trinken anbot. Sie wollten wissen, wie unser Funkempfänger funktionierte, und wir mußten ihnen unseren Siphon vorführen. Die grobschlächtigen Kinder, die dem Grammophon lauschten, bekamen *fruits confits*; und ihre Väter erhielten Zigarren sowie die acht Pfund Sterling, um die sie gebeten hatten. Die große, gebogene Pfeife des Colonels spielte bei dieser Vorstellung eine herausragende Rolle.

Die Bargenfahrer versprachen, unseren Anker zu retten und ihn in spätestens zwei Tagen nach Flushing zu bringen. Diesmal nahmen wir uns einen Lotsen, damit wir nicht noch einmal in diesem tückischen Deltagebiet vom Wege abirrten. Welch herrliches Gefühl war es doch, frei zu sein und nicht mehr im Schlick zu versinken! ... Die *Volunteer* war zwar ein verrottetes altes Faß, ein kastenförmiges Boot mit einem gebogenen Rückgrat, ein schwimmender Untersatz, dessen Ende nahe bevorstand. Aber ich hatte sie liebgewonnen in ihrer schwerfälligen Art, sich durch das Wasser zu arbeiten, begleitet vom dumpfen Anschlagen ihrer Seitenschwerter. Ihr hatte ich es zu verdanken, daß ich Southampton gerade ins Auge blicken konnte – Southampton, meinem ersten Anleger, der hinter seiner niedrigen, nichtssagenden Fassade ganz England vor mir versteckte! ...

Außerdem hatte die *Volunteer* mich gelehrt, Zuneigung zu einem typischen englischen Landmann zu empfinden, wie es sie in der Vergangenheit zu Tausenden gegeben haben muß, der seine Fasanen mit ebensolcher Sorgfalt züchtete wie seine Schweine, der sich freute, wenn er Kennern seine wertvollen Löffel oder seine «Kopfsammlung» zeigen konnte, die er aus dem schwärzesten Afrika mitgebracht hatte (von der rührenden Gazelle bis hin zum häßlichen Nashorn blickten alle möglichen Trophäen von den hohen Wänden auf den Besucher herab). Er bot eifrig seinen besten Jahrgang Hautbriond, genau richtig temperiert, zu den *morilles à la crème* seines französischen Küchenchefs an; es machte ihm Spaß, einen Besucher in einem zwanzig Jahre alten Rolls Royce durch sein herrliches Wiltshire zu fahren, auf dessen Chassis er einen hohen Aufbau hatte setzen lassen, weil «ein Gentleman ein Automobil besteigen will, ohne auf dem Boden desselben sitzen zu müssen» – eine Position, aus der er schwerlich ohne Spezialkran hätte aufstehen können. (Nach einer solchen Rundfahrt stieg Stone, der Chauffeur, der ein kräftiger Mann war, für gewöhnlich grün im Gesicht vom Notsitz, weil er in blinden Kurven heftig von einer Seite auf die andere geschleudert worden war. Wenn man sich dann bemüßigt fühlte, ein wenig Nervosität zu zeigen, erklärte er allerdings, man brauche nichts zu befürchten, denn der Colonel besitze die Fahrerlaubnis Nummer sieben.) Der Colonel selbst nannte sich einen Bullefanten; er sah aus wie der perfekte Colonel Blimp; er benahm sich wie ein verwöhntes Kind und war in der Lage, sich in wenigen Augenblicken vom charmantesten zum griesgrämigsten Menschen zu wandeln, den man je kennengelernt hat; er konnte einen akuten Gichtanfall so gut verbergen, daß man dachte, er spiele etwas vor; nicht zuletzt stellte er großzügig seinen Landsitz und sein Londoner Hotel zur Verfügung, denn er war stolz darauf, der beste aller Gastgeber zu sein.

Dies ist nur ein kläglicher Versuch, den Colonel zu portraitieren; dabei habe ich vergessen, seinen rheumatischen Pekinesen «Missy» zu erwähnen und seinen alten Gesandtschafts-Butler . . . Alle hier angegebenen Tatsachen sind vielleicht falsch; wahrscheinlich hängt kein einziger Gazellenkopf in seinem Zimmer, ganz sicher wird Chambertin und kein Rotwein zu Morcheln getrunken, und alte Löffel haben bestimmt auch einen anderen Namen (so wie «Hunde» und der «Mann» zu «Jagdhund» und «Herr» werden, sobald sie mit gehobeneren Gesellschaftsschichten in Berührung kommen). Aber ich kann Ihnen auf diese Weise am besten den Mann beschreiben, den ich durch die *Volunteer* kennengelernt habe.

Sie können sich vorstellen, was ich für die gerettete Barge empfand. Ihr hatte ich meine Unabhängigkeit zu verdanken; sie hatte es mir ermöglicht, durch die Welt zu ziehen. Wie ich Van erklärte, hatte ich nicht nur das Glück, ein Leben zu leben, wie ich es liebte, sondern ich genoß es auch, mehr als nur eine Dilettantin zu sein; ich verachtete mich weniger als zu der Zeit, als ich in Genf lebte, und es war ein gutes Gefühl, schon allein deshalb, weil es neu war. Dummerweise fühlte ich mich Van überlegen. Weil ich in Paris und London nach Arbeit gesucht hatte, bildete ich mir ein, die «rauhe Wirklichkeit» zu kennen. Es war natürlich albern, daß ich so stolz auf die kleinen Erfolge war, die ich noch im Schutz eines stabilen Hintergrundes erzielt hatte, bestehend aus einem Zuhause, Eltern, einem friedlichen Vaterland, einem gültigen Paß! Später öffnete mir das Leben in Berlin und Moskau die Augen dafür, wie wichtig diese Dinge waren, deren Wert ich nicht gekannt hatte.

Verglichen mit meiner verkrampften Härte war Van weich und recht charmant. Um mich zu ärgern, behauptete der Colonel, Van sei in mich verliebt, aber ich wußte es besser. Van langweilte sich, und die *Volunteer* war eine günstige Gelegenheit für ihn, alle Brücken hinter sich abzubrechen. Meiner Meinung nach hätte der Junge ein oder zwei Jahre lang völlig mittellos leben müssen. Es steckte keine wirkliche Furcht in ihm, nicht die Absicht, sofort zu handeln, und er hatte immer noch Geld, das auf ihn wartete. Er konnte nicht gut Kartoffeln schälen, hatte aber ein Ohr für Musik; und wenn ich die Mahlzeiten zubereitete, legte er nach den Klängen des Grammophons einen Steptanz hin. Wir spielten «Dinah», wenn ich mich recht erinnere, oder die Melodie von Jack Smith:

«When the red, red robin
Comes bob, bob, bobbing along!«

Von heftigen Böen vorangetrieben flogen wir den Vuile Gap hinauf. Am Abend nach unserer Rettung liefen wir in den Hafen von Duiteloort, der sich hinter einem grünen Deich versteckt hatte, auf dem vereinzelt friedliche Kühe grasten. Noch bevor wir sicher vertäut waren, gab das aus dem Deck kommende Stahlseil zur Regulierung des Motors nach, so daß wir den Motor nicht mehr bedienen konnten. Wir schafften es, ein Tau zu einer Barge hinüberzuwerfen und längsseits festzumachen. Langsam und wortlos tauchten aus jedem Deckshaus eckige, helle Gesichter auf, die die *Volunteer* und ihre ausländischen Insassen neugierig betrachteten.

Van und der Lotse gingen an Land, um das Problem des

nächtlichen Auftankens zu lösen, denn wir wollten am nächsten Morgen mit der Flut um 4 Uhr auslaufen. Zum Abendessen mußte ich eine Dose Rentierzunge öffnen. Es wurde ein Festmahl, mit dem ich diesen holländischen Hafen immer in meiner Erinnerung verbinden werde.

Schon als Schulkind hatte ich Schwierigkeiten, das System der Wasserstraßen in Holland zu verstehen, und jetzt, da ich es mit eigenen Augen gesehen hatte, war ich unsicherer als je zuvor. Nach unserer Rettung waren wir weiter landeinwärts gesegelt und zwischen dem Festland und der langgestreckten Insel Over Flakke entlanggefahren, die ihren gänseähnlichen Hals in Richtung Nordsee streckt. Soweit ich herausfinden konnte, befand sich Duiteloort am Ufer des am weitesten westlich gelegenen Abflusses der Maas, obwohl ich Lek, Waal und Alten Rhein, die zu demselben verzweigten Wassersystem gehörten, nie auseinanderhalten konnte.

Nachdem wir Duiteloort verlassen hatten, mußten wir durch einen breiten Mündungsarm segeln, den Volkerak. Dann folgte eine schmale Passage zwischen dem Festland und einer weiteren langgestreckten Insel, einem dieser riesigen Sandbuckel, die in den schiffbaren Adern eines großen Flußes verstreut liegen. Dieser Kanal würde uns in den östlichen Arm der Scheldemündung führen.

Als wir dort ankamen, erfaßte uns eine Reihe bösartiger Windstöße, die über die glatte Wasseroberfläche pfiffen. Einem schwarzen Himmel, der sich mit einer dunklen, unheimlichen See verband, schien ein Kataklysmus gelblicher Sturmwolken zu entspringen, die der wütende Wind mit der Geschwindigkeit eines Hurrikans vor sich her trieb. In unserem Großsegel entstanden Löcher, gerade als der Motor wieder einmal streikte.

Wir kreuzten zwischen einer Flotte holländischer Bargen und versuchten unser möglichstes, Zandkreek zwischen den Inseln Nord- und Südbeveland zu erreichen. Unser hinkender Lotse, der mit seinem zahnlosen Mund ständig auf einer Zigarre herumkaute, war außerordentlich nützlich: er beschloß, unter verkleinertem Großsegel weiterzufahren, bis ein leistungsstarkes Motorboot uns in Schlepptau nehmen würde.

Aber der Colonel, der befürchtete, wir könnten an Land getrieben werden, wollte nicht nachgeben. Eine englische Motoryacht hatte uns gerade überholt, und er odnete an, Le Roux und Van sollten in unser Motordingi springen, die Yacht überholen und sie bitten, uns so schnell wie möglich einen Schlepper zu schicken. Sie versuchten, seiner Anordnung Folge zu leisten, und gaben der Yacht wilde Zeichen, obwohl sie sahen, daß sie viel schneller war, als sie angenommen hatten ... aber vergeblich. Sie kehrten zurück, kamen längsseits, stoppten den Motor und fingen die Leine auf, die wir ihnen zuwarfen. Aber die *Volunteer* fuhr zu schnell für das kleine offene Boot: sein Bug tauchte unter, so daß es unweigerlich sinken mußte. Van blickte nach vorn; seine Hand wurde durch das Seil so stark eingeschnitten, daß er alles fallenließ und mit meiner Hilfe an Bord sprang. Le Roux hatte alles gut überstanden und ruderte weiter, bis wir ihn sicher an Bord nehmen konnten. Wir waren mit knapper Not davongekommen, und Yves ließ eine Reihe erstaunlicher Wörter los, um auszudrücken, wie verrückt der Colonel doch sei, Männer in einem solchen Wind auszuschicken.

Schließlich, nachdem wir das langersehnte Zandkreek erreicht hatten, wurde die *Volunteer* neben einem Leichter durch eine enge Wasserstraße gezogen, die von schwarzem Sand gesäumt war. Der Himmel über uns war schon wieder bedrohlich schwarz, die niedrig hängenden Wolken zogen rasch dahin, so daß man geneigt war, niederzuknien und um Gnade zu bitten.

Bei Veere fuhren wir in den Magdeburg-Kanal, der die Insel Walcheren in zwei Teile teilt. Ein weiterer Tag voll harter Arbeit ging zu Ende, und wir befanden uns nur noch sechs Meilen vor Flushing. Ein freundlicher alter Mann, der mir Brot, Eier und Salatköpfe verkaufte (wobei einer vom Wind ins Wasser geblasen wurde), hatte seltsame Ohrringe, die mich an unsere Appenzeller Bauern erinnerten, die weit weg vom Meer, lebten.

An den entlegenen Orten im Herzen Hollands hatten wir uns immer gesagt: «Wenn wir erst in Flushing sind ...» Endlich nun näherten wir uns dem schwer erkämpften Ziel, und am Abend lagen wir dort friedlich im Dockbecken vertäut, mit dem Gefühl, vom Ende der Welt gekommen zu sein. Der Schiffslieferant kletterte mit einem Elektriker an Bord, da unser Dynamo vor zwei Tagen ausgefallen war, so daß wir ohne elektrischen Strom auskommen mußten.

Ich zog meine lange Hose an und unternahm mit den Männern einen Landgang, was ich ihnen schon lange versprochen hatte. Yves, der froh war, daß wir uns Frankreich näherten, wurde redselig. Unser knappes Entkommen vor dem sicheren Untergang im Schlick erinnerte ihn an ein grausames Erlebnis. Er war auf der *Somme* gefahren, einem Dreimast-Gaffelschoner, der mit einer Ladung Kaolin Kurs auf Sevilla genommen hatte. Vor Ouessant war die Hölle los, und ein Sturm aus Südwest drehte nach Nordwest. Die Wucht der Böen war so stark, daß das Großsegel quer durchriß und über Bord ging. Sie verloren drei Wochen in Camaret zur Durchführung der notwendigen Reparaturen, dann nahmen sie erneut Kurs auf Spanien. Sie befanden sich in der Biscaya, als der Maat Yves bei der Wache ablöste. Das Wetter war gut, aber der Rumpf so alt und verwittert, wie Yves sagte, daß man in den Fugen zwischen den Planken hätte hinaufklettern können. Yves meldete dem Maat, daß die Pumpen in Ordnung und noch an der Maschine angeschlossen seien.

Zwei Stunden später weckte ihn der Maat und fragte, ob er wirklich richtig gepumpt habe, da immer noch Wasser hinausströme. Das war ärgerlich. Natürlich hatte das arme Schiff vor Ouessant heftige Erschütterungen erlebt, womit wohl zu erklären war, was nun geschah. Eine Lotung ergab vierzig Zentimeter Bilgenwasser. Alle Hände wurden an die zusätzlichen Pumpen gestellt. Der Wind füllte die Segel, und das Schiff fuhr stur geradeaus wie eine Fähre. Zwei Stunden später ergab die Lotung sechzig Zentimeter ... Da der Wind aus Westen kam, hätten sie Richtung Brest segeln können; aber nein, der Kapitän ließ weiterfahren, denn man habe schon genug Zeit und Geld verschwendet. Am nächsten Tag war das Wasser im Schiff auf fast einen Meter angestiegen, obwohl ununterbrochen gepumpt wurde. Die Entscheidung war klar: die offenen Boote wurden fertiggemacht. Aber man konnte die vollgesogene *Somme* nicht einfach verlassen, da sie, wenn sie im Wind zu liegen kam, ewig dahingetrieben wäre. Laut Gesetz hat ein Kapitän das Recht, sein Schiff zu versenken, wenn weniger als zwanzig Zentimeter Freibord verbleiben. Daher wurden die Falle gekappt, das Schiff wurde mit Paraffin übergossen, und man schlug mit einer Axt ein paar Löcher hinein, bevor man es anzündete. Knisternde Flammen stoben aus dem auflodernden Schiff. Es neigte sich immer mehr zur Seite und sackte noch weiter ab.

Plötzlich kenterte das Schiff, der Kiel tauchte auf, und es vollzog eine komplette Drehung, bis die Masten ein letztes Mal an die Oberfläche kamen. Dann brach das Heck entzwei, und dem Rumpf entstieg ein tosendes Pfeifen, als er sich wie von Zauberhand geführt mit hoher Geschwindigkeit auf die verschreckte Mannschaft zu bewegte. Eine Zeitlang ruderten sie wie wahnsinnig ... Dann sank das Schiff ...

Es war windstill, und sie befanden sich allein auf dem weiten Meer. Es dauerte drei lange Tage, bis ein holländisches Boot sie aufnahm, aber sie erfuhren, daß sie mit ihren Rettern bis Le Havre würden fahren müssen. Da kein anderes Schiff in Sicht war – obwohl sie über Funk gehört hatten, daß ein Zerstörer nach ihnen suchte –, beschlossen sie, daß sie sich allein auf den Weg machen würden, und erreichten schließlich auch die Küste.

Dieses unvergeßliche Ereignis lieferte Yves neuen Stoff für sein Seemannsgarn, das er an den Tischen der Cafés spinnen konnte!

Ärger in Ostende

In Flushing mußte Yves unser Großsegel nähen. Dazu wurde die gesamte Takelage niedergebracht, was von den Bewohnern des Ortes aufmerksam verfolgt wurde. Die *Volunteer* besaß zwar auch Seitenschwerter wie die hier liegenden Fischerboote, andererseits jedoch war ihre Takelage wenig bekannt – zumindest wenn man nach der Neugier urteilt, die sie hervorrief. Wir waren umgeben von plumpen Fischkuttern, die von vorn wie eine Reihe Kokosnüsse aussahen. Unsere Männer spannten eine Leine zwischen Stag und Mast, auf der sie ihre Wäsche trockneten, und unterhielten sich darüber, was sie tun würden, wenn sie in Frankreich ankämen.

Wir hatten den Auftrag, so schnell wie möglich nach Ostende zu kommen und dort auf den Colonel zu warten, der für ein paar Tage zu seinem Anwesen nach England zurückkehren mußte. Wir verließen Flushing, sobald der Mast wieder aufgerichtet war. Die Barge besaß nun fünf neue Flicken auf ihrem Großsegel. Von Deck aus konnte ich Zeebrügge nur erahnen, als wir mit Motorkraft über ein öliges Meer fuhren. Meine Gedanken wanderten zu den Seglern, die die berühmte Mole erstürmt hatten. Ich beneidete sie um die spannenden Augenblicke, die sie erlebt hatten, einig in dem gemeinsamen Willen, einen Sieg zu erringen, und in der Überzeugung, daß es sich lohnte, dafür zu kämpfen und zu sterben. Würde ich jemals in einer ähnlichen Situation dieselbe Begeisterung erleben?

Wir fuhren an vielen Trawlern aus Ostende vorbei, die geduldig ihrer Arbeit nachgingen, und trotz des üblen Geruchs und der Vibrationen unseres Motors herrschte ein Gefühl des Friedens in mir. Ich beschloß, mein Möglichstes zu tun, um den Männern in Ostende eine ruhige Zeit ohne widersprüchliche Anordnungen zu schenken. Gegen Mittag fuhren wir in die Schleuse ein; um 13 Uhr kamen wir in das erste *bassin*; um 14 Uhr öffnete sich die Brücke mit einem Schwung, und wir nahmen Kurs auf das zweite *bassin*. Ich dachte gerade: «Kaum ist der Colonel fort, benimmt sich die Maschine wie ein Engel», da setzte sie auch schon aus, und erst nach mühevollem Ziehen an

Leinen befanden wir uns sicher vertäut vor dem Hotel du Lion. Van versuchte, sich nützlich zu machen, aber ich mußte ihn einfach aufziehen, denn er erweckte immer den Eindruck, als fürchte er, seine Flanellhose zu beschmutzen – vor allen Dingen, wenn er Warpleinen einholen sollte, die in aller Regel mit einer Auswahl dessen behangen waren, was der Hafen an Abfällen zu bieten hatte.

Auf der anderen Seite des Dockbeckens standen die Schuppen einer Schiffswerft. Genau hier hatte die *Insoumise* viele Monate gelegen, während sie zu einer Yacht umgebaut wurde. Am Kai traf ich Peter Meier, der mit dem Admiral zusammengearbeitet hatte, und der seine Dienste wieder anbieten wollte, da er seinen jetzigen Boss nicht leiden konnte.

Ich wartete darauf, daß der Admiral sich melden würde. Sollte er immer noch nicht genügend Deckshände haben, könnte ich ihm eine Lösung anbieten. Yves und Van würden sicher beide gern helfen. Ich hatte mit Yves darüber gesprochen. Er war ein Mann, der das Meer kannte und bestrebt war, auf einem «richtigen» Schiff zu fahren. Er wollte sich der Mannschaft des Admirals gern anschließen. Ich beschrieb ihm haarklein die Schönheiten der *Insoumise*, die Pläne für ihren bevorstehenden Törn und die große Erfahrung ihres Eigners. Das alles klang für ihn so perfekt, daß er bereit war, nur eine niedrige Heuer zu fordern, nachdem er eingesehen hatte, daß Geld nicht in Mengen vorhanden war. Ich bereute es nicht, einen Mann aus der Mannschaft der *Volunteer* gekidnappt zu haben, da ich sicher war, daß Yves ohnehin das Schiff verlassen würde.

Auch mit Van besprach ich die Angelegenheit. Seine Zukunft war sehr ungewiß, und er wollte abwarten. Nachdem ich ihm die Schwierigkeiten des Admirals erklärt hatte, fügte ich hinzu: «Wenn du den Eindruck machst, als könntest du dich nützlich machen, werden sie dich vielleicht akzeptieren und dir die Chance geben, auf der *Insoumise* zu segeln. Und wenn du dich ein wenig an den Auslagen beteiligen kannst, bist du mehr als willkommen.» Van erwiderte, das sei eine ganz gute Idee, und ich war sehr zufrieden, wie ich dieses meisterhafte Arrangement geplant hatte. Van, der mehr Geld und mehr Kleidung brauchte, fuhr für ein oder zwei Tage nach Rotterdam zurück.

Ich hatte damit zu tun, Le Roux nach Hause zu schicken und

Die *Atalante* unter vollen Segeln

mich nach einem Koch umzusehen. Und ich öffnete ein Glückwunschtelegramm vom Colonel, der von unserer sicheren Ankunft in Ostende erfahren hatte, da Van ihm eines seiner Gedichte geschickt hatte. Alles war bestens, und in zwei Tagen würde auf meinem Schiff vollkommene Ordnung herrschen.

Jedoch ...

Ich war in meiner Kabine an jenem Abend, als ich hörte, wie jemand mit einem Stock auf das Deck klopfte. Ich sprang hinaus und sah zwei sehr ernst dreinschauende Männer. Einer von beiden war der Hafenmeister, der andere ein Onkel von Reens, unserem Schiffslieferanten in Rotterdam. Nachdem wir im Salon Platz genommen hatten, bereiteten sie mich sehr freundlich darauf vor, daß sie schlechte Nachrichten hätten. Der Scheck, mit dem der Colonel in Rotterdam alle von uns in Holland verursachten Kosten beglichen hatte, war an diesem Morgen in London zurückgewiesen worden. Reens Onkel war in Vertretung der Interessen seines Neffen eigens aus Brüssel angereist. Und man wollte die *Volunteer* am Mittag des nächsten Tages pfänden ...

Ich lächelte und sagte, das sei schlicht unmöglich. Ich wolle umgehend mit dem Eigner Kontakt aufnehmen. Ich lenkte das Gespräch auf die *Insoumise*, und umgehend spendeten die beiden Herren dem Admiral uneingeschränktes Lob. Er sei ein Mann, wie man sie heutzutage nur noch selten antreffe. Der Hafenmeister berichtete, er habe ihm geholfen, die *Insoumise* für den unglaublich niedrigen Betrag von vierhundert Pfund zu kaufen.

Sobald sie von Bord gegangen waren, besprach ich die Angelegenheit mit Baranger. Wir konnten nicht glauben, daß uns der Colonel in einer solch mißlichen Lage im Stich lassen würde. Es sah so aus, als versuchte jemand, uns zu übertölpeln, und wir hatten das Gefühl, daß Schiffslieferanten zu schlau für uns waren. Die *Volunteer* konnte nicht fliehen wie die *Amenartas*: wir konnten nur abwarten, bis der Colonel zurückkehrte. Er konnte die Barge schnell an Baranger verkaufen, so daß sie nicht konfisziert werden konnte.

Am darauffolgenden Tag erschien der Hafenmeister mit seinen offiziellen Papieren. Ich versuchte, ihn abzulenken, aber alles schien hoffnungslos ... Dann schneite Onkel Reens herein, mit einer Nelke im Knopfloch. Er hatte gerade einen Brief erhalten, in dem es hieß, daß der Colonel selbst seinen Scheck storniert hatte! Seine Agenten in London hatten ihm gesagt, es sei nicht seine Aufgabe, die von uns beschädigte Brücke zu bezahlen, und sein Brief enthielt einen neuen Scheck, der lediglich die Kosten für die Instandsetzung der Barge beglich.

Diese Episode war noch nicht ganz beendet, als meine Mannschaft auch schon außer Kontrolle geriet. Da ich einen richtigen Koch gefunden hatte, der meinen Platz unter Deck einnehmen sollte, war Le Roux entlassen worden. Er hatte bekommen, was ihm zustand, maulte aber immer noch herum und bat um Kleidergeld, wovon ich nichts wußte. Baranger, der fröhliche Zecher, war *en bombe* und die meiste Zeit an Land. Schlimmer noch, eines Morgens um 1 Uhr brachte er seine *bonne amie* sogar mit an Bord. Yves, der nüchtern zu Bett gegangen war, wachte wütend auf und beschimpfte seinen Kapitän. Ich lag in meiner Koje und mußte alles mit anhören, mochte mich aber mit einem Betrunkenen nicht anlegen. Beinahe hätte ich auf der Stelle ablegen lassen, ohne auf den Colonel zu warten. Am Morgen ging Baranger auf Yves los, um sein Ansehen wiederherzustellen. Der arme Yves mit den schwarz Augen! Als hätte er nicht schon genug Sorgen! In einem Brief aus der Heimat war ihm mitgeteilt worden, daß seine Frau nicht länger bei einer Freundin wohnen wolle. Nun wußte er nicht, wo sie steckte. Yves wollte kündigen, er war es so leid. Nicht nur die Barge war schlecht, nun stellte sich auch noch heraus, daß «mein Kapitän auch nicht besser ist als ich ...» sagte er.

Den größten Teil des Ärgers hatte der üble Le Roux gesät, der die gesamte Mannschaft mit sich nach Frankreich nehmen wollte. Und die Geschichte, die er verbreitet hatte, war einfach albern. «Wenn ihr wieder in Calais seid», hatte er den anderen gesagt, «werdet ihr alle den Laufpaß kriegen. Der Colonel haßt euch. Ihr könnt genausogut jetzt schon mit mir kommen. Van ist von Baranger in Rotterdam herumgeschubst worden; er hat sich beim Colonel beschwert und gesagt, Baranger sei ein mieser Franzose ... Ja, ich habe es mit eigenen Ohren gehört, als er das sagte.»

Yves verlangte seinen Lohn, damit Le Roux das Geld seiner Frau geben konnte, wenn er sie in Le Havre gefunden hätte.

Aber ich konnte nicht mehr tun, als den Entlassenen auszuzahlen. Ich selbst hatte noch keinen «Heller» gesehen, und Baranger lieh uns das Geld für die Verpflegung der Mannschaft bis zur Rückkehr des Colonels. Trotz meiner Beteuerungen fürchteten die Männer um ihre Heuer. Dann entdeckte ich, daß mein Koch gerade eine dreimonatige Haftstrafe in Brügge hinter sich hatte! Ich telegraphierte nach London an den alten Revell, den plattfüßigen Steward von vor drei Jahren.

Endlich kam der Colonel. «Ja, ja», sagte er, «ich habe Geld. Es wird morgen ankommen, seien Sie nicht so ungeduldig.» Aber Yves war dadurch nicht besänftigt. Er fuhr fort, zu drohen und zu betteln und beschrieb, wie seine Frau in Le Havre Hunger leiden mußte ... Der Schwall französischer Worte war für den Colonel so schwer zu ertragen, daß er sich kaum an Bord seiner Bargen-Yacht wagte. Wir sahen ihn dann auf der anderen Seite des Hafenbeckens herumlungern. Wenn er versuchte zurückzukehren, schlich er den Niedergang so leise wie möglich hinunter und versicherte sich, daß die Tür nach vorn gut verschlossen war. Das war recht lustig, denn er kam immer mit einem kräftigen Aufstampfen unten an ...

Herzhaft lachte ich über die Verse, die Van seinem «Gedicht» hinzugefügt hatte:

DIE VOLUNTEER

Nun drängt es mich so recht mit Macht,
zu schreiben ein paar Zeilen
über die Sauf-Mannschaft und Yacht,
die in Ostend' verweilen.

Oh Volunteer, sei uns gegrüßt,
du Unikum von Yacht,
ich überlege hin und her,
wer dich so weit gebracht.

Das Schiff ist verrückt, der Eigner verlacht,
die Mannschaft liebt das Trinken,
doch hat sie es noch nicht fertiggebracht,
im Meere zu versinken.

Ebenso lang saß sie auf Grund,
wie auf dem Wasser sie schwamm.
In Belgien und Holland, in jedem Sund,
fand sie überall eine Bank.

Das Deck ist blau, das Schanzkleid rot,
Hellgelb fürs Schandeck schließt den Reigen.
Der Eigner ist ein Idiot,
wie allein schon diese Farben zeigen.

Die Takelung schlägt aus der Art.
Nicht Ketsch noch Yawl ist anzunehmen.
Noch ein Törn, noch eine Fahrt,
und kein Rigg ist mehr zu sehen.

Sie wurde bestens renoviert,
ein Motor eingebaut,
der läuft jedoch nicht wie geschmiert.
Er stinkt und ist sehr laut.

Prachtvoll gleitet sie übers Meer
und seine hohen Brecher.
Die Mannschaft hat meist «einen im Tee»,
und das Großsegel viele Löcher.

In einem jeden Hafen
hab' ich die leidige Pflicht,
die Betrunkenen zum Schlafen
auszuzieh'n, das mag ich nicht.

Gibt man den Leuten 'nen Befehl –
sie wollen davon nichts wissen.
Sie sagen dir ins Gesicht ohn' Hehl,
daß sie die Segel anders hissen.

Eine verrottete Crew (doch man beschließt,
das verrottete Boot ist schlimmer);
immerhin, gibt der ganze Rott
den Stoff mir für total verrottete Verse!

Aber die Sache mit unseren Männern war schon zu weit gediehen. Sie baten immer noch darum, so schnell wie möglich nach Hause zurückkehren zu können, obwohl die Yachtsaison bereits begonnen hatte und es ihnen schwer fallen dürfte, Arbeit zu finden. Sobald der Eigner also sein Geld beisammen hatte, wurden die Rechnungen beglichen. Es war nicht leicht: Baranger forderte eine Abfindung für einen Monat, aber da sein Vertrag in Le Havre lag, wußte ich nicht, auf wessen Seite ich mich stellen sollte. Die dreihundertundzwanzig Franc, die Yves zustanden, sollten ihm in Le Havre ausgezahlt werden, sobald er die Kleidung, die er trug, unserem Schiffshändler übergeben hatte.

Baranger behauptete, er habe seinen eigenen Anzug dabei und würde seine Ausrüstung an Bord lassen . . . Leider hielt er sein Wort nicht und zog mit den Sachen von dannen. Wütend schleppte der Colonel mich mit zur Polizei, wo er mich als Dolmetscherin brauchte. Ich ging nur widerwillig mit, da da es meiner Ansicht nach nutzlos war, und ich wollte in Ostende nicht noch mehr Staub aufwirbeln, denn die *Volunteer* hatte allemal genug Gesprächsstoff geliefert.

Was für eine Woche!

Insoumise

In seinem Telegramm mit bezahlter Rückantwort fragte der Admiral mich: «Können Sie unverzüglich an einem Törn nach Plymouth und Spanien teilnehmen?»

Der Colonel wußte von meiner bevorstehenden Abreise. Er hatte einen belgischen Kapitän gefunden, der einen Kumpel für die Arbeit an Bord mitbrachte, und sie waren sogar noch billiger als die Franzosen.

Van war wieder da. Sofort machten wir uns auf den Weg nach Paris, Le Havre und Deauville. Ich hatte dem Admiral geschrieben: « . . . Wenn es Ihnen nichts ausmacht, bringe ich Van mit, daß Sie ihn kennenlernen können. Aber wenn ich ihn einmal vorgestellt habe, übernehme ich keine Verantwortung mehr für ihn, falls er später eine Enttäuschung sein sollte.» Ich war neugierig zu erfahren, was geschehen würde. Zum einen hatte ich Van von der wunderbaren Diana erzählt und ihn davor gewarnt, daß er sich Hals über Kopf in sie verlieben würde. «Nicht, solange du an Bord bist», hatte er geantwortet; und an diesem Tag hatte er mir vom Markt ein Geschenk mitgebracht, zu dem er folgende Zeilen geschrieben hatte:

Einen Spielzeugseemann und ein (ruckendes) Spielzeugboot überreiche ich hiermit Ella Maillart, einer Yachtfrau ohnegleichen.

Oh Ella, Liebes, du bist, ich seh's,
so traurig und verstockt.
Erfreuen soll dich, bitte versteh's,
der Seemann hier, der bockt.

Du bist nicht schick, du bist nicht schniek
wie alle anderen Damen;
deine Kurve ist der Spriet,
du brauchst das Meer als Rahmen . . .

Gern schenkt' ich dir glitzernde Ringe,
in Ascot zieht man sie oft an,
doch weiß ich, du magst lieber Dinge
wie dieses Maskottchen, den Seemann.

Als wir Deauville erreichten, ließ ich Van im «Hotel de la Plage» zurück. Dann ging ich endlich im Sonnenschein am Kai entlang und rief: «*Insoumise*, ahoi!» Der Admiral schoß an Deck und raunte mir schnell zu, während er meinen Koffer nahm: «Was auch kommt, sagen Sie nur, Sie können kochen.» Im Salon, der wie immer schön anzusehen war, hatte man gerade den Tee eingenommen. Zwei Männer, die mir alt erschienen, starrten mich griesgrämig an, als ich ein paar unselige Begebenheiten auf der *Volunteer* zum besten gab. Sie waren Freunde und zahlende Gäste des Admirals. Einer von ihnen war ganz nett – wenn man erkannte, daß er sehr taub war. Ich will ihn T. nennen. Der andere, ein pensionierter Kapitän der Marine, war recht grimmig – also nennen wir ihn G.

«Wo ist Ihr Freund?» fragte man mich als erstes. – «Ich bat ihn, ins Hotel zu gehen, falls Sie ihn nicht brauchten . . .» – «Können Sie kochen?» – «Ja, natürlich. Seit Rotterdam habe ich nichts anderes gemacht.» Nach diesem kurzen Schlagabtausch gingen G. und T. an Land, um Golf zu spielen.

Endlich konnten wir reden.

Zur Vervollständigung seiner Mannschaft hatte der Admiral meinem alten Freund Guénnec geschrieben, mit dem ich einmal auf der *La Françoise* von La Trinité nach Jersey gesegelt war. Dann hatte er die beiden zahlenden Gäste ausgegraben, die beide begierig waren, an einer – wie sie meinten – Junggesellenpartie teilzunehmen. G. war ein Frauenverächter. Keiner von beiden hatte etwas von Diana gewußt, bevor sie sie an Bord kennenlernten. Als sie Diana schließlich fragten, wie lange sie bleiben wolle, ließ sie ihren Charme spielen. Ihre Anwesenheit an Bord war ein *fait accompli* und durch nichts umzustoßen. «Und jetzt», sagte ich dem Admiral, «wollen Sie, daß ich denselben Trick anwende: ganz unerwartet den guten Willen Ihrer Busenfreunde zu gewinnen?»

«Nein, so würde es nicht gehen. Ich hätte es niemals gewagt, Ihr Kommen zu erwähnen. Aber ich suchte einen Koch, als ich

Ihren Brief erhielt, in dem Sie schrieben, daß Sie auf der *Volunteer* mit der Bratpfanne spielten. Ich sagte meinen Freunden, ich hätte einen Geistesblitz gehabt und Sie seien genau die Richtige für uns. Ich gab vor, Sie hätten angefragt: ‹Kann ich Diana irgendwie helfen?› Dann erwähnte ich den Freund, den Sie als Deckshand vorschlugen. Den beiden gefiel dieser Gedanke überhaupt nicht. Und als Sie allein am Kai auftauchten, freuten sie sich sehr und glaubten, Van sei nicht mitgekommen.»

Der Kern der ganzen Sache war, daß ‹sie› auf ihrer Reise keinen jungen Mann bei sich haben wollten. Aber Van konnte bis Plymouth mit uns fahren, wo wir eine andere Deckshand aufnehmen würden.

Guénnec sollte Van holen.

Als ich in der Damenkabine, die ich mit Diana teilen sollte, meine Sachen auspackte, kehrte sie von einem Spaziergang zurück. Freudestrahlend blickte ich ihr entgegen. Sie war jünger als ich, aber mich hatte immer schon die Ruhe beeindruckt, die ihre glatte Stirn ausstrahlte. Sie hatte ein zartes Kinn, Pfirsichwangen und dunkelblaue Augen unter weit auseinanderliegenden Augenbrauen. Mit ihrem Pagenkopf und ihrer Stupsnase sah sie ausgesprochen attraktiv aus.

Die weißen Schotten unserer Kabine waren mit Fotos und Ausschnitten aus Modezeitschriften geschmückt. Viele Bücher auf den Regalen hinter unseren Kojen, Kissen auf den Bänken und ein wunderschönes Modell von einem voll aufgetakelten Segelschiff verliehen der Kabine ihre Gemütlichkeit. Ich glaube, Diana freute sich, mich zu sehen, denn es hätte ihr nicht sehr viel Spaß gemacht, die ganze Zeit mit älteren Herren zusammen zu sein. Sie sagte mir sofort, daß ‹sie› ein Ärgernis seien, da sie sich ständig beklagten.

Diana ist der reservierteste Mensch, dem ich je begegnet bin. Ich vermute, sie hat eine sehr einsame Jugend verlebt, da ihre Mutter sich immer im Ausland aufhielt und ihr Vater nur in längeren Abständen zu Hause war. Ganz gleich, ob sie froh war oder ob es ihr schlecht ging – nie verlor sie ihre natürliche Würde. Zunächst hatte ich den Eindruck, sie sei nicht gerade sehr helle, bis mir ihre scharfsinnige Bemerkungen über ihren Vater oder G. und T. zeigten, wie gut sie beobachten konnte und wie wenig ihr entging. Viel später mußte sie, während des Spanischen Bürgerkrieges, nachdem ihr Mann an ihrer Seite getötet worden war, mit zwei kleinen Kindern von Talavera de la Reina fliehen, und ich kann mir gut vorstellen, wie selbstbeherrscht sie durch diese Tragödie ging, ohne ihre Schönheit oder Haltung auch nur im geringsten einzubüßen.

Da nicht genug Essen an Bord war, aßen wir alle an Land in einem Café ganz in der Nähe; und wenn es je eine kuriose Versammlung gegeben hat, dann war es diese.

Nach der hellen Ölfarbe, mit der die *Volunteer* gestrichen war, genoß ich das saubere, weiß geschrubbte Deck unserer Ketsch und ihr Deckshaus. Dort konnte man windgeschützt die Yachten im Hafen beobachten oder den Bemerkungen von Zuschauern auf dem Kai lauschen, die nicht damit rechneten, daß man sie hörte.

Diana und ich teilten uns die Routinearbeiten genauso ein wie in Southwick. Am Morgen ging Mann, der Bootsmann, in die Kombüse und zündete das Kohlenfeuer im Herd an. Während Diana den Tisch deckte, kochte ich das Frühstück. Nach dem Frühstück bekamen die Männer ihr Rasierwasser, das Grammophon wurde in Gang gesetzt und spielte uns zum Abwasch auf, zum Säubern des Salon, zum ‹Richten› der Kabinen, wobei wir flink Bettlaken und Waschtische in Ordnung brachten. Wir versuchten, Van mit einzubeziehen, aber meistens wechselte er die Platten oder sang und trocknete nur hin und wieder einen oder zwei Teller ab. So konnte man die recht ermüdende Hausarbeit, die an jedem Tag verrichtet werden mußte, einigermaßen aushalten. Während wir uns landfein machten, besprachen wir, was um alles in der Welt wir ‹denen› zu Mittag und am Abend vorsetzen könnten. Di kaufte die Zutaten, die ich später kochen sollte. Jeden Tag mußte sie die Rechnungen G. vorlegen, denn er war der Meinung, daß wir sonst die Nahrungsmittel eher verschwenden würden. Und Diana mußte ihm erklären, was mit dem letzten Kotelett geschehen war oder dem Knochen der Hammelkeule.

G. war Junggeselle und sehr reizbar. Wir drei machten uns ein Spielchen daraus: wer würde ihn zuerst zum Lachen bringen ...? Er war verantwortlich für die Lebensmittelversorgung und sah in Van und mir zwei überflüssige Mäuler, die es zu stopfen galt. Ich hoffte, mich an Deck unentbehrlich zu machen, aber

G. glaubte nicht, daß eine gemischte Mannschaft etwas taugte. Der Admiral hingegen hatte mit den unbedeutenden Kleinigkeiten der Haushaltsorganisation überhaupt nichts zu tun. Als wir uns an ihn wandten und ihm sagten, daß G. unerträglich sei, erwiderte er schlicht: «Es liegt an euch. Wenn ihr nicht so albern wärt und wüßtet, wie man ihn behandeln muß, könntet ihr ihn um den kleinen Finger wickeln.»

Der Admiral versprach mir, er wolle, sobald wir Gibraltar erreicht hätten, einen Malteser als Koch suchen. Er wußte, daß ich mich nicht unter Deck aufhalten konnte, ohne seekrank zu werden, obwohl ich ihm versprochen hatte, mein Bestes zu versuchen. ‹Sie› hatten immerhin beschlossen, daß ich einen geringen Lohn erhalten sollte, so daß ich beim Schälen der Kartoffeln und Zwiebeln nicht zu sehr vor mich hin schimpfen mußte . . . Auf jeden Fall war es gut, wenn wir die Säulen des Herakles so schnell wie möglich erreichten, damit wir dieses vorübergehende Arrangement vergessen konnten.

Bevor wir in Deauville ablegten, begab ich mich in das Bureau de la Marine, in dem die Papiere Guénnecs in Ordnung gebracht werden mußten, bevor er ins Ausland reisen konnte. Alles hing von dem Herrn Oberverwalter ab, der abwesend war . . . in Caen. Zum Glück konnte man die komplizierte Angelegenheit am Telefon mit ihm klären.

Der Admiral veranstaltete eine Abschiedsparty für die Freunde, die er in Deauville kennengelernt hatte. Und endlich schleppte uns eine Barkasse hinaus, an den Wellenbrechern vorbei, die ich bereits vom Deck der *Volunteer* aus gesehen hatte . . . Die *Insoumise* besaß zwar einen Hilfsmotor, aber zum Glück hatte der Admiral nicht viel dafür übrig und nahm ihn nur selten in Betrieb.

Das war ein anderes Segeln, verglichen mit den Possen der Barge! Mann wußte, was der Admiral mit seinen lässigen Zeichen meinte, und so wurden die Segel auf der richtigen Bordseite gesetzt, das Schleppseil an Bord geholt, das Stagsegel lang genug backgehalten, um uns auf den richtigen Bug zu bringen. Wir segelten hart am Wind, der direkt aus Richtung Plymouth kam, unserem Ziel. Neu für mich war das ziemlich hohe Schanzkleid, das uns vom Meer trennte; wenn man an Deck saß und sich gegen das Deckshaus lehnte, konnte man nur den Himmel und die grauen Segel sehen. Das Deck der *Volunteer* war auf gleicher Ebene mit dem dahinschießenden, schäumenden Wasser gewesen, sobald das Schiff in einer steifen Brise überholte. Auf dieser Ketsch fühlte man sich wie in einer Burg, die Sicherheit vor der See bietet.

Ganz unterschiedlich war auch das Verhalten der beiden Schiffe im Wasser. Ich will damit nicht behaupten, daß die alte Barge nicht auch ihren Reiz hatte, wenn sie auf einer ruhigen Wasserfläche dahinflog; aber in schwerer See war sie nichts als ein Brocken, der von den launischen Wellen hin- und hergeworfen wurde. Demgegenüber fuhr die *Insoumise* mit dem tiefen Kiel und dem abgerundeten Rumpf glatt durch das Meer, und das Wasser umgab ihre Formen in einer schmeichelnden, gleitenden Bewegung.

Zum Mittagessen hatte ich Fleisch mit Kohl zubereitet. Di und ich rührten es nicht an, obwohl es sehr appetitlich aussah – die lange Dünung machte uns zu schaffen. Van, der Hunger hatte, ging tapfer unter Deck, um noch mehr zu essen . . . aber nur, um ein paar Minuten später wieder an Deck zu kommen und uns mitzuteilen, er wisse jetzt, wie wir uns fühlten.

Diejenigen, die eine Nachtwache halten mußten, legten eine nachmittägliche Ruhepause ein. Ich blieb an Deck. Die Wolken, die den Himmel bedeckten, sahen aus wie Baumwolle, und der Westwind sorgte für eine eintönige Meeresbewegung. Die *Insoumise* sollte einen einzigen langen Schlag segeln, bis England in Sicht kam. Aber mir war es nicht gestattet, an der Segelarbeit teilzunehmen. Zum ersten Mal auf einem Segelboot ging ich nicht Ruderwache. Ich war die Köchin. Ich konnte die ganze Nacht über schlafen.

Die Dünung wurde höher, das Boot wurde für längere Zeit angehoben, bevor es einen Wasserberg hinunterglitt. Am nächsten Morgen blieb Di im Bett, da sie nicht benötigt wurde. Ich brachte es gerade noch fertig, meine Arbeit zu erledigen, und band den Teetopf an die eiserne Schlingerleiste, die den Herd umgab.

An Deck bot sich mir ein finsteres Schauspiel. Noch immer blies der Westwind mit unverminderter Stärke; dasselbe unaufhörliche, tiefe, betäubende Brausen von Wind und Wasser klang uns in den Ohren. Ein paar Frachter, die kanalaufwärts fuhren, folgten ihrer Rauchfahne, und manchmal sah es so aus, als würden sie darüber stolpern und stürzen. Ich löste Guénnec für eine Zeitlang am Ruder ab. An Steuerbord, unserer Leeseite, war das Meer beinahe flach und mit Schaum bedeckt. Unser Bug hatte so viel damit zu tun, die Wogen hinauf- und hinunterzusteigen, daß wir kaum voranzukommen schienen. Ich atmete tief durch und fühlte mich großartig, ich genoß das Leben des guten Bootes mit seinen straff gespannten Schoten. Wie gern wollte ich an Deck arbeiten, mußte aber zu meinen Töpfen und Pfannen zurückkehren.

Ich tischte ‹ihnen› Schweinefleisch mit Bohnen auf, während Van und ich versuchten, Schiffszwieback zu mümmeln. Bei der Krängung des Bootes war es fast unmöglich, auf den Stühlen im Speiseraum zu sitzen, so daß ‹sie› ihre Teller mit an Deck nahmen und dort aßen.

Land kam in Sicht – ein dunkler Fleck, von dem sich herausstellte, daß es Owers war, wie der Admiral vorausgesagt hatte. Wir waren noch nicht weit nach Westen vorangekommen. Bei dem starken Gegenwind würde es eine Ewigkeit dauern, bis wir Plymouth erreichten. Die Sicht verschlechterte sich. Das Weiß des Wolkenbaldachins verwandelte sich in ein häßliches Blaugrau, das über dem grünen Meer gespenstisch aussah.

«Es sieht aus wie eine Reissuppe, rückwärts gegessen», stellte Guénnec fest und blickte luvwärts. Obwohl die Szenerie ein großartiges Schauspiel versprach, warf ich neidvolle Blicke auf den Unterschlupf von Spithead. Unser Boot begann, auf den Wellen zu tanzen.

Als wir klar machten zur Wende, um auf die offene See hinauszusegeln, sprangen Van und ich unter Deck: wegen der Krängung des Bootes hatten wir das Geschirr vom Mittagessen auf der Leebank gelassen. Jetzt drehten wir den großen Tisch mit der Tischfläche auf den Boden und stapelten das Geschirr zwischen den Tischbeinen auf. Wir waren bereit zu wenden, sobald die Wellen uns eine Chance ließen.

Aber wir schafften es nicht, herumzukommen, da wir vergessen hatten, den Achterholer des Besanbaumes auf der Leeseite zu lösen. Es war höchste Zeit, unser Toppsegel herunterzuholen, und um das zu schaffen, mußten wir uns alle daranhängen und fest ziehen – außer G., der am Ruder stand.

In der Nacht wurde der ‹Tanz› unseres Schiffes wilder: ein richtiges Sauwetter tobte da draußen. Wir hörten, wie es furchtbar über unsere gut zugeschraubten Deckslichter heulte und brauste.

An unserem dritten Tag auf See wachte ich im Morgengrauen auf und hörte ein entsetzliches Klatschen an Deck: es hörte sich an wie viele kleine Detonationen. Ich vergaß, daß mir in der stickigen Kabine schlecht gewesen war, erklomm, angetrieben durch eine ängstliche Neugier, mit weichen Knien die Stufen und kam an Deck mitten hinein in einen wilden, wütenden Morgen.

Der Admiral stand ruhig und fest am Ruder, gut eingehüllt in einen dunklen Mantel. Seine Augen leuchteten in seinem grauen Gesicht blauer denn je. Vorn wurde der Klüver längsseits durch die Wellen gezogen. Da er sich voll Wasser gesogen hatte, wirkte er wie ein Seeanker, so daß wir kaum Fahrt machten. In jeder Welle schlugen das Schothorn und der Block der Klüverfallen wie ein Hammer gegen den Rumpf. Mann und Guénnec hatten es geschafft, ein Seil um die aufgebauschte Leinwand zu legen, mit dem sie das Segel langsam einholten, wobei sie versuchten, das Wasser herauszudrücken. Da riß das Seil. Ich kam ihnen zu Hilfe, und wir zurrten den Klüver mit Hilfe nebeneinanderliegender Schlingen fest an den Bug. Unter Aufbietung all unserer Kräfte wurden wir ganz allmählich mit der schweren Leinwand fertig. Nach jedem Überholen hatte die *Insoumise* sich wieder aufgerichtet und den größten Teil des Segels, das jeden Moment unter der großen Belastung hätte abreißen können, aus dem Meer gehoben. Ich erfuhr, daß das Liektau des Klüvers sich plötzlich gelöst hatte und es unmöglich gewesen war, das Segel vernünftig einzuholen. Sobald wir nach achtern kamen, ordnete der Admiral an, den Besan niederzuholen, um das Boot auszubalancieren. G. und T. waren aufgetaucht, um zu helfen, aber von Van war nichts zu sehen. Ich hatte keine Angst, denn sowohl die Ketsch als auch der Skipper waren ein Bild der Standhaftigkeit.

Diese Orgie der Elemente war ein Hochgenuß. Dennoch war ich fix und fertig und wollte nur noch in meine Koje. Ich nahm all meinen Mut zusammen und holte ein wenig Milch für mich und unsere Katze, die die ganze Nacht hinter meinem Kissen zusammengerollt gelegen hatte. Der Admiral hatte die unbefestigten Möbelstücke alle auf dem Boden des Salons aufgestapelt. Eine letzte Anstrengung war nötig, um ein Kissen unter meiner Matratze zu verkeilen, die daraufhin so unbequem war wie ein sich neigender Klippenpfad. Ich legte mich hin und rührte mich für die nächsten vierundzwanzig Stunden nicht mehr. Der Bootsmann würde sich um unsere Männer kümmern; zumindest standen ihnen Brot und Butter im Deckshaus zur Verfügung.

In der Mitte des Kanals irrten wir umher und hatten die Hoffnung aufgegeben, bei diesem tosenden Weststurm voranzukommen. Di stand nur einmal auf, weil sie die Milch nicht vertragen hatte, die ich ihr gegeben hatte. Was würde geschehen, wenn ich meine «Seebeine» nicht bekäme? Würden sie mich als ‹ungenügend› einstufen und in Vigo oder Lissabon an Land setzen? Solange ich mich hinlegen konnte, ging es mir nicht schlecht, ich war lediglich schwach. Und Diana erging es genauso: wir konnten uns noch anlächeln.

An unserem vierten Tag beruhigten sich Wind und Wasser, und die Needles kamen in Sicht. Der Admiral wachte auf der Bank am Deckshaus auf, wo er mit offenem Mund geschnarcht hatte. Er war das Rollen und Stampfen leid und nahm Kurs auf den Solent. Die Lotsenflagge wurde gehißt. Inzwischen war der Wind – es war wie verhext – so schwach, daß das Lotsenboot uns in das wunderschöne Yarmouth schleppen mußte. Di und Van erwachten wieder zum Leben, das Chaos unter Deck wurde aufgeräumt, und als der Anker gesetzt wurde, war ein umfangreiches Mittagessen fertig.

Schließlich konnten wir alle über die Ereignisse während unserer Überfahrt lachen. Die Katze genoß einen Rundgang über das hölzerne Deck auf ihren weichen rosa Pfoten, die nie Erde berührt hatten. Und am Nachmittag hätte die *Insoumise* die Yacht der Siebenschläfer sein können; sie war, bis auf einen Schnarcher dann und wann, wie ausgestorben.

Von Yarmouth aus schrieben wir Yves und baten ihn, sich uns in Plymouth anzuschließen, falls er noch ohne Arbeit war, nachdem er die *Volunteer* in Ostende verlassen hatte.

Am nächsten Tag arbeiteten wir alle zu den Klängen des Grammophons wie die Sklaven, um die Kabinen zu säubern.

Ein Mechaniker brachte unseren Kelvin-Motor in Ordnung. Ganz in unserer Nähe ruhte eine dicke Themse-Barge auf dem Wasser, die ähnlich aussah wie die *Volunteer*. Und wieder wurde mir klar, daß mir die alte Barge trotz all meiner Beschwerden ans Herz gewachsen war.

An dem Tag, an dem wir Richtung Plymouth in See stachen, war das Wetter ausgezeichnet. Mit Hilfe der Motorwinde holten wir unsere vier Längen Ankerkette leicht an Bord. Das Leben war so herrlich, daß wir alle in Badeanzügen herumliefen – sogar unsere beiden alten Freunde – und uns mit ganzen Eimerladungen voll Seewasser überschütteten.

Anvil Point passierten wir mit Motorkraft. Lyme Bay überquerten wir in der Nacht. Ein Kliff kam in Sicht ... Brixham-Trawler mit braunen Segeln ... Start Point ... Skerries Bank ... ‹Les peuples heureux n›ont pas d'histoire!': auch glücklichen Passagieren schlägt keine Stunde! Van, der bereits dem Zauber Dianas erlegen war, mochte gar nicht daran denken, daß wir ihn in Plymouth an Land setzen würden. Daher machte er das Angebot, er könne das Gehalt für Yves übernehmen. Der Vorschlag wurde vom Rat des Schiffes angenommen. Die beiden Mädchen der *Insoumise* würden ihren ‹Kavalier zu Diensten› in den kommenden Wochen behalten.

Im Hafen von Plymouth segelten wir geradewegs das Cattewater hinauf, um in der Nähe des Barbican-Kais vor Anker zu gehen, von dem schon so manches Schiff abgelegt hat, um den Lauf der Welt zu verändern. Der ganze Ort war bildschön anzusehen mit den verschiedenen Schiffen und den alten, dunklen Häusern, die am Ufer eng zusammenstanden. Ein altersschwach wirkendes Hotel hieß immer noch «Mayflower».

Neben uns waren zwei wunderschöne Yachten vertäut, der Schoner *Semiramis* und die Yawl *Lady Beatrice*. Während ich Van beibrachte, wie man über das Heck des Dingis wriggt, bewunderte ich ihre weißschimmernden Rümpfe, ihre blitzenden Messingarbeiten ... Aber meine Aufmerksamkeit wurde erregt durch die gelbe Quarantänefahne, die über einem winzigen, schäbigen Schiff flatterte, das auf Reede lag. Welch ein Kontrast zwischen diesen Luxusyachten und dem kleinen, von Seepocken übersäten Rumpf, der unter amerikanischer Flagge fuhr. Das Schiffchen war keine Schönheit, aber jeder abgenutz-

Die gestrandete *Volunteer*

Wir überqueren den Ärmelkanal

ten Planke entströmte Romantik: ich war sicher, daß dieses Boot den Atlantik überquert hatte.

Sam, der alte Bootsführer, der uns Brot und Milch brachte, wußte etwas über sie zu berichten. «Da ist nur ein Mann an Bord. Er ist alt und gehbehindert. Er hat das Boot selbst gebaut.»

Voller Ehrfurcht näherten wir uns dem Boot. Es war die *Pilgrim* aus Seattle, in Klinkerbauart mit einem V-förmigen Rumpf. Die rostigen Wanten hingen lose; der aufgetoppte Bugspriet war aus einem Stück unbearbeiteten Holzes; vom Dach war die Farbe abgeblättert. Ich hatte so etwas noch nie gesehen . . . Die beiden großen Anker waren über den Klüsen verstaut wie bei einem Linienschiff. Nach achtern schloß ein Kanuheck die durchaus gute Linienführung ab, aber das hoch aufragende Kabinendach verbarg und zerstörte den Anblick.

Der Eigner grüßte uns von der Plicht aus. Er hatte seine Mütze in den Nacken geschoben, so daß eine gefurchte Stirn zutage kam; mit seinen freundlichen, faltigen Augen, seiner kurzen, runden Nase und seinem Schnurrbart, der ihm über den großen Mund hing, erinnerte er mich an Gorki. Er war klein, dieser einsame Meeresvagabund. Er humpelte hin und her, als er uns zeigte, wie er sein Grundgeschirr von der Plicht aus bediente. Offensichtlich war er nach den fünfundfünfzig Tagen auf See bei guter Gesundheit. Er war von South Carolina aus ohne Unterbrechung gesegelt und hatte zwischen den Bermudas und dem Kanal lediglich fünf Schiffe gesehen. Vor den Azoren hatte er vier Tage beigedreht gelegen und furchtbare Stürme erlebt; aber er hatte nie seine Nachtruhe opfern müssen; er hatte in der Hauptsache von Kartoffeln und Schinken gelebt und sich immer froh wie eine Lerche gefühlt.

Sein erstes kleines Boot war auf einem Korallenriff in Westindien zerschellt. Er hatte die *Pilgrim* nach demselben Muster gebaut: dem eines norwegischen Lotsenbootes. Mit ihren knapp zwölf Metern zwischen Vor- und Achtersteven war sie länger als die *Firecrest* Gerbaults, aber sie hatte nur eine Tonnage von acht Tonnen, weil ihr Tiefgang nicht mehr als drei Fuß betrug, wenn ich mich recht erinnere.

Er zeigte uns seinen kleinen Hilfsmotor, der völlig mit rotem Rost überzogen war. «Nein, ich habe ihn nicht ein einziges Mal gebraucht», sagte er, «aber er ist tipp-topp in Ordnung . . .!» Seine niedrige Kabine sah eher aus wie eine Werkstatt und nicht wie ein Schlafplatz. Dort hatte er neben Werkzeugen und einem Ersatzgetriebe nach Jod riechende Schwämme, Muschelschalen und seltene Pflanzen angesammelt – eine Beute des Meeres, die er an seine vielen Besucher verkaufte. Sein Name war Thomas Drake. Und in dem Augenblick, als er diese Worte aussprach, blickte ich hinüber zur Insel Drake, die mitten auf der Reede Wache stand . . . Ja, er war in England, in Kent, geboren; dann war er ‹rübergegangen› und hatte in Bergwerken und Sägemühlen gearbeitet, bis ihn der Ruf des Meeres ereilte und er sein erstes Boot baute. Auf meine Frage antwortete er: «Jetzt? Ich nehme Kurs auf den Solent, wo ich Seite an Seite mit der königlichen Yacht liegen will . . . Das wird denen nicht gefallen . . . oder? Dann werde ich nach Norwegen segeln, wo ich mir das Wikingerschiff ansehen möchte, das dort entdeckt worden ist . . .»

Auf welchen Meeren mag der fröhliche, mutige Kapitän Drake jetzt segeln? Und schlummert das grimmige Kriegsschiff der Wikinger inzwischen in einem Museum? Laut Auskunft von Dr. Gronemann ist Drake zehn Jahre später, im Jahre 1950, vor San Francisco verschollen.

Wir waren nach Plymouth gekommen, um eine Kompaßkontrolle durchzuführen, eine schwierige und äußerst wichtige Aufgabe vor einer langen Reise, da der kleinste Irrtum zu Beginn das Schiff meilenweit vom Kurs abbringen kann. Für dieses Unterfangen wurde die *Insoumise* um die Wellenbrecher hinter das Fort gefahren und an Boje Nr. 2 vertäut, deren drei Peilungen Eddystone, Kitt Hill und Sheep's Tor genau bekannt sind. Während wir sie schwojen ließen, wurden die Unterschiede twischen den Werten unseres Schiffskompasses und den exakten Peilungen auf einem Stück Pappe vermerkt. Der Marinekommandeur, der sie für uns ausarbeitete, blickte mich so durchdringend an, daß ich unter Deck eilte, um nachzusehen, ob ich einen Schmutzfleck auf der Nase hatte . . . Schließlich sagte er:

«Sind Sie schon einmal im Mittelmeer gesegelt?» – «Ja!» – «Haben Sie mit Sir Roger Keyes in Argostoli gespeist, und waren Sie nicht der erste Steuermann auf der *Bonita*?» Ich erfuhr, daß unser Kommandeur damals, als wir auf den Ionischen Inseln ankamen, auf der H.M.S. *Queen Elizabeth* gefahren war; und ich war stolz, vor dem Admiral mit den Namen von Freunden angeben zu können, die ich im Mittelmeergeschwader kennengelernt hatte. Einer von ihnen war Steve King-Hall, dessen neuestes Stück auf dem Kriegsschiff des Fregattenkapitäns produziert worden war. Gemeinsam gingen wir auf einen Drink in den Yacht-Club, wo der Admiral mir das Modell der *America* zeigen wollte, der Gewinnerin des Cups im Jahre 1851. Die Masten dieses wunderbaren Schoners hatten einen Fall nach achtern, wie die meisten ‹Marconi-Takelagen› heutzutage.

Wir gingen auf der Hoe spazieren, einer breiten Esplanade; wir tanzten im «Globe»; und man nahm mich mit in eine Musikhalle, weil ich so etwas noch nicht kannte . . . aber eigentlich, weil der Admiral diese Art Unterhaltung mochte. (Man sollte glauben, er habe einen gewöhnlichen Geschmack.) Die Lieder langweilten mich, da ich «die Pointe verpaßte»; aber mir machte es Spaß, die Reaktionen des Publikums zu beobachten, das mit den Künstlern auf der Bühne Witze austauschte.

Auf dem Rückweg trafen wir an der Kreuzung zweier enger Straßen auf eine kleine Musikkapelle der Heilsarmee, die tapfer für die Vorbeieilenden aufspielte. Und der Admiral erzählte uns die Geschichte einer Frau, die noch nicht lange zur Heilsarmee konvertiert war. Man hatte gehört, wie sie sagte: «Mensch! Ich habe den Herrn gefunden . . . ich bin voller Freude . . . ich könnte auf dieser gottverdammten Trommel einen Höllenlärm veranstalten . . .!»

Unsere Unternehmungen schienen G. ausnahmslos zu mißfallen. Er zog es vor zu murren. Und Di und ich ärgerten uns, als er uns unterstellte, wir hätten noch keine vernünftige Mahlzeit zubereitet, seit er an Bord gekommen sei.

Inzwischen hatten wir eine gute Nachricht von Yves erhalten. Er wollte gern kommen, brauchte aber Geld für seine Frau sowie für die Anreise. Wir teilten ihm mit, er solle in Falmouth zu uns stoßen, wo wir unser Schiff kielholen wollten.

In einem halben Tag erreichten wir diesen reizenden Hafen, der in jedem Buch über Seefahrt erwähnt wird.

Wir passierten die Fünfmastbark *Kjöbenhavn*, ein dänisches

Schulschiff von beeindruckender Größe. Friedlich lag sie vor Anker. Aber genau über ihr und beinahe von ihrem Flaggenknopf berührt, hing drohend eine lange, schwarzbäuchige Wolke – es war wie ein schlechtes Omen. Kurze Zeit später sollte das arme Schiff zu einem weiteren Geheimnis der Meere werden: sie wurde als vermißt gemeldet, nachdem man sie zum letzten Mal im südlichen Atlantik gesehen hatte. Ich glaube, man hat seither nie wieder etwas von ihr gehört. Wir segelten flußaufwärts und legten am Kai in Flushing an, einem freundlichen, ruhigen Ort mit alten, niedrigen Häusern aus grauen Steinplatten. Überall schickten die Hügel ihre Bäume bis ans Ufer, wo sie sich über das Wasser beugten. Ganz in unserer Nähe lag zu unserem Erstaunen unser Nachbar aus Ostende vertäut, die *Lady Maud*. Ihr Eigner, Kapitän Dixon, war ein Mann so recht nach meinem Geschmack. Er hatte das perfekte Schiff für zwei gekauft, zehn Meter Länge über alles. Es hatte einmal E.G. Martin gehört. Aber der Besitzer ging nicht nur auf Kreuzfahrt; er wußte auch, wieviel Spaß ein Rennen mit seiner *Jasmine* machte, einem Sunbeam-Einklässer.

Man lud mich zur Regatta ein, die am nächsten Tag stattfinden sollte. Es waren neun Schiffe am Start, die meisten einmal gerefft. Wir spielten ein vorsichtiges Spiel mit diesen geflügelten Herausforderern, die auf den Wellenkämmen ritten. Ich schaffte es kaum, nach den Achterstags zu sehen ... Bei den vielen Booten, die alle wie wild der ersten Boje zustrebten, schlug mein Herz höher, als wir in meisterhafter Manier halsten. Wir hatten kaum Zeit, die alte *Implacable* zu bemerken, die vor zwei- oder dreihundert Jahren erbaut worden war und jetzt fröhliche Kadetten beherbergte. Den Rest des Rennens fuhr die *Jasmine* dicht am Wind, und kämpfte mit der *Little Lady* um jeden Zentimeter. Trotz all unserer Bemühungen gingen wir mit einer Länge Abstand als zweite durchs Ziel.

Als ich zur *Insoumise* zurückkehrte, war mein alter Kamerad Yves gerade aus Frankreich eingetroffen und half, sechzig Säkke Kohle einzubunkern. Da ich vor der Regatta keine Zeit für den Abwasch nach dem Mittagessen gehabt hatte, mußte ich mich jetzt mit Tellern und Pfannen plagen, die mit einer netten, schwarzen Schicht Kohlenstaub bedeckt waren ... wieder eine der vielen, kleinen Yachtfreuden, von denen man nichts ahnt.

Nach dem Abendessen beschlossen die beiden Mädchen der *Insoumise*, daß sie eine Zeitlang mal wieder festen Boden unter den Füßen brauchten. Sie gingen durch eine ruhige Dorfstraße und nahmen all die Kleinigkeiten in sich auf, die man nur an Land bemerkt – das Geräusch von Kies unter den Füßen, die Bewegung eines Vorhangs hinter einem Fenster – und von denen sie vor ein paar Jahren nicht gedacht hätten, daß sie sich jemals daran erfreuen könnten. Und dort, auf der Mauer eines Gartens, der im goldenen Schein der untergehenden Sonne lag, trafen sie drei weise Gestalten aus dem Dorf: getigerte Katzen mit seidigen Rücken. Höflich schnurrend ließen sie sich die wohlmeinenden Finger gefallen, die sie hinter den Ohren kraulten; aber sie rührten sich nicht. Sie befanden sich in einer Stimmung andächtigen Schweigens. Ihre Haltung schien auszudrücken: «Wir wissen ... dies ist ein einmaliger Abend ... wir wollen nicht einen Augenblick davon verpassen!» Der seichte Landwind spielte in ihren Barthaaren, als wir uns von ihnen verabschiedeten.

Es war am Tag vor unserer Abreise, als ich gedankenverloren in Richtung auf die berühmte *Cutty Sark* schaute – einen der schnellsten Klipper, die es je gegeben hat –, da sah ich plötzlich ein merkwürdiges Bild vor mir: die *Atalante* segelte auf mich zu! Es war kein Traum ... Dann sah ich, daß es keine Yawl war, sondern kuttergetakelt, und auf ihrer Boje las ich den Namen *Jolie Brise*. Ich freute mich so sehr, das Schwesterschiff unseres Bootes zu sehen, daß ich an Bord ging, sobald sie vor Anker lag. Sie gehörte Mr. Ferrier, der ein Weiberfeind sein mußte, da er sich eilig unter Deck verzog, sobald ich näherkam. Aber ich mußte einfach einen Blick auf sie werfen, da es spannend war, ein Lotsenboot aus Le Havre zu erforschen, das dem unseren so ähnlich war. Sie war wesentlich eleganter, mit mehr Lack und Messing ausgerüstet als unser Schiff; aber ich hatte auch erfahren, daß sie dreimal so teuer gewesen war, einen Hilfsmotor besaß und viele Stells Segel. Wir hätten die *Atalante* niemals derart herausputzen können, aber sie hatte dieselben herrlichen, mächtigen Linien.

Am achten Juli füllten wir unsere Tanks mit zweieinhalb Tonnen Frischwasser. Das hörte sich an, als wollten wir tatsächlich auf eine lange Reise gehen. Und am Nachmittag krochen wir langsam aus Falmouth heraus. Am Abend überraschte uns ein nordwestlicher Wind, und die Kombüse hüpfte auf und nieder, während ich den Kaffe aufbrühte. In der Nacht fühlte ich mich sterbenselend, dann war mir schlecht.

Der nächste Tag war ziemlich entmutigend. Es begann damit, daß ich mich in die Pütz neben dem Herd erbrechen mußte, als ich Speck briet und Eier kochte! Und als ich dann versuchte, dem Admiral das Frühstück zu bringen, der im Deckshaus darauf wartete, schickte eine plötzliche Krängung die Eier auf den Boden des Salons: ich mußte mich überwinden und von vorn beginnen ...

Ich hörte, daß wir einen hervorragenden Schnitt hielten, aber ich konnte dieser Tatsache keinerlei Bedeutung beimessen. Ich wollte nur so lange auf den Beinen bleiben, bis ich etwas gekocht hatte, und dann zu Bett gehen. Alles andere interessierte mich nicht. An jenem Morgen war Ushant durch den Nebel zu sehen. Unablässig wehte dieselbe westliche Brise. Ich wußte, daß ich unter normalen Umständen, wenn ich an Deck hätte bleiben können, das Wetter einfach wundervoll gefunden hätte ... In der darauffolgenden Nacht umrundeten wir die Südspitze der Belle-Ile und warteten im Morgengrauen beigedreht in geschützten Gewässern auf einen Lotsen. Wir sahen ein paar Thunfischer, die in Le Palais eingelaufen waren. Sie belebten in mir viele verlorene Hoffnungen wieder und bittere Erinnerungen. Ich ließ mir von den Fischern im Ort Geschichten über ein gewisses Thunfischboot erzählen, das vor langer Zeit in den Hafen gesegelt war und nur Frauen an Bord gehabt hatte. Sie waren nach einer jahrelangen Kreuzfahrt aus der Südsee zurückgekommen ...! Die Phantasie der Menschen war bereits am Werk gewesen.

Wir alle sahen so aus, als könnten wir eine Pause gebrauchen, außer dem grimmigen G., der davon sprach, wir sollten sofort wieder ablegen. Er hatte immer etwas gegen Verzögerungen, und das Ergebnis seiner Explosionen war, daß unsere schmutzige Wäsche häufig zu einem Berg anwuchs, da wir nie wagten, sie in eine Wäscherei an Land zu geben, weil wir dachten, G. würde uns am nächsten Tag zur Weiterfahrt zwingen ...

Im Hafen von Le Palais kam unsere süße, magere, lustige kleine Katze Pouishnoff ums Leben. Beim Sprung nach einem Insekt in der Nähe der Backbord-Gangway fiel sie ins Wasser ... so berichtete unser Nachbar, der Fischer auf dem Kutter *Bienveillant*, als wir vom Baden an einem Sandstrand in der Nähe zurückkehrten. Wie wir den knochigen kleinen Kameraden vermißten, der uns so herzhaft zum Lachen gebracht hatte! ...

Sobald wir das Gefühl hatten, daß der Sturm sich gelegt hatte, stießen wir ab in der Hoffnung, nach Spanien zu kommen. Aber der Wind und die Dünung waren immer noch ein großes Problem. Ich weiß noch, daß ich in der Kombüse, wo ich versuchte, meiner Pflicht nachzukommen, beinahe in der Hitze des Kohlenherdes erstickt wäre. Dann stellte ich fest, daß ich mit dem Kopf an das Süll des Deckslichtes heranreichte, wenn ich mich auf die Schlingerleiste des Herdes stellte: so konnte ich mir durch den Wind Kühlung verschaffen.

Dann wurde ich beinahe ohnmächtig. Ich weiß noch, daß der Admiral rief: «Das ist, verdammt nochmal, nicht gut!», und ich antwortete: «Ich habe Ihnen ja gesagt, daß es passieren würde ...», und dann verlor ich jegliches Interesse.

Vor St. Jean de Luz

Als die *Insoumise* im Hafen von St. Jean de Luz nahe der spanischen Grenze vor Anker lag, kam wieder Leben in mich; ein langgestreckter Wellenbrecher trennte uns von der Biscaya, und wir waren immer noch weit von dem Punkt entfernt, an dem ein Malteser Koch meinen Platz unten einnehmen sollte und ich wieder an Deck leben konnte. Ich hatte G. in Verdacht, daß er uns St. Jean anlaufen ließ, weil es dort irgendwo in der Nähe einen bekannten Golfgrund gab.

Immerhin war Spanien in Sicht, und wir würden vielleicht bald wieder unterwegs sein.

Irgendwo im Norden dieser Küste, der Côte d'Argent, befand sich das elegante Biarritz, voll von Prinzen und Millionären. St. Jean de Luz war weniger mondän. Die Villen, die in den Gärten ringsherum verstreut lagen, gehörten Familien, die in jedem Jahr aus Paris oder Madrid hierherkamen.

Von der Yacht aus konnten wir jede Einzelheit unserer halbrunden Bucht erkennen. In der Mitte des Sandstrandes befand sich das Casino mit seinen langen Terrassen und den lustigen Sonnenschirmen. Die Badegäste hielten sich zwischen den Strandzelten auf. An die Bucht schloß sich die Einfahrt zu einem winzigen Hafen an, in dem die Fischer ihre Boote vertäuten; dort drängten sich die alten, schwarz-weißen Fachwerkhäuser von Ciboure am Kai. Im Süden umschloß eine Landspitze unseren kleinen Golf; und das «Réserve», ein Restaurant, in dem jeden Abend unter freiem Himmel getanzt wurde, lag versteckt hinter Bäumen. Das Hinterland war grün und reichte bis zu einem niedrigen, blauschimmernden Hügel, dem La Rhune, einem Vorposten der Pyrenäen.

Bald pflegten die besten Schwimmer des Ortes bis zur *Insoumise* herauszuschwimmen, wo sie immer willkommen waren. Der Admiral hielt sich den ganzen Tag über an Deck auf und genoß den Sonnenschein. Mit seiner großen Gestalt, seinem weißen Haar und braunen Teint fiel er in St. Jean auf: schon nach kurzer Zeit war er ebenso beliebt wie seine Tochter ...

Jeden Morgen spielte die Jazzband des Casinos zum Cocktail

auf; dann wieder am Nachmittag und nach dem Abendessen. Am Abend hörten wir vom anderen Ende der Bucht die spanischen Klänge aus «La Réserve». Und unser Aufenthalt in St. Jean war buchstäblich eingetaucht in Musik; die meiste Zeit begleiteten uns Tangorhythmen oder Melodien aus Hawaii; bei Jazzmusik ging uns die Arbeit flotter von der Hand als bei diesen sentimentalen Melodien.

Di und ich erledigten die Hausarbeit im Eiltempo. Dann schwammen wir durch das ruhige, lauwarme Wasser an Land und verbrachten eine Stunde am Strand, plauderten mit Freunden und schmiedeten Pläne für den Tag.

Häfig kam es vor, daß zwei oder drei Autos, vollgestopft mit fröhlichen jungen Leuten, zu einem Picknick aufbrachen. Außerdem wurden in Sare oder Ascain Parties organisiert. In diesen kleinen Orten übten die baskischen Lokale mit ihren fröhlichen, karierten Tischtüchern einen ganz besonderen Reiz aus. Oder wir unternahmen einen Abstecher nach Bayonne, der ruhigen alten Stadt am Adour. Dort tranken wir die angeblich beste Schokolade Frankreichs; sie war dickflüssig, sehr dunkel und schmeckte ein wenig bitter, wenn man nicht die süße Schlagsahne hineingegeben hatte, die in einem getrennten Kännchen gereicht wurde.

An den Nachmittagen ging ich gern zum *fronton* und sah den überschäumenden Basken bei ihrem Lieblingsspiel *Pelota* zu. Das war immer wieder ein fesselndes Schauspiel! Die Schönheit der glatten, hohen Steinwand, *fronton*, mit den ausladenden Proportionen, gegen die die Männer den Ball mit aller Kraft werfen . . . die Größe des Spielfeldes, das die Spieler dazu zwingt, so schnell wie möglich zu laufen, um den zurückprallenden Ball aufzufangen . . . der phantastische *élan*, den diese Männer nehmen und auf den Ball übertragen, wenn sie ihn aus dem schaufelähnlichen, halbrunden Schläger aus Korbgeflecht hinausschleudern, der an ihr Handgelenk gebunden ist . . . und all das findet im Schatten alter, dunkler Bäume statt. Gespielt wurde in zwei Mannschaften, die gegen die mit schwarzen Linien markierte Wand anschlugen. Ein Spieler nach dem anderen holte mit seinem ganzen Körper Schwung, wenn er mit der gebogenen Chistera zielte. Chiquito da Cambo war gedrungen und alles andere als jung, wurde aber von den Zuschauern angefeuert, wenn seine wagemutigsten Schläge einen entscheidenden Punkt einbrachten.

Einmal fuhren wir alle nach San Sebastian, der nächsten Stadt hinter der spanischen Grenze. Es war an einem Sonntag. Die ganze Stadt war auf den Beinen und ging zur Arena. Unser alter Freund Don Carlos della Rincorn sollte uns in die knisternde Atmosphäre eines Stierkampfes einführen. Er wußte sehr viel darüber, da er im Süden Spaniens Stiere züchtete. Ich genoß das Schauspiel, bis auf den Augenblick, in dem die Pferde ins Spiel geführt wurden, um ihren furchtbaren Teil zu übernehmen. Der Portugiese Simao da Veiga war der Held des Tages; und obwohl ich mich in den Feinheiten der Tauromachie nicht auskannte, wußte ich Schönheit und Stil seiner Bewegungen doch zu würdigen.

Obwohl wir viel Zeit an Land verbrachten, erledigten wir immer unsere Arbeit an Bord. Yves ging jeden Morgen an Land, um Milch und frisches Brot zu holen, und um 9 Uhr war das Frühstück mit Eiern und Speck auf dem Tisch. Wir standen oft nach nur vier oder fünf Stunden Schlaf erst in letzter Minute auf. Manchmal stellten wir abends das Essen vor G. und T. auf den Tisch und eilten dann nach «La Réserve», wohin man uns eingeladen hatte. Ich muß zugeben, der Service auf der *Insoumise* wurde von Tag zu Tag nachlässiger, und G. meldete sogar dem Admiral, daß ich die Brotteller am Hosenboden abwischte . . .

Aber Di und ich wollten uns keine Drückebergerei nachsagen lassen; wir hatten beschlossen, unsere Arbeit irgendwie zu erledigen, bevor wir an Land gingen. Oft kamen wir daher über eine Stunde zu spät zu einer Party.

Der Admiral sagte uns – und ich glaube, er hatte recht –, wir seien verrückt, so viele Einladungen von jedermann anzunehmen, weil «man das einfach nicht tut». Und eines Abends nahm er kurzerhand das Dingi mit, als er an Land ging, so daß wir an Bord bleiben mußten. Wir sagten dazu nicht viel, beschlossen aber, uns nicht wieder einsperren zu lassen. Am nächsten Tag gingen wir an Land und hatten unsere Schuhe und Abendkleider unten in unserem Korb versteckt. Wir ließen sie beim Casino. An diesem Abend glitten wir über Bord, sobald der Admiral eingeschlafen war – wir hörten es an seinem Schnarchen –, und schwammen ans Ufer. Die Nacht war schwarz, und wir zogen unsere Bahn vorsichtig durch bewegtes Wasser in Richtung auf das hell erleuchtete Casino und seine klagenden Saxophone, wobei wir darauf achteten, daß unsere Haare nicht naß wurden! Wir tauchten in unseren herausgeschmuggelten Kleidern in der Öffentlichkeit auf, als alle uns schon aufgegeben hatten. Unsere Kriegslist wurde ein großer Erfolg.

Für die Rückkehr an Bord hatten wir dieselbe Prozedur zu befolgen und mußten in unsere feuchten Badeanzüge steigen ... Als wir schließlich in unseren Kojen einschliefen, waren wir recht zufrieden mit uns. Aber am nächsten Morgen lagen die Dinge ein wenig anders: der Admiral war an Land gewesen und hatte von unserer Eskapade erfahren. Wir mußten uns eine Strafpredigt anhören. Di sagte: «Wenn du nur aus dieser blinkenden Bucht hinaussegeln würdest, müßten wir uns nicht langweilen und an Land Zerstreuung suchen ...»

Tangomusik hatte auf mich immer schon eine subversive Wirkung. Auch unter freiem Himmel, weit weg von der berauschenden Atmosphäre einer Tanzhalle, hatte sie dieselbe überwältigende Macht. Miette und ich waren einmal durch einen Sturm auf der kleinen Mittelmeerinsel Porquerolles festgehalten. Unser Boot, die *Perlette*, war am Kai in einem Netzwerk von Tauen eingefangen; aber auf Reede schaukelte eine Barkantine vor Anker ... ein Bild aus der Vergangenheit mit dem langen Fockbaum und den festen, rechteckigen Rahsegeln. Ich wollte unbedingt, zum ersten Mal in meinem Leben, einen Dreimaster unter meinen Füßen spüren, also fuhren wir mit unserem Dingi hinüber und gingen an Bord.

Es war ein italienisches Schiff aus Viareggio und hatte Johannisbrot und Carrara-Marmor geladen. Die Männer waren groß, ihre geöffneten Hemden ließen ein braungebranntes Dreieck ihrer Brust erkennen. Wir erzählten ihnen, wir seien gerade noch rechtzeitig vor dem Sturm angekommen. Dann aßen wir Suppe mit ihnen und tranken dunklen Rotwein ... Berauscht auch von dem süßlichen Geruch des Johannisbrotes, tanzten wir barfuß nach dem doppelten Rhythmus von Wellengang und Tangoklängen, die auf einer Mundharmonika gespielt wurden.

Das Ufer der Insel schwankte im Dämmerlicht; nur der kalte

Ella Maillart und der berühmte Weltumsegler Alain Gerbault

Mond regte sich nicht – er war weit weg, und doch war er uns auf geheimnisvolle Weise nah. Durch ihn sah ich uns in diesem Einklang von Duft und Musik tanzen. Es existierte weder Zeit noch Raum: geblieben war die halluzinierende Musik, die unsere Sinne in eine entrückte Harmonie brachte ... Ich wurde zwanzig an diesem Tag.

Auch in St. Jean de Luz geriet ich in den Zauber dieser Musik ... Ein Tanzlokal, in dem wir manchmal einen Abend verbrachten, wurde von einem Russen geführt. Er war kräftig gebaut, und man konnte ihn eigentlich nicht als attraktiv bezeichnen. Mit grausamen Augen blickte er verächtlich auf die eleganten Gäste. Mich faszinierte seine Distanziertheit; wenn er mich ansah, wurden meine Knie weich – eine Tatsache, der nachgegangen werden mußte. Bei einem Tango lud er mich zu einer nachmittäglichen Spazierfahrt ein.

Aber er steuerte nicht etwa eines der ländlichen Lokale an, die wir für gewöhnlich aufsuchten, sondern fuhr auf die Straße Richtung Bayonne. Auf meine Frage antwortete er nicht. Mir wurde mulmig zumute. Er fuhr an der Teestube vorbei und hielt vor einem kleinen Hotel an. Ich war dumm und ahnungslos gewesen ... Seine Erklärungen änderten nichts an meinen abwehrenden Reaktionen; er wurde wütend, beschuldigte mich, ihn zum Narren gehalten zu haben: er wolle mit einem dummen Ding wie mir nichts mehr zu tun haben ... und ich sollte doch zusehen, wie ich zurückkam!

Ich war gestrandet ... Kein Zug, der mich rechtzeitig nach St. Jean hätte zurückbringen können, wo ich immerhin als Koch der *Insoumise* das Abendessen vorzubereiten hatte! Unglücklich und wütend über meine eigene Dummheit kehrte ich in einem Taxi zurück, das mich einen halben Monatslohn kostete ...

Das Kochen machte mir immer weniger Spaß. Als ich mich darauf eingelassen hatte, war die Rede davon gewesen, daß wir Gibraltar innerhalb von zwei Wochen erreichen würden. Aber eine Woche war der anderen gefolgt; Tag für Tag mußte ich an diesem furchtbaren, heißen Herd in der Kombüse stehen. Tag für Tag hoffte ich geduldig auf die Worte: «Ella, sorgen Sie dafür, daß eine Extraration Brot gebacken wird: wir segeln in zwei

Tagen. Veranlassen Sie, daß uns unsere Post nachgeschickt wird an ...»

Aber nichts dergleichen geschah; und ich erhielt auch keine Erklärung hinsichtlich unserer weiteren Pläne. Wahrscheinlich wußte der Admiral selbst nicht, was er wollte, oder es war ihm gleichgültig, wo er sich aufhielt. Ich vermutete, ihm war nicht wohl bei der Aussicht auf einen langen Törn mit G. und T. Aber ohne ihre Unterstützung konnte er sich die gute Mannschaft nicht leisten, die er für einen Herbststurm auf See brauchte. Er konnte lediglich herumlungern und auf günstigere Voraussetzungen hoffen. Van verließ uns, ebenso Yves. Im Laufe des Oktobers leerten sich die meisten Villen, und wir hatten inzwischen alle Bücher an Bord gelesen. Und wir hatten das einzige Ziel erreicht, das wir uns hatten vornehmen können: unser Körper war nach vielen Stunden sorgfältigsten Sonnenbadens von einem gleichmäßigen dunklen Teint überzogen.

Zuletzt beschloß der Admiral, die Yacht den Adour flußaufwärts zu segeln, wo er den Winter im Schutz von Bayonne zubringen konnte. Die zahlenden Gäste kehrten nach Hause zurück. Ich muß in jenen Tagen mürrisch dreingeblickt haben, denn ich erinnere mich daran, daß Diana häufig ein nettes Lied mit Cockney-Akzent sang, um mich zu ärgern:

«Was nun, braune Kuh,
warum guckst du so trüb ...?«

worauf ich mit einem unserer Lieblingslieder antwortete:

«Dieses Gefühl, das wird vergeh'n
so sagt man ... Aber nicht im Handumdrehn!«

Ich mochte Diana von Tag zu Tag mehr, und der Gedanke daran, daß sie den Winter einsam und allein an Bord verbringen würde, bekümmerte mich. Ich hatte das Gefühl, bald abreisen zu müssen, denn ich war jetzt, da unsere zahlenden Gäste und ihre Golfschläger das Boot verlassen hatten, nahezu überflüssig. Obwohl Di emotional völlig ungebunden und gern allein war, hoffte ich, sie würde eine Freundin aus England einladen, die ihr Gesellschaft leisten würde.

Noch einmal, zum letzten Mal in diesem Jahr, hißten wir das Großsegel mit seinem losen Unterliek sowie die beiden Vorsegel der *Insoumise*. Schließlich verließen wir den herrlichen Ankerplatz, den wir nur zu gut kannten ... aber wir nahmen Kurs in die falsche Richtung.

Bis Bayonne war es nicht weit. Wenn man von St. Jean kam, gab es kribblige Augenblicke der Navigation, da wir die Untiefe an der Mündung des Flusses überqueren mußten. Obwohl das Meer selbst fast glatt war, trafen wir dort auf drei phantastische Wellenberge, die eine ständige, flüssige Schwelle zwischen Süßwasser und Salzwasser bildeten. Wir stiegen auf und ab und wurden in gefährlichen Krängungen hin und her geworfen, die mich an eine zu schnell fahrende Modelleisenbahn erinnerten.

Je weiter wir flußaufwärts kamen, desto schmaler wurde der weite Horizont im Westen hinter uns, bis die beiden Ufer uns den Rundblick versperrten. Wir hielten an und warfen Anker vor einer wunderschönen Promenade. Uralte Bäume, die in vier Reihen hintereinander standen, ragten höher auf als unser großer Toppmast. In der Ferne hielten die beiden schlanken Kirchtürme die Wacht über der Stadt.

Die Segel wurden abgeschlagen.

Wir tranken eine letzte Schokolade in der kleinen Konditorei, wo man im Halbschatten niedriger Arkaden vor alten Häuser saß. Der Admiral sagte:

«Vielleicht treffen wir uns im Schnee wieder. Wenn Sie wollen, können Sie auf jeden Fall jederzeit hierher zurückkommen und im nächsten Frühjahr mit uns segeln.»

Ich fuhr nach Genf.

Zwei Winter lang war die *Insoumise* im hellen, friedlichen Adour aufgelegt.

Die liebreizende, willensstarke Diana heiratete unseren Freund José, einen ruhigen, kleinen Spanier, der uns immer in seinem Bugatti über Land gefahren hatte.

Sechs Jahre sollten vergehen, bis ich meine Freunde wiedersah. Kurz vor meiner Abreise nach China nahm ich die *Windrush* für zwei Monate in meine Obhut. Es war eine kleine, nasse und schnelle Slup, die als Rennboot bei Herreshoff in den USA gebaut worden war. In einer dunklen Nacht hatte ich sie sicher in den Hafen von Port Soller an der Nordküste von Mallorca gesteuert. Ich hatte lange geschlafen, wachte auf und untersuchte unsere grüne Bucht, die völlig vom Meer abgeschnitten war. Auf einer benachbarten Yacht sah ich eine bekannte Gestalt im Niedergang verschwinden.

Ich kletterte an Bord, weil ich eine Seekiste wiedererkannt hatte, die an Deck als Sitzplatz benutzt wurde. Ich machte mich durch einen Warnruf bemerkbar und ging unter Deck. In der Kombüse traf ich den Admiral an, der gerade eine Babyflasche wärmte ... Sein kleiner Sohn tapste völlig nackt umher ... Ich war sprachlos vor Staunen. Das Kind wurde in seine Wiege gesetzt, die mit Kleie gefüllt war. Das sei, so sagte man mir, das gesündeste Bett für Kinder, die noch nicht aus den Windeln heraus waren. Der Sprößling, der wie ein Preisboxer *en miniature* aussah, hieß Mistral – ob nun zu Ehren des Dichters aus der Provence oder der peitschenden Böen aus dem Norden, die im Golf von Lyon wehten, weiß ich nicht.

Man hatte die *Insoumise* gegen dieses Boot ausgetauscht, das ich jetzt in Augenschein nahm: ein äußerst handlicher Schoner aus Neufundland, der von einer kleinen Mannschaft gesegelt werden konnte.

Bald darauf kehrte die Frau des Admirals zurück, eine junge, fröhliche Person. Mit ihr kam Diana, immer noch so reizvoll wie bei unserer letzten Begegnung. José, ihr Mann, trug ihren Sohn auf dem Arm. Wir nahmen alle gemeinsam ein Bad und schwammen um die Yacht herum; auch die Babies mit ihrer weichen Haut wurden von der unteren Plattform der Leiter aus ins Wasser getaucht.

Alles schien in bester Ordnung. Sie lebten in einer Art Paradies, und ganz offensichtlich hatte sich der Admiral mit José ausgesöhnt, gegen dessen Heirat mit Diana er heftig opponiert hatte.

Aber schon bald bemerkte ich, daß José einen müden und besorgten Eindruck machte. Er war Landbesitzer, der das ganze Jahr über auf seinem Gut lebte und arbeitete. In Spanien gärte es. Innerhalb der Bauernschaft waren eifrig Agitatoren am Werk. José wußte, daß seine Bauern in seiner Abwesenheit aufsässig wurden. Er dachte, er könne seine Autorität nach seiner Rückkehr mit Ruhe und Diplomatie wiederherstellen. Ich habe bereits erwähnt, wie sehr Diana dann während des Bürgerkrieges zu leiden hatte, der ganz Spanien in seinen Grundfesten erschütterte.

Mehr weiß ich nicht über diese Freunde, die an Bord der stabilen *Insoumise* meine Kameraden waren, jener Ketsch, die einmal Lotsenboot in Ostende gewesen war.

In einem Roman hat man die vollständige Geschichte aller in ihm beschriebenen Charaktere in der Hand. Aber das Leben ist anders, es erlaubt nur hin und wieder einen kurzen Blick in das Leben der Freunde ...

Filmpläne

Viele Jahre lang folgte mein Leben demselben Rhythmus: an einen Sommer am Meer schloß sich ein Winter in der Schweiz an. Obwohl sie miteinander wenig zu tun hatten, lehrten mich diese beiden Welten, was ich auf meinen Reisen im Osten später bestätigt fand: wie überflüssig doch all das ist, was wir für unentbehrlich halten. Trotz schlechter Unterkunft und armseliger Ernährung wußte ich, daß ich auch als Millionärin nicht glücklicher hätte sein können. Ich atmete die frische Luft an Orten, wo die verwirrende Sonne eine Helligkeit ausstrahlt, die um vieles intensiver ist als jene über Feldern und Städten ... eine Helligkeit, die von jedem Schneekristall und jedem funkelnden Fleck des Meeres reflektiert wird. Skilaufen oder Segeln weckten eine in mir schlummernde Kraft, die mich die vielen Aspekte des Lebens bewußter erleben ließ. Ich erwarb, was jedem Kind vom Lande angeboren ist: nämlich Erdverbundenheit und eine tiefe Zuneigung zu einfachen Menschen.

Auf dem Meer wie in den Bergen ist die Welt grenzenlos. Ob es nun Seekarte oder Wanderkarte heißt: man wählt eine Strekke von einem Ort zum anderen, segelt um Landspitzen oder steigt über Pässe und entdeckt nach und nach, was dahinter liegt. Wasser und Schnee sind fließende Elemente; sie sind tükkisch und zwingen den Menschen, auf der Hut zu sein. Auf See muß man achtgeben auf Strömungen, Untiefen und hohe Wellen, die ein Schiff von hinten treffen wollen ... vor allem, wenn man vor dem Wind liegt und «es laufen läßt». Wenn man auf Skiern in den Bergen aufsteigt, muß man sich einem verschneiten Gipfel im Zickzack nähern, sich das beste Brett auswählen und daran denken, daß man jeden Augenblick in den Wellen einer Lawine ertrinken kann ... Und bei der Abfahrt spürt man, wie die hochgebogenen Spitzen der Skier die nachgebende Weiße der Schneefelder öffnen – so wie der Bug einer Yacht durch die See pflügt.

In beiden Welten ist man ohne Kompaß verloren, wenn Nebel sich über jede Peilung legt und alle Geräusche ringsumher dämpft. Böen im Hochgebirge wehen Schneeflocken ins Gesicht, die schmelzen und von der heißen Stirn heruntertropfen ... Nach vielen Stunden der Suche findet man endlich eine Hütte. Wenn man dann im Windschatten einer Wand mit klikkendem Geräusch die Bindung öffnet, spürt man dieselbe Freude wie in dem Augenblick, wenn in der Ecke eines langersehnten Hafens die Ankerketten rasseln.

Auf See und im Schnee entgeht einem ein unschätzbares, intimes Verständnis für die Natur, wenn man sich mit Hilfe einer Maschine fortbewegt. Beim Segeln oder Klettern lernt man ungeschriebene Gesetze, denen man Folge leisten muß, wenn man überleben will. Die Beachtung dieser Gesetze jilft dir, die Freundschaft der Bergführer zu gewinnen oder in die große Gemeinschaft der Segler aufgenommen zu werden. Diese Menschen und ihre Fähigkeiten sind mir sehr ans Herz gewachsen ... so stark, daß die Liebe zu ihnen ständig in mir aufwallt und mich beinahe ertränkt, weil ich nicht weiß, was ich mit ihr anfangen soll. Wenn ich nur ihre Taten preisen, sie formen oder malen könnte ... Verwitterte Seeleute und braungebrannte Menschen aus den Bergen haben dieselben wettergegerbten Gesichter, aufgehellt durch klare Augen, die den Anblick einer Gefahr kennen, die keinen Fehler erlaubt. Manchmal leben diese Menschen viele Tage allein. Sie entwickeln eine natürliche Würde, die in scharfem Kontrast zu der Haltung von Stadtmenschen steht ... und sie vermitteln das Gefühl, daß der Mensch ein wunderbares Geschöpf sein kann.

Ich wollte anderen Menschen die Augen dafür öffnen, was ich entdeckt hatte, und ein Film schien mir geeignet, die Schönheit, die ich in meinen beiden Welten gesehen hatte, Stück für Stück einzufangen. Ich besprach es mit meinem Freund Jean Grémillon, dem Produzenten, der mit uns auf der *Atalante* gefahren war. Frankreich lag auf dem Gebiet der Dokumentarfilme weit hinter Deutschland zurück, aber wir glaubten, die Filmgesellschaft interessieren zu können, die uns bisher auch schon geholfen hatte. Ich begann ein Manuskript zu schreiben, in dem der Schnee und sein dramatisches Leben die Hauptrolle spielte.

Ich wollte Schneeflocken zeigen, wie sie kühn und kräftig aus einem grauen Himmel herabfallen, wenn das warme Wetter der Vergangenheit angehört und der Schnee seinen Siegeszug durch die Bergwelt antritt. In jedem Teil der Berge – sei es in wilden, felsigen Gegenden oder in bewaldeten, bewohnten Gebieten – trifft mein Schnee auf viele Schwierigkeiten: Frost, die brennende Sonne, ein Sturm, der alles über die Gipfel fegt. Der Wind türmt ihn zu einer Wächte auf; noch mehr Schnee fällt und legt sich schwer darauf. Am Ende bricht die Schneewächte ab und setzt eine brüllende Lawine in Gang ... Die wirbelnden Massen kommen zur Ruhe; und am Ende liegt der Schnee ruhig da in unangefochtener Herrschaft und übernatürlicher Schönheit.

Später jedoch zeigt die obere Schicht auf dem Hang seltsame Reaktionen. Wärme am Tag taut den Schnee auf und macht die Oberfläche schwer und naß. In der Nacht zeigt der Winter mit Frost oder unerwartetem Schneefall, daß er darum kämpft, seinen mächtigen Einfluß beizubehalten. Dann dringen Wellen der Wärme aus dem Boden, und langsam erzwingt sich der seidige Speer eines Krokus den Weg nach oben. Eines Tages ist die Liebkosung der Sonne so stark und dringt so tief ein, daß die Schneeflocken unterliegen und fortschmelzen. In Form von klaren Wassertröpfchen sickern sie von einem niedergedrückten Grashalm zum nächsten den Berg hinab. Der Schnee zieht sich auf der gesamten Front des Berges zurück, geschlagen von der siegreichen und lebenspendenden Sonne ...

Bei dem Gedanken an einen Film über die Bergwelt kam mir eine andere Idee. Blitzartig sah ich den wunderbaren Film vor mir, den ich produzieren könnte. Wenn ich auf See war, weideten sich meine Augen an der Schönheit der Bewegung. Ich wußte, daß nur ein Film das zauberhafte Auf und Ab eines Bootes durch Wind und Wasser einfangen konnte. Ich begann, die Geschichte einer Yacht zu schreiben. Für ihren Bau ist das Beste von allem gerade gut genug. Es fällt schwer, all das aufzuzählen, was für den Bau eines großen Rennbootes notwendig ist. Die verschiedenen Materialien stammen, wenn nicht von jedem Kontinent, so doch von jedem Breitengrad. Mein Film würde zeigen, wie die alte englische Eiche gefällt und bearbeitet wird, die für das Gerippe verwendet wird. Teakholz aus Burma wird sorgfältig ausgesucht für die Planken und das Deck. Ägyptische Bauern pflücken die Baumwolle, die für die Herstellung der Segel verwendet wird, für diese hellen Segel, auf denen sich rosa Schatten bilden, wenn sie vor der Sonne stehen. In spanischen Minen wird das Kupfer für die Nägel abgebaut, die die Planken des Rumpfes festhalten. Aus dem mexikanischen Dschungel kommt das Kopalharz, das auf den lackierten Rundhölzern schimmert. Nur der beste Stahl wird für die sorgfältig gedrehten Stage benutzt, während ein modernes Metall wie das Acier Monel – blaß, matt und rostfrei – für Vorreiber und Püttings eingesetzt wird. Mahagoni, Emailfarbe, Werg, Blei für den Kiel ... jedes verwendete Material hat seine eigene Geschichte ...

Wenn man den Ursprung der Materialien kennengelernt hat, kann man ihr Schicksal beim Bau der Yacht weiter verfolgen. Im großen Schuppen wächst langsam das Skelett des Rumpfes heran, seine offenen Rippen werden täglich mehr. Die Rahmen zeigen ihre herrliche, bauchige Fülle, und allmählich formen die harmonischen Kurven den Schwung des Schiffsrumpfes. Später dann kommt das waghalsige Unterfangen, den Mast aufzurichten und zu verspannen ... ein Hohlmast, dessen fünfundvierzig Meter unverhältnismäßig hoch aufragen, ist eine ständige Herausforderung an jede Vernunft. Die einzige Möglichkeit, diese schwindelnde Höhe einzufangen, besteht darin, die Segel vom Mast herunter zu filmen. Von der oberen Saling aus wird das elegant geschwungene Deck zu einer winzigen Fläche; man sollte nicht nur dann Aufnahmen machen, wenn das Schiff noch reglos im Hafen liegt, sondern auch auf See, wenn es überkommt und der Mast sich weit hinaus über die Wellen neigt ...

Bis hierher ist unsere Yacht, der Star des Films, noch nicht geboren: wir haben nur gesehen, was für ihre Herstellung benötigt wird. Aber nun gleitet sie vom Stapel. Bald wird sie mit Leben erfüllt sein. Sie ist zu einer Einheit geworden und nicht länger eine bloße Zusammenstellung von Hunderten verschiedenartiger Materialien. Sie wird leben durch die Männer, die ihre Diener und Meister zugleich sind. Sie werden sie trimmen und stimmen müssen, sie verstehen und lieben, bis sie mit ihr die Regatta gewinnen.

Zweifellos kann nur ein Film die Perfektion zeigen, die menschliches Können erreicht hat, als ein Gaffelschoner geschaffen wurde, der mit gut vierzehn Knoten dicht am Wind dahingleiten kann. Die exakte Neigung in Grad ist nicht wichtig: die Tatsache an sich ist phantastisch genug. Alles ist in Bewegung ... es ist ein Spiel von Licht und Schatten ... der Zug an den straffen Schoten ... ein lebendiger Schauer durchzieht das ganze Schiff.

Worte können nicht beschreiben, was gleichzeitig geschieht: die Bugwelle, die in funkelnder Transparenz einen wuchtigen Bogen aufwirft, der unaufhörlich in weißen Schaum zerstiebt ... ihr platschendes Geräusch ... während der glatte Rumpf dort kalt aufblitzt, wo er allmählich in undeutliche, grüne Unterseetiefen verschwindet.

Wie gut kann man in einem Film das leichte Anheben eines Klüvers zeigen, der einen Bogen zwischen Schatten und Sonne spannt und kraftlose Windstöße einfängt, während die Leewanten schlaff werden; oder die rhythmische Bewegung der Männer, die unter dem Quietschen der Blöcke die Großschot flach trimmen; oder die Gischt, die sich in einen über dem Meeresblau glitzernden Goldpuder auflöst; die Stärke, die Macht einer Yacht, die volle Kraft voraus mitten in einem Aufruhr fallender Wellen vorangetrieben wird, während das Deck unter Wasser gleitet und die schäumende See an den Süllen der Deckslichter leckt ...

Ja, ein solcher Film ist lebendige Schönheit, ist ein Gedicht über die Leistungen, zu denen der Mensch fähig ist, wenn er sich die Elemente in ihrer eigenen Umgebung zunutze macht und sie nicht mit Hilfe von Maschinen versklavt ... Ich dachte daran, wie seltsam es doch war, daß man Rennyachten, die Krönung handwerklichen Könnens, nur baute, um die Grillen von Geschäftsleuten zu befriedigen, die lediglich zwei oder drei Nachmittage im Jahr an Bord verbringen. Wie würde es in ein paar Jahren aussehen, wenn keine großen Vermögen mehr für luxuriöse Schöpfungen dieser Art ausgegeben würden? Könnten nicht reiche Städte oder Kreise gemeinsam Eigner von Yachten werden, damit all das erlangte handwerkliche Können nicht durch Mangel an Gebrauch verloren ginge? Es war höchste Zeit, daß ein solcher Film gedreht wurde, solange man die Kunst der Regatta noch kannte. Vielleicht konnte ich Berlin oder Moskau für meinen Film interessieren, falls London oder Paris in seine Realisierung kein Geld stecken wollten?

Bitte beachten Sie hierbei folgendes: was ich vor fünfzig Jahren schrieb, hat heute keine Gültigkeit mehr: im Jahre 1990 muß eine große Yacht natürlich modern ausgerüstet und aus vielerlei Materialien erbaut sein, deren Ursprung ich nicht kenne. Daher kann ich die faszinierende Arbeit nicht beschreiben, die in einer modernen Schiffswerft ausgeführt wird. Am Ende gleitet aber auch heute noch eine Yacht vom Stapel.

Dort erwacht sie zum Leben dank der Menschen, die sie ausstatten. Was sich über alle Zeiten hinweg nicht verändert hat, ist die schweigende Verbindung, die der Wind mit den vibrierenden Segeln eingeht, und der glitzernde Rumpf, der dem Willen einer Hand am Ruder gehorcht, mit dem ruhigen oder zischenden Wasser.

Atalante segelt gen England

Ich wollte den Sommer in England verbringen. Wir hatten beschlossen, die *Atalante* zu verkaufen, und da Kreuzfahrten in Großbritannien sehr beliebt waren, hofften wir, in Southampton einen besseren Preis für sie erzielen zu können als in Frankreich. Wir wollten sie mit Hilfe von zwei Fischern hinüberfahren.

Nach unserer langen Trennung fanden wir sie friedlich schlummernd auf bretonischem Schlick vor. Auf ihrem Flaggenknopf hatte sich eine Möwe niedergelassen. Als wir aber an Bord kamen, stellten wir fest, daß sie all ihrer Messingteile beraubt worden war: die Kappe auf dem Ruderschaft fehlte, das Ende der Ruderpinne, die Seile der Deckslichter, die angeschraubten Deckplatten, die Metallplatten, die auf jede Stufe des Niedergangs genagelt waren, und, unter Deck, die Schubladengriffe.

Wir begannen zu kratzen und zu wischen, anzustreichen und zu kitten. Das Beiboot wurde zu Wasser gelassen, damit es sich vollsaugen konnte.

Bei Flut erschien unser alter Freund Calloch auf dem Plan. Seine Barkasse zog die *Atalante* vom klebrigen, tonigen Schlick fort und brachte sie an den Kai. Bei Ebbe sahen wir, daß das Ruder während der langen Ruhepause des Schiffes gelitten hatte: es war verzogen. Die Ruderösen hatten sich gelöst, und als wir wieder im Wasser lagen, versuchte Le Gonidec es auszuhängen. Aber er hatte keinen Erfolg, denn es schien unmöglich, das Hauptstück hoch genug zu ziehen. Daher wurden klugerweise zwei lange Bolzen durch die gesamte Neigung getrieben.

Miette suchte unsere beiden Hände aus: Pierre und Maurice, die noch nie auf einer Yacht gefahren waren. Sie waren reizend – ruhig und zäh. Maurice hatte einen schwarzen Schnurrbart und Pierre einen hellen, den er gern nach oben zwirbelte. Beide trugen Holzpantinen. Ihre vom Salzwasser steifen Wollsachen waren so mit Flicken übersät, daß man nicht sagen konnte, welches ihre ursprüngliche Farbe gewesen war. Maurice sagte, er sei ein guter Koch, und pries seine Fischsuppe. Also kauften wir

Kartoffeln, Karotten, Zwiebeln und Knoblauch für unsere Eintöpfe. Und wir ergänzten unsere Ausrüstung mit zwei Korbflaschen Rotwein. Wir sprachen auch darüber, ob wir etwas nach England schmuggeln sollten, um die Reise damit zu bezahlen und weil «es an Bord einer ‹Yak› um so vieles leichter ist», wie Maurice sagte. Wir spielten eine Zeitlang mit dieser Idee, beschlossen aber, ehrlich zu bleiben. Ich glaube einfach, daß unsere völlige Unwissenheit über eine so spezielle Tätigkeit mit unserer Entscheidung viel zu tun hatte. Wäre uns ein leichtes Geschäft bekannt gewesen, bin ich mir nicht so sicher, ob unsere Pirateninstinkte nicht doch die Oberhand gewonnen hätten ...

Obwohl wir wußten, daß wir nur ein paar Tage segeln würden, erfüllte uns wieder einmal die Freude an der Ausrüstung. Miette kaufte Seekarten und die Navigationsanweisungen für den Kanal. Wir füllten Positionslichter und Öllampen mit Paraffin und die Lampen im Kompaßhaus mit Rapsöl. Knusprige Brote wurden in die Schränke gelegt; den Mast aus rotgeäderter Pechkiefer überzogen wir mit Talg, damit die Schlaufen des Großsegels leichter rutschten; aus den Speigatts wurden harte Ablagerungen entfernt; die Bändsel der Wanten wurden durch die Jungfern geholt und festgezurrt, der Bugspriet bis zum Anschlag vorgeschoben, der Saugkorb der Pumpe gereinigt ... und schließlich waren wir bereit für die Inspektion durch die Hafenbehörden.

Ein Teil fehlte, aber wir erfuhren es erst später, als Maurice uns erklärte, wie er in letzter Minute eine vierte Schwimmweste auf dem Thunfischfänger *Eole* neben uns gestohlen hatte.

Bevor wir ablegen konnten, mußten wir in unserem alten Lokal am Ende der Landspitze mehr trinken als gut für uns war, wie es in diesem Lande so Sitte ist. Und noch einmal erzählte uns Georges Terriou haarsträubende Geschichten, «nur um zu sehen, ob unser Stadtleben uns nicht verdorben hatte und ob wir es immer noch verdienten, Segler genannt zu werden!»

Am Nachmittag des 10. Mai stachen wir in See und kreuzten gegen eine schwache Brise an. Wir lagen eine Zeitlang beigedreht im Windschatten von Groix und hievten das Beiboot an Bord. Der Sonnenuntergang war ein grandioses Schauspiel. Mit langsamen Bewegungen hob die dunkelgrüne See ihre öligen Facetten einem schieferblauen Himmel entgegen, während am

Horizont eine dunkelrote Scheibe langsam im Ozean versank. Wir verbrachten die Nacht in Windstille vor Les Glénans, aber mit dem Morgengrauen kam ein Wind aus Nordwest auf, und wir tranken unseren Morgenkaffee vor der unwegsam wirkenden Landspitze von Penmarch.

Der Wind frischte noch weiter auf, und ich durfte nicht unter Deck gehen; der Kapitän kochte uns ein Mittagessen mit Schnitzel, Salat und Kartoffeln.

Am Nachmittag kreuzten wir, unterstützt von der Flut, durch den Raz de Sein. Es war ein verblüffendes Erlebnis. Das Boot, der Wind, das Meer – alle benahmen sich wie verhext, während wir vom Geräusch der Strömung wie betäubt waren. Es war, als ob wir überhaupt nicht vorankämen, da die Tide uns mit sich nahm. Dennoch spielte die See auf unserem Deck, gurgelte durch die Speigatts ein und aus, während spuckende Wasservulkane unseren Rumpf umgaben.

Wir beschlossen, Ouessant zu umsegeln und nicht die gesamte Strecke durch den Chenal du Four zu kreuzen.

Dann stellten wir fest, daß wir unser Nebelhorn verloren hatten. Wir mußten es zusammen mit dem *Livre des Feux* an Land vergessen haben, das die Leuchtfeuer der englischen Küste beschreibt. Harte Brecher trafen das Boot und schüttelten uns auf eine höchst unerfreuliche Art. Die Seekrankheit lauerte; ihr wohlbekannter Vorbote, Speichelfluß, füllte meinen Mund. Miette, die angefangen hatte, unsere Kohlsuppe zu kochen, erschien an Deck, weil sie sich nicht wohl fühlte. Maurice wurde gebeten, unter Deck zu gehen und ein Auge auf den Topf zu werfen. Zu unserer Überraschung sahen wir diesen zähen Fischer schon bald wieder auftauchen: er konnte es auch nicht aushalten. Das Menu wurde notgedrungen abgeändert, und Miette machte schnell ein Omelett für unsere Mannschaft: wir selbst aßen nichts.

Die Männer taten ihr Bestes, uns zu trösten.

«Uns geht es genauso wie euch», sagte Maurice. «Zu Beginn einer jeden Fischfangsaison brauchen wir zuerst vier oder fünf Tage, bis wir unsere Seebeine wieder haben. Macht euch nichts draus . . .»

Wir hatten diese Worte schon oft gehört. Aber da wir nie länger als sechs Tage segelten, ohne an Land zu gehen, konnten wir nicht sagen, ob es wirklich so war. Wir hatten eher das Gefühl, daß es uns nicht bestimmt war, unsere Karriere auf See zu machen, obwohl wir trotz Seekrankheit immer unsere Wache übernommen hatten.

In diesem Augenblick wurde unter Deck festgestellt, daß ich vergessen hatte, das Feuersignal zu sichern, das immer über dem Wassertank aufbewahrt wurde. Es war bei einem der heftigen Stöße des Bootes heruntergefallen, und das Paraffin war aus der Büchse durch den dichten Deckel des Tanks gedrungen: das Wasser schmeckte ekelhaft.

Die *Atalante* wendete und segelte auf Douarnenez zu, das am Ende eines langen Golfes im Landesinnern lag . . . Es war ein wunderschöner Ankerplatz, wo uns bunte Sardinenkutter und helle Thunfischfänger umgaben, die ihre blauen Segel und braunen Netze auslüfteten. Unsere Männer gingen an Land, um frisches Wasser zu holen, und sie brachten bei ihrer Rückkehr Fladen mit, die tägliche Nahrung der Bretonen. Nicht weit von uns entfernt entdeckte Maurice das Thunfischboot seines Bruders, dem er ein Nebelhorn abkaufte. Mit Vergnügen warfen wir den Notbehelf über Bord, den Maurice geschickte aus einer zerbrochenen Flasche hergestellt hatte. Er war der einzige, der ihr Töne entlocken konnte!

Am nächsten Morgen, als wir ablegten, war Douarnenez schön anzusehen. Eng aneinandergeschmiegte Häuser und fest vertäute Schiffsrümpfe leuchteten weiß, während das Rot der Netze und das Blau des Himmels einander noch verstärkten und den Betrachter an ein Eisenbahnposter erinnerten, auf dem die Dinge ein wenig zu gut aussehen, um wahr zu sein. Es war einer jener perfekten Segeltage, an denen man dem Meer all die bösen Momente verzeiht, die man durchgemacht hat. So gefiel mir unsere Welt: strahlende kleine Wellen und harmlose, über den Himmel gleichmäßig verstreute Wolken, die eine zarte Brise vor sich her trieb. Dunst hüllte den unteren Teil des blassen Himmels ein, der sich zur glatten, schwarzen Linie des Meereshorizonts neigte. In Begleitung einiger Fischerboote segelten wir über die Bucht zum Cap de la Chèvre, hinter dem wir L'Iroise überquerten. Dort legte sich die Brise fast vollständig. Die Pointe de St. Mathieu am Anfang des Chenal du Four konnten wir nicht zu Beginn der Flut erreichen, so daß wir diese Abkür-

America Cup 1929: die *Camberia* und die *Astra*

An Bord der *Shamrock* von Sir Thomas Lipton

zung nicht nutzen konnten; wieder nahmen wir Kurs auf Ouessant.

Die «weißen Pferde», gegen die wir vor vierundzwanzig Stunden angekämpft hatten, waren aus der sonnigen Landschaft verschwunden. Wir kreuzten mit Kurs auf den nördlichen Atlantik, fuhren südlich von Molène vorbei und wichen dem Fromveur-Kanal aus. Um Mitternacht verschwand der Leuchtturm von Ouessant hinter dem Horizont, aber über den nachtschwarzen Himmel hinter uns huschten immer noch seine Strahlen.

Bei Tagesanbruch hißten wir das Toppsegel und den Besan, die wir nach altem Seglerbrauch zur Vorsicht eingeholt hatten. Wir segelten hart am Wind; die Brise kam stetig aus Nordost. Wir notierten auf der Karte jede Wende und lasen von unserem Log die zurückgelegten Meilen ab; unsere Berechnungen mußten exakt sein für den Fall, daß wir in Nebel geraten würden.

Wir hatten genug Muße, *soupe aux légumes* – eine gute Gemüsesuppe – zuzubereiten und stellten sie in die Heu-Kochkiste, damit sie allein weitergaren konnte. Es war so angenehm, Pierre und Maurice an Bord zu haben, daß wir das Gefühl hatten, als segelten wir schon wochenlang zusammen.

In unserer zweiten Nacht, nachdem wir von Douarnenez abgelegt hatten, kam eine Zeitlang Lizard in Sicht. Am nächsten Nachmittag befanden wir uns vor Start Point, immer noch kreuzend, und ich begann Miette über das letzte Mal zu erzählen, als ich auf der *Insoumise* in diesem Gewässer navigierte und mir so schlecht war. Bis jetzt war das Wetter ganz gut, nur viel zu kalt. Dann überzog sich der Himmel im Nordosten mit bedrohlicher Schwärze, und wir machten uns Sorgen. Es sah so aus, als würde etwas «Gesalzenes» auf uns zukommen, wie Maurice es ausdrückte. Schnell refften wir zweimal, und wie recht wir daran taten! Eine eisige Bö erreichte uns und brachte schweren Hagel mit sich, der auf das Deck niederprasselte . . . Die See wurde wild aufgewühlt und ließ uns die ganze Nacht auf ihren Wellen tanzen. Wie gemütlich war es doch, in einer Schrankkoje zu schlafen, aus der man nicht herausfallen konnte . . . und in der man weit weg war von der stechenden Kälte, die draußen herrschte!

Der Morgen kündigte sich durch einen blutroten Sonnenaufgang an. Die See wurde ruhiger, als wir uns dem Land näherten. Wo waren wir? Mir kam es vor, als «wäre ich hier schon einmal gewesen». Man sah eine rätselhafte Landspitze aus rotem Felsgestein, und im Osten, das verwirrte uns, lag so etwas wie eine Insel. Es stellte sich heraus, daß es Portland Bill war – unsere Navigation war also ziemlich genau gewesen. Die Strömung hier schüttelte uns zwei- oder dreimal ordentlich durch, was uns an die Stöße erinnerte, die wir im Raz de Sein verspürt hatten.

Southampton konnten wir vor Einbruch der Dunkelheit nicht mehr erreichen; und ich war dagegen, die gesamte Strecke flußaufwärts zu kreuzen, ohne klar erkennen zu können, was wir machten. Ich schlug vor, im geschützten Solent vor Yarmouth zu ankern, wo ich mit der *Insoumise* und der *Volunteer* bereits gewesen war. Es war aufregend für mich, unser Boot in dieses Gewässer zu steuern, das ich so gut kannte. Und zum ersten Mal hatte ich das Gefühl, mehr zu wissen als Miette: aber ich sollte meine Eitelkeit schon bald bitter bereuen.

Für die fünfundvierzig Meilen zwischen Portland und Yarmouth brauchten wir nicht einmal fünf Stunden. Es war eine herrliche Segelfahrt. Wir zischten zwischen den Needles und Shingles hindurch, warfen einen Blick auf das traurige Fort Hurst an Backbord, sahen an Steuerbord die Lotsenboote untätig in der Totland-Bucht liegen. Wir sehnten uns nach einer ausgiebigen Ruhepause und ankerten hinter der Pier von Yarmouth, als es dunkel wurde.

Dann erkannte ich, wie heftig der Wind aus Nordwest blies, und ich sah den Ebbestrom, der um uns herum eingesetzt hatte. Einen schlechteren Ankerplatz hätte ich nicht aussuchen können.

Unsere Segel waren kaum eingeholt, als wir begannen, abzudriften. Man konnte fühlen und hören, wie der Anker über Felsen schleifte. Wir hißten die Segel aufs neue und hievten am Ankerspill; aber an unserem Wasserstag scheuerte die Kette mit der ganzen Kraft des Ebbestroms, der dagegen drückte. Wir kamen nah, viel zu nah an die Black-Rock-Boje heran, und wir waren machtlos, wenn wir es nicht schafften, die *Atalante* in den Wind zu drehen. Erst dann würde sich die Kette spannen. Maurice arbeitete verbissen; dieser zähe Seemann spannte jeden Muskel seines Körpers an, so daß ihm Tränen aus den Augen schossen. Glied für Glied kam die Kette an Bord, und dann verwickelte sie sich am Spill. Wir mußten mit der Hand weiterziehen. Im letzten Moment waren wir unter Stagsegel und Besan in Sicherheit.

Wir überquerten den Solent und warfen im sieben Faden tiefen Wasser unter Fort Hurst Anker, wo schon zwei Bargen «ihre Köpfe unter die Flügel gesteckt» hatten. Wir atmeten auf ... Ich war wütend auf mich selbst. Zum ersten Mal bemerkte ich, daß meine Kiefermuskulatur steif war und schmerzte: in den letzten dreißig Stunden hatte ich, da ich vor Kälte zitterte, die Zähne zusammengebissen, damit sie nicht aufeinanderschlugen.

Bei Ebbe am nächsten Morgen beschloß Miette, nicht zu segeln: schwarze Wolken, die aus nordwestlicher Richtung heranjagten, bedeckten den Himmel. Mittags legten wir ab. Als wir Calshot Spit erreichten, wo unser Kreuzen begann, mußten wir einmal reffen.

Weiter weg erblickten wir unter den Schiffen, die vor Anker lagen, Hammer und Sichel, die am Heck eines Dreimast-Schulschiffes wehten. Später erfuhren wir, daß dieses sowjetische Schiff im Nebel einen Frachter gerammt hatte; von vierundzwanzig Männern hatte nur einer überlebt, der auf das Wasserstag des russischen Schiffes gesprungen war ... Wir sahen die mächtige Schramme am Bug. Während der Kapitän unter Arrest gehalten wurde, hieß es von der Mannschaft, daß sie viel Geld in der Stadt ausgab und Propaganda für Stalin verbreitete.

Bald kam die Royal Pier in Sichtweite. Zum letzten Mal kreuzte ich Richtung Itchen. Als wir in der Nähe der großen Boje wendeten, blieben wir im Schlick stecken! Es war ein stilles, weiches Stranden und nicht gefährlich, da wir wußten, daß die Flut stieg. Nichts jedoch ruft ein stärkeres Gefühl der Behinderung und der Ohnmacht hervor als ein Schiff, das unter vollen Segeln mit starker Krängung plötzlich wie versteinert anhält.

Mit Hilfe des Ankers, den wir in der Fahrrinne ausgeworfen hatten, waren wir bald wieder flott und segelten einer sicheren Muring zu.

Wir hatten kein englisches Geld. Da wir Lorient vor sechs Tagen verlassen hatten, wollten wir frische Lebensmittel kaufen. Daher wurde Miette schnell von Maurice an Land gerudert, noch bevor die Läden schlossen. Sie ging zur Post, wo man ihr nicht die rechte Beachtung schenkte, wahrscheinlich weil man sie nach ihrem schmutzigen, dicken Segler-Overall beurteilte. Arme Beamte! ihre Kenntnisse über Yachtsegler gingen wohl nicht über den klassischen englischen Typ hinaus. Sie erlebten den Schock ihres Lebens, als Miette sagte: «Scherz beiseite. Ich benötige keine Buchstaben auf meinem Arbeitszeug. Ich bin Skipper und Eigner der *Atalante* . . .»

Unterdessen hatte ich meine Freude mit den Zollbeamten. Immer wieder fragten sie: «Wo ist Ihre Ladung?» – «Aber wir sind eine Yacht», erwiderte ich, «sehen Sie nicht unser schwarz lackiertes Deck, unsere polierten Deckslichter und unseren weißen Niedergang?»

Es war Pierre, der sie verwirrte. Sie hatten noch nie eine so wild aussehende Deckshand gesehen. Sein Gesicht war unter einem sechs Tage alten Bart verschwunden; seine formlose, vom Salzwasser steife Mütze bedeckte Augen, die amüsiert blinzelten; mit Flicken übersäte Hosen und große Holzpantinen rundeten sein Aussehen eines Piraten ab.

Als die Beamten erfuhren, daß unser Kapitän bereits an Land gegangen war, wurde unsere Lage nicht besser. Vielleicht stellten sie sich vor, daß unser Sack voll geschmuggelten Kokains schon an Land gebracht worden war? Sobald ich unser Beiboot erblickte, rief ich: «Da kommt ja unser Kapitän!»

Trotz ihres angeborenen Phlegmas waren die Offiziellen verwirrt, eine Frau zu sehen, die von einem zweiten Piraten gerudert wurde. Miette konnte ihnen keine Ladung zeigen, aber sie förderte das Dokument zutage, in dem der Yacht-Club de France bescheinigte, daß sie das Recht habe, ihre eigenen Farben und den Clubstander zu fahren. Zu guter Letzt war die Welt wieder in bester Ordnung.

Am nächsten Tag kehrten unsere Männer nach Frankreich zurück.

Halliday, der Freund, den ich kennengelernt hatte, als die *Volunteer* in Newhaven ankam, half uns, die *Atalante* zu einer Werft am Itchen zu bringen, wo sie aufgelegt werden sollte.

Dort, auf dem Schlick bei Ebbe, verbrachte ich den größten Teil des Sommers.

Ich beschloß, so lange an Bord der *Atalante* zu leben, bis ich sie für ihren Winterschlaf in Ordnung gebracht hatte. Das größte Problem war ihr leckgeschlagenes Deck, das neu kalfatert werden mußte. Da der Kostenvoranschlag der Werft mir überhöht schien, entschloß ich mich, es selbst zu tun. Außerdem wäre ich zur Stelle, um potentielle Käufer für unser Boot zu empfangen. Außerdem wollte ich in der Nähe von Cowes bleiben, wo ich die Seglergrößen kennenlernen konnte. Ich beabsichtigte, sie für meinen Yachtfilm zu interessieren; und ich mußte von einem von ihnen die Erlaubnis erhalten, daß mein Freund, der Produzent, und sein Kameramann während der Regatten an Bord arbeiten konnten.

Jean Grémillon beendete gerade ein großes Drama in der Bretagne und wollte frei sein, wenn er mein Telegramm erhielt. Er würde die notwendige Ausrüstung mitbringen. Wir wollten an Bord der *Volunteer* leben, die als Begleitschiff dienen sollte: Es sah so aus, als würde das letzte Kapitel meines Films – die Darstellung der Yacht in Aktion – unter den besten Voraussetzungen gefilmt werden können.

Wenn ich Erfolg hatte, würde mein nächster Schritt darin bestehen, eine der Firmen, die Filme zu Unterrichtszwecken finanzierten, für mein Vorhaben zu gewinnen. Mir schien es äußerst wünschenswert, allen Kindern Großbritanniens die Geschichte über das Innenleben eines Segelbootes zu zeigen. Ein Land, das so viel mit dem Meer zu tun hat, sollte einen solchen Film besitzen. Im Geiste legte ich bereits den Direktoren dar, daß darin auch viele lehrreiche Tatsachen über die Kolonien und ihre Produkte enthalten seien.

Was die Szenen anbelangt, die den Eigner zeigen, der nur zweimal im Jahr an Bord kommt, so waren sie vielleicht nicht unverzichtbar . . .!

Die Sache lief gut. Ich lernte Colonel Duncan Neill kennen, der die *Shamrock V* für Sir Thomas Lipton fuhr. Er war damit einverstanden, Grémillon und mich an Bord arbeiten zu lassen. Ich sandte mein Telegramm ab. Lange Zeit erhielt ich keine Antwort. Dann erfuhr ich, daß Grémillon ungefähr zwölf Tage lang durch schlechtes Wetter auf einem Leuchtturm von der Außenwelt abgeschnitten gewesen war

Darum befand ich mich am Ende ohne Kameramann an Bord der *Shamrock*, als sie bei Torquay eine Regatta fuhr. Es war ein phantastisches Erlebnis; aber alles in allem ziehe ich doch das Gefühl eines kleineren Schiffes unter meinen Füßen vor. Alles an der grünen 23-Meter-Yacht war riesengroß: man fühlte sich auf ihr so klein. Man hatte nicht den Eindruck, «sie zu halten», denn zwanzig Männer reichten kaum aus, die Großschot dichtzuholen.

Ich hockte mich zwei Meter neben Sycamore, den Skipper; Sycamore, der Mann aus Brightlingsea, der für seine Nerven aus Stahl bekannt war, der Held unzähliger Wettrennen – einschließlich des größten, des America Cup ... Stämmig und ruhig habe ich ihn bei seiner Arbeit am Steuerrad in Erinnerung. Er hatte Schwierigkeiten, auf dem geneigten Deck zu stehen, und hielt eine Speiche fest umschlossen, während seine Augen unverwandt auf seinen Maat gerichtet waren, der sich an die Luvwanten klammerte. Sycamore konnte den Bug nicht sehen, und er wartete auf die Signale, die ihm sagten, wie er steuern mußte. Wir erlebten etwas Aufregendes, als wir uns einer Boje näherten und unserer Rivalin, der *Astra*, den Wind wegnahmen. Es war einer jener dramatischen Augenblicke, in denen Zentimeter entscheiden. An Bord war alles bis aufs äußerste angespannt. Und dann verfing sich unser Stag am Ende des Baums der *Astra* ...! Es war schrecklich. Nicht ein Wort fiel. Der Mast mußte zusammenbrechen, sobald das Stag zerriß. Aber nichts geschah, da die beiden Boote mit gleicher Geschwindigkeit dahinschäumten. Eine kluge Drehung am Steuerrad – und gnädig, majestätisch trennten sich die beiden Takelagen voneinander.

Die großen Segel, die alle im gleichen Winkel geneigt waren und sich weiß gegen den schwarzen Horizont abzeichneten, jagten einander über die grüne See. Ich schaffte es, ein paar Fotos zu machen, obwohl es den Skipper störte. Er warnte mich: «Wenn Sie über Bord gehen, können wir nicht anhalten, um Sie herauszufischen ...!»

Mehr denn je wollte ich meinen Film drehen ... Aber bis hierher hatte ich alles getan, was ich tun konnte.

Die *Volunteer* brachte mich nach Cowes zurück. Dort sollte ich zum ersten Mal bei der berühmten «Cowes-Woche» zuschauen! Und mit viel Glück würde ich vielleicht ein- oder zweimal mitfahren, da der Colonel – wie er behauptete – Freunde in der Royal Yacht Squadron hatte, diesem exklusiven Club, der Sir Thomas Lipton ausgeschlossen hatte. Miette würde mit an Bord sein, denn ich hatte die Erlaubnis erhalten, sie einzuladen; und Yvonne würde auch kommen, da sie sich zufällig mit ihrer Tante ganz in unserer Nähe in Suffolk aufhielt.

Um ehrlich zu sein, wir hatten nur wenig Hoffnung, zu einem Wettsegeln eingeladen zu werden. Aber unser größtes Vergnügen bestand darin, die vielen wunderbaren Yachten um uns herum zu begutachten. (Weniger begeistert waren wir von dem blasierten Ausdruck auf den Gesichtern der Yachtbesitzer und ihrer Gäste!) Ein luxuriöses Schauspiel dieser Art ließ unsere wunderbare Rennwoche am Creux de Genthod auf dem Genfer See sehr klein erscheinen. Das einzige, woran wir uns nicht gewöhnen konnten, war das Wetter. Es war so kalt, daß wir es kaum wagten, zu baden. Es war nicht zu vergleichen mit der Orgie des Sonnenbadens, die wir für gewöhnlich mit unseren Sommerferien verbanden.

Nach allem, was ich ihr geschrieben hatte, genoß es Miette, den Colonel leibhaftig kennenzulernen. Wir lachten beide über seine Grillen.

Eines Tages beschlossen wir, den Rennen zu folgen. Da nur ein leichter Wind wehte und wir gegen den Tidestrom anfahren mußten, ging unser Mechaniker Stone unter Deck, um den Motor zu starten. Ohne Erfolg. Der Colonel – genannt Jack, Hippo oder Bulephant, je nachdem, wer an Bord war – ging hinunter, um nachzusehen, was nicht in Ordnung war. Wir vernahmen ein paar erstickte Laute und dann nichts mehr.

Nach zwanzig Minuten waren Miette und ich es leid, der Regatta durchs Fernglas zu folgen, und gingen ebenfalls unter Deck ... Dort lag der Colonel, mit der Zigarre in der Hand, auf einer Bank und schnarchte.

«Nun», sagte er, nachdem wir ihn geweckt hatten, «ich kann

genausogut schlafen gehen. Dieser verdammte Kerl hat den Tank mit Öl statt mit Treibstoff gefüllt ... Was soll ich machen?»

Ich ging zurück an Deck in der Hoffnung, ein Sonnenbad nehmen zu können. Ich döste vor mich hin, als ein Schwimmer meine Aufmerksamkeit erregte, denn er rief und winkte in Richtung Barge. Dann erfaßte ich den Sinn der Worte: «Gobbo ... o ...o!» Es war Puck, die Sportlehrerin der Mädchenschule, an der ich unterrichtet hatte. Ich sprang ihr entgegen, und unsere Begrüßung fand im Wasser statt.

In den Jahren, die seither vergangen waren, hatte ich sie einmal getroffen, als sie durch Genf reiste. Sie wollte sich ansehen, wie ich als Kapitän meine Hockeymannschaft führte. Und sie brachte mich immer noch zum Lachen, wenn sie nachahmte, wie ich in der Hitze des Gefechts über das Spielfeld schrie: «Die Verteidiger nach vorn!»

Puck segelte am nächsten Tag mit uns. Sie versuchte, so viel wie möglich über Seemannschaft zu erfahren, da sie beschlossen hatte, sich ein kleines Segelboot zu kaufen.

Der Colonel war unbezahlbar und machte dem Ruf, den ich ihm verliehen hatte, alle Ehre. Wir konnten ihn hören, wie er unseren Steward, den ruhigen Revell, in seiner weißen Schürze anbellte: «Wie bitte? Ich verstehe nicht, was Sie sagen ...» Und in derselben Minute hieß es: «Schreien Sie mich nicht so an, Mann, ich bin doch nicht taub!» Dem Lärm nach zu urteilen, hätte man meinen können, eine Katastrophe wäre über uns hereingebrochen, aber zum Glück war es nur eine Bagatelle. «Ja, Sir, ich habe nur gesagt, daß wir kein Piccalilli mehr haben ...»

Später an Deck sagte Applebee, die Deckshand, etwas über den Niederholer des Toppsegels. Und der Colonel antwortete, wobei er versuchte, wütend auszusehen: «Verdammt! Was heißt das? Können Sie nicht richtig englisch reden ... Meinen Sie das Stück Seil, was da liegt?»

Puck hatte ihren Freund Sandy Rowe aus Sea View mitgebracht. Er war ein guter Segler. Da auch der Colonel zwei Personen eingeladen hatte, war das Boot gut besetzt. Es war schwierig, sich auf einen Kurs zu einigen, da jeder eine andere Idee hatte, wie man das Rennen am besten verfolgen konnte, ohne den Yachten in die Quere zu kommen. Sandy Rowe hätte genau gewußt, was zu tun war, aber da er nicht gefragt wurde, sagte er nichts. Seinen wachen Augen entging nichts. Nachdem er unser Ruder eingehend betrachtet hatte, stieß er schließlich sein Messer hinein; das Holz war butterweich. Er stellte fest: «Es kann jede Sekunde in sich zusammenfallen!»

Der Freund des Colonels – ein älterer Herr mit weißem Schnurrbart – hatte sich in seine beste Cowes-Yachtkleidung geworfen: weiße Nadelstreifenhose und stolze Yachtkappe. Es wurde Zeit für ihn, von Bord zu gehen. Kabbelige See schlug über die unteren Sprossen der Leiter, und beim Hinuntersteigen gelang es ihm nicht, seinen Fuß in die Mitte des Beibootes zu stellen. Er verlor das Gleichgewicht, fiel hintenüber und saß im Wasser. Knie und Hände hingen über dem Schandeck, beide Füße waren noch im Beiboot. Applebee, die Deckshand, bildete ein Gegengewicht und schaffte es, den massigen Körper unseres Gastes aus dem Wasser zu ziehen.

Währenddessen rannte der Colonel aufgeregt schreiend an Deck der Barge hin und her, mit einem Bootshaken bewaffnet. Er beugte sich gefährlich weit über Bord, und es gelang ihm, die elegante Kappe unseres Besuchers zu retten, die hinter dem Rumpf auf den Wellen getanzt hatte. Eine Minute später war alles aus dem Wasser gezogen, und unser Gast stand in einer großen Wasserpfütze an Deck.

Der Colonel bot ihm an, ihm eine Hose zu leihen. Auf diesen Vorschlag hin antwortete er:

«Nein, vielen Dank, ich bin einigermaßen trocken ... Ich war ja kaum im Wasser! ...»

Diese Antwort ließ uns in schallendes Gelächter ausbrechen, und ich glaube, er hat es uns bis auf den heutigen Tag nicht verziehen. Natürlich, wenn unser Gast die Taille des Colonels mit der seinen verglich, mußte er wohl befürchten, wie ein Clown auszusehen.

Woolston

Ich kehrte zur *Atalante* in der ruhigen Werft am Itchen zurück und verbrachte dort ein paar einsame, merkwürdige und ruhige Wochen. An Bord bereitete ich mir meine Mahlzeiten zu, die von Tag zu Tag einfacher ausfielen. Nur widerwillig machte ich mich nach Woolston auf, wo die nächste Einkaufsmöglichkeit war. Dazu mußte ich nämlich Schuhe und Rock anziehen, die Eisenbahnlinie hinter dem Drehkreuz überqueren und über Ödland den Hügel zum oberen Ende der Hauptstraße hinaufsteigen. Obst war teuer; ich konnte die Leute in den Läden kaum verstehen, und ich wußte nie, was ich außer Brot, Butter und Marmelade kaufen sollte. Nur selten ging ich nach Southampton, dieser Stadt mit den niedrigen Häusern auf beiden Seiten der langen Straßen, die für mich wie ein Dorf aussah. Immer kehrte ich eilends wieder zu meinem Boot zurück: zunächst mit der Straßenbahn, dann ging es im Dauerlauf von der Endhaltestelle zur Fähre über den Itchen, die es noch zu erreichen galt. Sobald ich meinen Fuß auf das gegenüberliegende Ufer setzte, ging es mir wieder gut.

Dort betrat ich eine malerische Ecke. Nur einen Meter vom Wasser entfernt säumten uralte Häuser aus grauen Steinplatten einen Teil des Kais. In der Regel saßen dort zwei oder drei zahnlose Fischer in blauem Arbeitszeug auf einer Steinbank. Ich blieb immer eine Zeitlang bei ihnen stehen und fragte sie, was die Wolken uns bringen würden. Dann kam ich an einem großen Tümpel vorbei, in dem viele alte Baumstämme schwammen, die zur Hälfte untergetaucht waren: abgelagertes Holz vor der Verarbeitung im Schiffsbau.

Zurück an Bord und endlich wieder barfuß und in Hosen, nahm ich die Arbeit an «meinen» Fugen dort auf, wo ich sie liegengelassen hatte. Ich mußte erst einige Tage üben, bis ich das Kalfateisen richtig handhaben konnte. Es hat die Form eines Halbmondes, und ich fand heraus, wie man es mit dem Ringfinger voranschob, während man es mit der anderen Hand hineintrieb. Je länger ich an Deck arbeitete, desto größer schien die Anzahl der Fugen zu werden. Fast jede Fuge mußte sechsmal bearbeitet werden. Zunächst mußte man den brüchigen, ausgetrockneten Kitt mit dem verwitterten alten Werg herausnehmen. Dann wurde das blankgeputzte Holz in jedem schmalen Gang mit einer dicken Farbschicht überzogen. Anschließend hämmerte man einen lockeren Docht, der aus einem Strang zähen Wergs gedreht wurde, mit dem genuteten Halbmond des Kalfateisens hinein. Nach Auftragen einer weiteren Farbschicht wurde mit der biegsamen Klinge Kitt hineingedrückt – das Boot war zu fein, um seine Fugen mit Pech und Teer abzudichten. Zu guter Letzt wurden noch zwei Schichten Farbe aufgetragen, um das Werk zu vollenden.

Da ich stundenlang in gebückter Haltung an Deck arbeitete, suchte ich die beste Stellung; ich kniete oder saß auf einer Ferse. Schließlich hatte ich die Lösung: ich hockte mich auf einen umgedrehten Kochtopf. Dennoch war die gebückte Haltung nicht zu umgehen – eine Haltung, die meinem Rücken nicht zusagte: abends konnte ich mich nicht mehr rühren.

Von der Höhe meines Kochtopfs nahm ich meine Umgebung in mir auf. Neben mir lagen alle Arten verlassener Schiffsrümpfe, die zum Teil von rheumatischen Wärtern bewohnt waren. Sie machten offensichtlich nie etwas anderes, als bei Hochwasser eine Pütz Wasser auf ihr Deck zu schütten. Ich erinnere mich noch an die faßähnliche, graue *Rigdin*, eine Art «Dreimaster» mit einem vollen Bug. Etwas näher sah ich die *Hecate* mit einem langgezogenen, altmodischen Klipperbug.

Die Bells, ein älteres Ehepaar, bewohnten einen alten Kutter ohne Mast, der an dem nächsten Landesteg neben meinem vertäut war. Bei sonnigem Wetter saßen sie regungslos in einem seltsamen Deckshaus, das sie selbst gebaut hatten. Sie waren langweilig und annehmbar. Er trug einen Kneifer; sie hatte ihr Haar zu einem Knoten zusammengebunden. Sie war so freundlich, mir anzubieten, die Lebensmittel für mich einzukaufen, und nichts hätte mir mehr Freude bereiten können.

Hinter den Bells konnte ich die hohen Masten des Viermastschoners *Four Winds* sehen. Mehr als einmal verbrachte ich die Stunde des Sonnenuntergangs auf seinem hohen Deck und sah mir das Panorama der traurigen Häuser im Westen an, wenn sie, nur für einen Moment, mit Gold gesprenkelt waren. Die *Four Winds* gehörte zu einer Flotte, die man während des letzten

Krieges (1914) in aller Eile in Vancouver gebaut hatte, um den erhöhten Bedarf an Schiffen zu decken. Sie stand für einen lächerlich geringen Preis zum Verkauf an.

Gegenüber der Slipanlage und vertäut an der Steinwand lag die *Freedom*, eine originelle Motoryacht, die ich mir sorgfältig ansah. Ihr Eigner, ein großer, blonder Mann, war immer bei der Arbeit, belud oder entlud alles mögliche, lackierte, bestellte, erklärte . . . Einmal, als ich um das Hafenbecken herumgegangen war, um die Sache aus der Nähe zu betrachten, kam er an Deck und begann ein Gespräch, das immerhin zwei Stunden dauern sollte. Er zeigte mir jede Kleinigkeit seines teuren Bootes, das er selbst entworfen hatte. Ich bewunderte seine platz- und zeitsparenden Einrichtungen und erfuhr, daß er Pemberton-Billing hieß und Mitglied des Parlaments gewesen war. Ich vermute, er war zu unabhängig, um längere Zeit in einer Organisation zu bleiben, gleich welcher Art. Und der Name für seine Yacht, *Freedom*, war ein Programm. Er war eine schillernde Persönlichkeit. Ich glaube, daß man gerade in England die stärksten Persönlichkeiten antrifft, obgleich doch jeder hier dem Typus des Public-School-Abgängers entsprechen soll. Aber da man dem seltsamen Glauben anhängt, es sei schlechter Stil, wenn man sich von anderen unterscheidet, wird jede Art von Individualität verborgen.

Im Verhältnis zu der bescheidenen Größe der *Freedom* war ihre Inneneinrichtung unglaublich geräumig. Ich mußte den besonderen Tisch, das Spezial-Spülbecken und die ausgefallenen Brassen bewundern, die der Eigner selbst entworfen hatte. Sein logischer Verstand plante für alles eine Verbesserung, das ihm in den Weg kam. Und noch bevor ich erwähnen konnte, daß ich von Maschinen nichts verstand, zeigte er mir den gesamten unteren Teil des Bootes, der mit unzähligen Akkus angefüllt war, die seine Einrichtungen funktionieren ließen.

Schließlich konnte ich mich verabschieden; ich hatte inzwischen eine Ladung Bücher unter dem Arm, darunter Upton Sinclairs «Oil», das einen bleibenden Eindruck bei mir hinterlassen sollte.

Hinter dem Rumpf der Bells konnte ich die weiße *Sunbeam* mit ihren schlanken Toppmasten und ihren drei Rahen erkennen. Sie gehörte Sir Walter Runciman. Ihr Kapitän und ihr

Maat gingen eines Tages auf meinem Landesteg entlang, um mir bei der Arbeit zuzusehen. Sie bewunderten die Linienführung der *Atalante*;, und schon bald zeigte mir der Maat, wie er das Kalfateisen hielt.

Dann lud mich der Kapitän in sein Haus zum Tee ein. Dort verbrachte ich dann einen wunderschönen Nachmittag, den Conrad so gut hätte beschreiben können, denn er wußte, wie man für einen Seemann die Atmosphäre jener fernen Häfen heraufbeschwor, die er einst aufgesucht hatte.

Mein Gastgeber war Kapitän auf der königlichen Yacht gewesen. Davor hatte er viele Meere auf Windjammern besegelt und besaß eine einmalige Sammlung von Fotos aus luftiger Höhe. Bill, der Maat, war auch dabei; auch er war als Hochseefahrer ausgebildet worden, und ich lauschte gespannt den Erinnerungen, die sie austauschten. Währenddessen versorgte uns die stille Frau des Kapitäns mit Brötchen, Teekuchen, Butter, Marmelade, Obstsalat und Sahne . . . Das war ein Fest! Später holte sie aus dem Garten Geschenke für mich: Salat, Zwiebeln und Rote Bete.

Danach kam Bill am späten Nachmittag häufig vorbei, um mir zu helfen. Ich freute mich auf sein Lächeln; und es gab mir Auftrieb, wenn die Arbeit so unerwartet schnell voranging. Eines Tages brachte er mir Bohnerwachs für mein Linoleum und einen besseren Pinsel zum Anstreichen des Decks; der alte Wärter der *Rigdin* hatte mir gerade zwanzig Pfund hellbrauner Ölfarbe geschenkt, für die er keine Verwendung hatte.

Ich war glücklich. Wäre ich als Handarbeiter in einem Dorf geboren, wäre das Leben kein Problem für mich gewesen. Jetzt brachte jeder Tag seine Antwort: die getane Arbeit, die nützlich war. Unsere Hände sind dazu da, daß wir sie benutzen . . .

Ich hätte mir nichts Besseres als die Freundschaft von Bill wünschen können. Er war fröhlich und immer zum Necken aufgelegt; und nur zum Spaß spielten wir, unsere Kapitäne wären Sklaventreiber, unter denen wir sehr zu leiden hätten . . . Bill war klein und dunkel; ich mochte das Lächeln, das seine blauen Augen aufhellte.

An einem Samstagnachmittag, als ich gerade viel gearbeitet und das Gefühl hatte, eine Belohnung verdient zu haben, lud

Auf der *Volunteer:* der clevere Mister Applebee

Bill mich zu einer Varieté-Vorstellung in Southampton ein. Schnell erhitzte ich zwei Kessel Wasser, um mir eine besondere Wäsche zu genehmigen . . . Dann gingen wir zur Fähre und freuten uns auf den gemeinsamen Abend. Das Theater war zum größten Teil von Männern besucht, die «auf die Pauke hauen» und sich vergnügen wollten. Ich wollte auch lachen, daher grölte ich, wenn alle grölten, obwohl ich keine Pointe verstand. Um uns herum saßen nur Seeleute; und ich fühlte mich ihnen zugehörig.

Die andere Art der Zerstreuung, die Seefahrer gern genießen, wenn sie irgendwo anlegen, ist ein Landausflug. Bill und ich hielten das für eine gute Idee, und wir nahmen einen Sonntagsdampfer nach Cowes. Wir hatten gehört, daß die Isle of Wight sehr schön sein sollte, aber wir kannten sie nur von See her.

Sobald wir angelegt hatten, trennten wir uns von den Menschenmassen und wanderten aus der Stadt hinaus über schmale, von Hecken gesäumte Straßen. Unsere Nasen nahmen Düfte auf, die man an Bord nicht kennt: Staub, Rosen, Pferdeäpfel. Ein leichter Regen legte sich warm auf unsere Stirn und tätowierte den Straßenstaub. Als die Sonne wieder hervorkam, entströmte der Erde ein warmer Duft.

Wir saßen im Schatten eines Heustapels. Und eine Zeitlang genossen wir schweigend unser Dasein. Bilder aus uralten Zeiten tauchten in uns auf.

In der Bemerkung: «Es ist schön, eine Wolke hinter einem Baum vorbeiziehen zu sehen . . .» schien uns in jenem Augenblick die gesamte Wahrheit zu liegen.

Dann begann Bill zu reden. Er konnte nicht ohne das Meer leben. Viele Monate war er auf der *Monkbairns* gefahren, dem letzten Vollschiff Englands. Stück für Stück rief er sich seine tägliche Arbeit als Dritter Maat in Erinnerung, die Scherze, die er mit seinen Kameraden austauschte, die Nachtwachen, bei denen er Angst gehabt hatte, und das Gefühl absoluter Einsamkeit, das man in diesen langen Stunden verspürt . . .

Was sollte aus ihm werden? Es gab keine Windjammer mehr, auf denen man segeln konnte . . . Er wollte nicht beim Yachtsegeln bleiben; es gefiel ihm nicht besonders, weil er seine Freiheit liebte. Die Verpflichtung, zu den Gästen freundlich zu sein, empfand er als lästig. Daher bereitete er sich auf die Lotsenprüfung vor; sie war schwierig, und die Konkurrenz war groß. Aber was war, wenn er keinen Erfolg hatte? Wie sehr würde seine Mutter sich sorgen, die irgendwo in einem Dorf in Wales lebte, wo auch die meisten seiner Brüder und Schwestern wohnten. Als er nichts mehr zu erzählen hatte, sagte er mir, ich sei «großartig», weil ich so gut zugehört hatte ... Es war das mindeste, was ich für ihn tun konnte. Er hatte mich an meine Freunde erinnert, und ich fragte mich, wie viele von ihnen im Augenblick eine geeignete Arbeit suchten ... Was soll ich anfangen? Es war immer dasselbe Problem, und jeder mußte seine eigene Antwort finden.

Den Rückweg legten wir schnell zurück. Jetzt, da wir mehr über das Leben des anderen wußten, empfanden wir eine stärkere Zuneigung zueinander. Bill sah, wie ich lächelte, aber ich sagte ihm nicht, warum. Ich hatte mir gerade gedacht, wie wunderbar und einfach das Leben doch wäre, wenn wir uns verlieben könnten ... Für mich würde es bedeuten, daß ich immer am Meer leben könnte. Ich würde unsere Kinder aufziehen und geduldig auf den glücklichen Augenblick warten, in dem Bill zurückkehren würde!

Aber es kam ganz anders.

Schon nach wenigen Tagen glitt die *Sunbeam* sacht flußabwärts dem Meer zu. Ihr Schlickbett nahm *Elena* ein, eines der elegantesten Schiffe, die je auf dem Wasser waren, ein amerikanischer Schoner, der gerade die Regatta New York–Santander gewonnen hatte.

Meine Arbeit war erledigt und sah recht ordentlich aus. Die *Atalante* würde trotz des englischen Wetters im kommenden Winter trocken bleiben. Die Ruderpinne wurde mittschiffs fest vertäut, so daß sie sich nicht wieder im Schlick verziehen konnte. Die Luken wurden mit Deckeln versehen. Das Schiff würde sehr sauber aussehen, falls Käufer vorbeikämen.

Ein Dingi wartete längsseits auf mich ... Ich stieg *avec armes et bagages*, mit Sack und Pack, hinein. Und Applebee ruderte mich zur *Volunteer*, die in der Mitte des Flusses vor Anker lag. An Deck stand der gute alte Bulephant Jack und begrüßte mich mit lauten Rufen und winkte mir mit einem Halstuch zu.

Mitte September erhielt ich einen SOS-Ruf von Yvonne. Wie ich schon sagte, hatte sie das «Schauspielstudio» in Genf eingerichtet und es gemeinsam mit der großartigen Schauspielerin Carmen d'Assilva geleitet. Sie wollten ihre Bemühungen in Paris anerkannt sehen; zwei ihrer Stücke sollten im Studio an den Champs-Elysées aufgeführt werden. Ich hatte jahrelang amateurhaft Schauspielkunst studiert; und nun wollten sie, daß ich als die Duchesse du Maine in Jean-Richard Blochs Stück *Dix Filles dans un Pré*. Zehn Mädchen in einer Wiese, auftreten sollte.

So kam es, daß ich plötzlich auf einer Pariser Bühne stand . . . weit entfernt von einem Fischerdorf in Wales.

Nach drei Wochen öffentlicher Auftritte mußte ich mich entscheiden, ob ich den Brettern treu bleiben wollte. Meine Entscheidung fiel mir leicht, als ich erkannte, daß ich die Sonne nicht gegen Rampenlicht und die Stille der Natur nicht gegen das Gedränge in der Stadt austauschen konnte.

Segeln oder Landarbeit schienen die einzigen alternativen Lebensweisen, die mir das bieten würden, was mir gefiel. Sollte ich mich nun, da der Segelsport mich augenscheinlich in eine Sackgasse geführt hatte, der Landarbeit zuwenden? Und sollte ich mich Bob auf seiner Silberfuchs-Ranch anschließen?

Nein. Ich ging wieder zur See.

Zunächst aber kam die verschneite Jahreszeit, in der ich versuchte, meine unersättliche Leidenschaft für das Skilaufen zu stillen. Im Januar und Februar spielte ich in einem Film über den Wintersport mit, der in Mürren und auf dem Jungfraujoch gedreht wurde. Er hieß *Sportrivalen*. Er kann nicht sehr gut gewesen sein, denn ich erinnere mich daran, daß Arnold Lunn – der ungekrönte König von Mürren – andeutete, ich hätte mein «Kandahar»-Abzeichen besser während der Filmarbeiten nicht getragen! (Damals gehörte ich als einer der wenigen Ausländer diesem exklusiven Rennklub an.)

Teil IV

Zum letzten Mal Atalante

Unseren Informationen zufolge schwächte sich der Markt für Kreuzschiffe in England ab. Daher beschloß Miette zu Beginn der günstigen Jahreszeit, es sei billiger und einfacher, wenn die *Atalante* an der Nordküste Frankreichs liegen würde. Insgeheim waren wir froh, daß sie nicht verkauft worden war, denn so konnten wir wieder einmal ihr Deck abschreiten und ihre braunen Segel hissen.

Natürlich würde es nur ein kleiner Törn sein, noch dazu in bekannten Gewässern. Uns würde die ganze Erregung des ersten Teils einer Expedition fehlen, wenn man sich über Seekarten beugt und trunken wird von den endlosen Möglichkeiten für die Erfüllung eines jeden Wunsches. Die zweite Phase ist die Wirklichkeit mit ihren vielen Sorgen, mit Seekrankheit, intensiver Freude, Rückenschmerzen, ersticktem Primuskocher, peitschendem Regen und stolzen Augenblicken an der Ruderpinne eines guten Schiffes, wenn man sich unschuldig und in Harmonie mit Gottes Wind fühlt.

In einem dritten Stadium folgt dann das Vergessen der häßlichen Augenblicke, wenn man sich sagen kann: «Ich habe es mit eigenen Händen vollbracht!» . . . und die Sicherheit, daß es richtig war, Abschied von einem bequemen Leben zu nehmen.

Miettes Bruder, der aufsässige Ben, und ihr Vetter Zazigue schlossen sich uns in Woolston an. Der blasse, schlaksige Zazigue versetzte uns in Erstaunen, als er mit einem jungen Träger ankam, der seinen kleinen Koffer trug!

Wir zeigten den Jungs unsere Umgebung; die *Freedom* und die große *Four Winds*, die Pemberton-Billing gerade gekauft hatte (der behauptete, sie einhand gesegelt zu haben . . .), die steife, graue *Rigdin*, und zuletzt die lustige *Volunteer*, die gekommen war, um zu sehen, ob mit uns alles in Ordnung war.

Ben, dessen Ausspruch «ich bin ein Mann, ich brauche Fleisch . . .» sich bei uns herumgesprochen hatte, entwickelte eine Vorliebe für die kleinen, scharfen Würstchen, die man in England ißt; und jeden Morgen nahm er die Mühe auf sich, nach Woolston zu gehen, um sie zu kaufen.

Wir begannen, das Deck zu säubern, die Segel anzuschlagen und die Rundhölzer zu lackieren ... wobei wir immer ein Auge darauf hatten, was im Hafenbecken vor sich ging. Über das, was sich auf dem eleganten amerikanischen Schoner *Elena* abspielte, der mir vor einem Jahr so gut gefallen hatte, mußten wir viel kichern. Ein kleiner schwedischer Ingenieur wartete sie, und er zog – ob Sie es glauben oder nicht – zum Anstreichen Handschuhe an!

An einem anderen Tag erlebten wir die Ankunft des kleinen schwarzen Schoners *Kinkajou*, der in siebzehn Tagen aus New York herübergekommen war. Sie war ein Musterbeispiel an Effizienz. Man hatte viel Geld in sie investiert, und sie war mit teuren Einrichtungen ausgestattet: neben ihr sahen wir sehr altmodisch aus. Die Besatzung war international, darunter zwei stramme Norweger und ein deutscher Küchenchef mit dem Spitznamen «Das Wunder von Lille»; er wollte seinen Kühlschrank von überflüssigen Lebensmitteln erleichtern; und wir erbten Ananas, Sahne, Fisch, überreife Bananen und einen *plum-cake*.

Er hatte ein weiches Herz und war leicht reizbar, das Wunder von Lille. Er lud uns alle zum Mittagessen ein, als er sah, wie wir in unseren klebrigen, verschmutzten Overalls und schlammigen Gummistiefeln auf dem Trockenen arbeiteten und Kupferfarbe auf den Kiel und manchmal auch auf uns auftrugen ... und nicht in der Lage waren, in unsere Kombüse hinabzusteigen und zu kochen. Aber es kam eins zum anderen: der Colonel stattete uns in letzter Minute einen kurzen Besuch ab, und das Terpentin war verschwunden, als wir uns reinigen wollten. So kamen wir eine Stunde zu spät an Bord der *Kinkajou*. In einem Wutanfall hatte der nervöse Küchenchef unsere vier Steaks bereits über Bord geworfen!

Am selben Abend noch aßen Miette und ich an Bord der *Volunteer*. Die Jungs hingegen gaben vor, keine passende Kleidung zu haben, und blieben an Bord der *Atalante*. In Wahrheit streikten sie, weil sie wütend darüber waren, daß sie wegen der beiden Frauen ihr großartiges Mittagessen verpaßt hatten; sie konnten sich nicht daran gewöhnen, daß wir die Mahlzeiten eher dem Zufall überließen. Aber diese armen Tröpfe – ich weiß wirklich nicht, wie sie es anstellten ... Wir erfuhren, daß sie zwei Stunden gearbeitet hatten, bevor sie sich zu Eiern mit Kartoffeln an den Tisch setzen konnten!

Da wir die Dreckarbeit selbst verrichteten, hatten wir den Eindruck, daß wir in den Augen der anderen Hafenbewohner an Gesicht verloren. Dann hielt ein Bentley am Kai neben uns, und heraus sprang Pelham Maitland, einer meiner Skifreunde aus dem vorangegangenen Winter. Wir waren beide freudig überrascht, als wir uns begrüßten. Er bereitete seine *Freya* auf das Kanalrennen vor und nahm als Mannschaftsmitglied auf der *Grey Fox* am Fastnet-Rennen teil. Ein paar Jahre später sollte die *Freya* sogar zu einer langen Kreuzfahrt im Pazifik starten; aber an dem Tag, an dem sie unser Hafenbecken verließ, sahen wir, wie sie auf Grund lief, bevor sie die Woolston-Fähre erreicht hatte. Es war ein Trost für uns zu sehen, daß auch erstklassige Segler so eine beschämende Lage aushalten mußten!

Endlich waren wir am 2. August klar zum Auslaufen. Da die Tidenströme flußaufwärts recht merkwürdig verliefen, baten wir den Kapitän der *Margherita* um Rat. «Das einfachste ist es», sagte er, «wenn ich mit Ihnen fahre und Sie den Itchen hinuntersegle. Sie können mich irgendwo an Land setzen, dann fahre ich mit dem Bus nach Hause.»

Das hörte sich gut an. Aber um es vorwegzunehmen: der Kapitän fuhr uns kurz hinter der Hafenausfahrt auf Grund . . . Und als wir nach vielen Mühen mit Kattanker und Leinen wieder flott waren und ihn an Land setzen konnten, mußte er eine ordentliche Ladung Schimpfwörter «einstecken» von einem Herrn mit Dienstmütze, weil er gegen die Lotsenregeln verstoßen hatte.

Diese erste Ausfahrt hatte uns so ermüdet, daß wir schon recht bald vor Netley Hospital vor Anker gingen und alle vier eine volle Nacht durchschliefen.

Seeflugzeuge, die mit ohrenbetäubendem Lärm über uns hinwegbrausten, weckten uns auf. Ihr Röhren dröhnte uns noch in den Ohren, als die Maschinen selbst schon so weit weg waren, daß man sie nur noch als kleine Punkte erkennen konnte.

Als wir die East-Bramble-Boje passierten, banden wir ein Reff ein; die Brise aus Südwest frischte stetig auf. Dann fand eine hitzige Diskussion statt. Die Jungs mißtrauten unserer Erfahrung und waren sicher, daß sie auf See Hunger leiden würden. Sie erklärten einmütig, sieben Brote würden nicht bis Trouville reichen. Wir gaben nach und beschlossen, in Ryde anzulegen, um unsere Vorräte zu ergänzen.

Auf dem einem See ähnlichen Solent hatten wir nacheinander die *Berengaria*, die *Homeric* und die *Leviathan* gesehen. Mit ihren hohen Rümpfen zogen sie nur einen Steinwurf von der *Atalante* entfernt vorbei, die in ihrem Windschatten zitterte. Kurz nach Mittag warfen wir vor Ryde den Anker, in Sichtweite zweier Schiffe unter französischer Flagge: des Zerstörers *Léopard* und Virginie Hériots *Ailée*.

Das waren noch glückliche Zeiten, in denen Kriegsschiffe als Eskorte für Yachten eingesetzt wurden! Die «acht Meter» der *Ailée IV* passierten uns, um an der Coupe de France teilzunehmen.

In Anbetracht der bevorstehenden Nacht auf See machten wir am Nachmittag ein Nickerchen. Miette wachte als erste auf und beschloß, uns «auf den Arm zu nehmen» und zu behaupten, Virginie habe längsseits angelegt ... Aber als sie dann aus unserem Niedergang plierte und sah, daß das Beiboot der *Ailée* tatsächlich mit Eigner zu uns herüber gerudert wurde, war sie diejenige, die eine Überraschung erlebte. Wir torkelten aus den Kojen, rieben uns die Augen, kämmten uns ... da kam Virginie auch schon die Treppen herunter. Ben steckte noch im Schlafanzug, und es war ihm peinlich, so unordentlich vor einer *jolie femme* zu stehen. Ich sehe sie noch vor mir, ihre Konturen zeichneten sich deutlich gegen das dunkle Paneel unserer Kabine ab. Sie trug einen weiß-marineblauen Turban um ihren kleinen Kopf. Gebogene Wimpern umrahmten ihre übergroßen grauen Augen und hatten dieselbe Farbe wie ihr Haar. Ihr Mund vermittelte immer den Eindruck, als unterdrücke sie ein schmerzliches Geheimnis. Ihr Körper war so klein und schlank, daß sie bei einer Zwei-Reff-Brise die Pinne ihrer Rennyacht nicht halten konnte. Aber sie war die Frau, die alles aufgegeben hatte, um das ganze Jahr über auf ihrem Schoner leben zu können; und sie wollte ihr Land gern in Italien, Spanien und Norwegen repräsentieren. Gerade in Norwegen, wo jeder zweite Mann ein Segler ist, war sie sehr beliebt; man nannte sie die *Princesse franque* oder die Fee Frankreichs. In ihrem eigenen Land entstand durch sie und Gerbault gleichermaßen ein breites Interesses für den Segelsport. Ich habe Alain und Virginie in einem Satz miteinander verbunden; und vielleicht kann ich an dieser Stelle eine Frage beantworten, die schon so oft gestellt wurde. Ist Gerbault wegen Madame Hériot zum einsamen Einhandsegler geworden? Das glaube ich ganz und gar nicht.

Als Virginie der *Atalante* einen Besuch abstattete, wurde sie begleitet von dem Skipper ihres kleinen Rennbootes und Kapitän Rallier du Baty, der ihren 250-Tonnen-Schoner für sie fuhr und zusah, daß sie nicht zu vielen Haien zum Opfer fiel. Er war ein großartiger Seemann, obwohl er mit seinem rundlichen, rosa Gesicht und seinem Strohhut nicht danach aussah. Ben war ganz aufgeregt, neben dem Autor des Buches «Fifteen Thousand Miles in a Ketch» zu sitzen, eines Buches, in dem Rallier seinen heroischen Törn zu den Kerguelen auf der Suche nach Walroß-Öl beschreibt.

Es war ein großer Tag im Leben von Virginie, weil sie endlich die Coupe de France gewonnen hatte, einen Wettbewerb, für den sie schon so viele Yachten hatte bauen lassen. Aber sie hatte gerade bei einer Regatta, die auch in Ryde stattgefunden hatte, den Cumberland Cup an die *Unity* verloren. Am nächsten Tag wollte sie nach Skandinavien abfahren.

Ihre größte Neuigkeit war, daß Gerbault seine Weltumseglung beendet hatte und am 26. Juli in Cherbourg eingetroffen war. Er befand sich irgendwo an der französischen Küste, da er an einem offiziellen Empfang der französischen Marine ihm zu Ehren teilnehmen sollte.

Als wir am 4. August aufwachten, fauchte die Bö aus Südwest so unheilverkündend, daß wir unsere Abfahrt verschoben. Die Funkmeldung, die der französische Zerstörer empfangen hatte, besagte, daß wir uns mitten in einem Tief befanden, das der Wetterbericht angekündigt hatte.

Am Nachmittag trat eine Flaute ein. Wir legten ab und hofften, daß der Kontinent noch vor Anbruch der Dunkelheit am nächsten Tag in Sicht kommen würde. Um sicherzugehen, beschlossen wir, ein Reff einzubinden, während wir noch im Windschatten der Insel Wight waren. Das Log wurde vor Bembridge ausgeworfen.

Je weiter wir nach Süden fuhren, desto höher wurde der Seegang. Und ich wußte, daß ich wieder einmal ohne Abendessen auskommen mußte. Miette ging tapfer nach unten, um ein Omelett vorzubereiten, das Ben kochen mußte, und Zazigue war schließlich der einzige, der etwas aß . . . Aber auch er mußte nach kurzer Zeit die Fische füttern.

Ich hatte die erste Wache. Wegen der eisigen Schauer wurden Wollsachen und Ölzeug ausgepackt. Wir richteten unsere Positionslampen und brachten sie sicher in der Back unter. Ich übernahm die immer gleiche, stinkende Prozedur: den kleinen Abzug halten, die Paraffindose öffnen, die Lampen füllen . . . achtgeben, daß der Docht nicht verrutscht, damit er nicht rußt und sein konvexes Glas schwärzt.

Ich sitze am Ruder, lehne mich gegen die Pinne, gut abgesichert durch die Jochleine, halte ein Auge auf den Steuerstrich, das andere auf die farblose See – damit beginnt die Art von Arbeit, die mir gefällt. Ich lausche dem Wasser, dem Wind und der Takelage . . . hin und wieder leuchtet ein Stern durch einen Spalt im Himmel. Ich bin wie verzaubert.

Mit unserem Bugspriet voran öffnen wir uns den Weg durch einen Wind, der fest und fließend zugleich ist. Die straffen Segel lehnen sich an einen Teil der flüssigen Masse, durch die sie angetrieben werden. Wenn sich das Boot wohlfühlen soll, muß es schnell fahren, sonst wird es zu stark von den Wellen erschüttert.

Obwohl ich geradezu entrückt bin, gebe ich doch acht. Ich weiß, daß man durch die böige Finsternis die *Atalante* von der Brücke eines Dampfers aus nicht so gut sehen kann. Manchmal rede ich laut mit mir selbst. Na? Was ist das? Ein Frachter, der geradewegs auf uns zuhält . . . Ja, ich habe seine grünen und roten Lichter schon vor Ewigkeiten entdeckt! Das ist kein Witz mehr! Sein Topplicht steigt höher und wird von Sekunde zu Sekunde heller . . . Hat er denn mein Steuerbordlicht nicht gesehen? Er muß jetzt umschwenken . . . Wie dumm von mir, so nervös zu werden. Ja . . . Nein . . . ich kann nicht mehr warten! Im Windschatten des Schanzkleides zünde ich das Signallicht an und halte seine langen Flammenzungen hoch. Sofort verändern die drei Lichter des Dampfers die furchtbare Sturheit ihres Kurses. Das rote verschwindet, das grüne kommt auf uns zu und ich kann mir vorstellen, wo der Mast aufragt. Er ist viel zu nah gekommen, und die *Atalante* wird von seinem Kielwasser durchgerüttelt.

So stark, daß sich der Schäkel löst, der am Niederholer unseres Baums befestigt ist, und mit einem ‹Fluf› ins Meer taucht ... Die Brise läßt allmählich nach, der Baum schwingt bedrohlich von einer Seite zur anderen, bis Ben auf mein Rufen reagiert und ihn faßt. Der Wind kommt zurück, sobald Ben seine Ruderwache antritt.

Um 5 Uhr erkennt Miette das Leuchtfeuer von Barfleur. Der Himmel klart auf. Und als ich um 9 Uhr gut ausgeruht an Deck komme, kann man die Konturen des Cabourg-Kliffs sehen. Kurz nach 10.30 Uhr wird in Trouville Flut sein. Schaffen wir es bis dorthin, bevor das Hafenbecken um 11 Uhr geschlossen wird? Bis jetzt sind wir zufrieden mit unserer Überfahrt, obwohl unser Landfall ein wenig zu weit westlich ausgefallen ist. Sollte die rote Flagge auf der Mole von Trouville wehen, die anzeigt, daß die Tore geschlossen sind, können wir Kurs nehmen auf den Außenhafen von Le Havre.

Langsam nähern wir uns den Molen, die ich so gut kenne. Das Signal «Hafenbecken offen» ist noch zu sehen. Wir hüpfen über drei mächtige Roller, die Meeresschwelle des Touques. Inzwischen erreichen uns schwache Stöße eines unberechenbaren Windes von recht achteraus: gegen den Ebbestrom ankämpfend, kommen wir nur im Schneckentempo voran. Von Deck aus stoßen wir das Beiboot über Bord: es trifft mit einem hellen Platschen auf die Wasseroberfläche.

Aber, was soll denn das? Das Tor des Hafenbeckens ist geschlossen, obwohl die rote Flagge nicht gehißt war ... Mit Stentorstimme beschimpft Ben den Signalgeber, daß er uns so weit hat fahren lassen. Bei Ebbe wird kaum noch Wasser in der Mitte des Flusses sein.

«Regen Sie sich nicht auf», sagt der Torwärter, «vor der Einfahrt ist das Wasser noch fast zwei Meter tief, und der Grund ist weicher Schlick. Warten Sie da auf die Nachmittagsflut.»

Wir beschließen anzuhalten. Je näher wir unserem Ziel kommen, desto weiter wird das Großsegel eingeholt. Das Manöver ist nicht schwer, aber wir vergessen eine Tatsache, die uns fast unseren Bugspriet kostet ... Beim Verlassen des Flußbettes befinden wir uns plötzlich außerhalb des Ebbestroms, so daß wir mit zu hoher Geschwindigkeit nach vorn schießen. Und wir stoßen höchst unsanft gegen die Wand. Es hat keinen Zweck, abzudrehen, da nur vor der Einfahrt zum *bassin* genug Wasser für uns vorhanden ist.

Bei Ebbe liegen wir vollkommen auf der Seite, eine höchst beschämende Lage für ein Segelboot mit tiefem Kiel. Es wird vereinbart, daß ich ein Paar Schoren kaufen muß, falls ich die *Atalante* noch einmal auf Grund setze ...

Zum Glück richtet sie sich ordentlich wieder auf. Am späten Nachmittag laufen wir dann ins Hafenbecken ein und sehen uns Millionärsyachten gegenüber, die auf Hochglanz poliert sind und deren Lackschichten und überreichlich vorhandene Messingteile uns geradezu blenden. So manches Märchen rankt sich um die Namen unserer nächsten Nachbarn: *Ariane*, *Narcisse*, *Crusader*, *Mélisande*, *Eileen*, *Vonna* und *Petite Circé*.

Ein einsamer Segler

Der Hafenmeister von Trouville berichtete uns, Alain Gerbault halte sich in Le Havre auf. Dort würde er notgedrungen mit «großen Tieren» ausgebucht sein, vermuteten wir. Aber wir mußten ihm unbedingt eine Nachricht zukommen lassen. Verbunden mit Glückwünschen und tausend Willkommensgrüßen schickten wir ihm unsere Anschrift an Bord der *Atalante*, falls er antworten wollte. Aber wir hörten nichts. Hieß das, Alain würde Trouville nicht anlaufen?

Unsere beiden Männer zogen von dannen, und wir mußten allein auflegen. Ben mochte die *Atalante* inzwischen so gern, daß er beschlossen hatte, sie zu kaufen.

Eines Morgens kamen Freunde aus Houlgate zu Besuch. Sie brachten uns eine Einladung mit zu einem großen *lunch de gala* zu Ehren Alain Gerbaults im New Golf Hotel von Deauville. (Deauville ist der moderne Badeort, der sich im Westen an den Hafen von Trouville anschließt.) Wir sagten ab, zum einen weil wir keine eleganten Kleider besaßen, zum anderen weil wir befürchteten, uns in einer Menge sogenannter «wichtiger Persönlichkeiten» nicht wohlzufühlen. Wir erfuhren, daß Alain bei Hochwasser in unseren Hafen segeln sollte, daher hofften wir, ihn in aller Ruhe an Bord aufsuchen zu können.

Zu dem Zeitpunkt, als unsere Freunde sich verabschiedeten, standen bereits viele Menschen auf der Pier, und aus jeder Straße strömten mehr Neugierige. Gerbaults Popularität war einfach überwältigend. Die Zeitungen waren voll mit seinen Taten, man nannte ihn einen Nationalhelden; und an Bord eines Zerstörers hatte er den Orden der Ehrenlegion verliehen bekommen. Journalisten nahmen seine Heldentat zum Anlaß, die Tapferkeit der Franzosen herauszustreichen; sie teilten ihren Lesern mit, Frankreich sei eine große Seefahrernation, und es sei eine typisch französische Eigenschaft, allein die Welt zu umsegeln!

Die Menschenmenge in ihrer leuchtenden Sommerkleidung bildete bald eine undurchdringliche Mauer. Dann hörten wir begeisterten Applaus.

Zunächst sahen wir nur die Takelage der *Firecrest*, die sich dem Hafenbecken näherte; das Großsegel war gehißt. Wir befanden uns in der ersten Reihe, denn die *Atalante* war direkt neben dem Hafentor vertäut. Endlich tauchte der stolze Kutter auf, im Schlepp eines Motorbootes. Dann sahen wir Alain. Er saß im Schneidersitz an Deck und hielt die Pinne. Er war abgemagert und sah mitgenommen aus. Wir spürten eine leichte Beklemmung ... Es war phantastisch, daß er sich erfolgreich seinen Weg gebahnt hatte durch die ungeheure Weite der Ozeane, durch Stürme und Flauten, über Wasserstraßen, die auf keiner Karte verzeichnet sind, und durch unbekannte Strömungen ...

Er war in makelloses Weiß gekleidet. An Deck hatte sich nichts verändert. Sein Boot glitt in einem Abstand von knapp zwei Metern an uns vorbei, und er rührte sich nicht.

«Schläfst du heute nacht an Bord?» – «Ja», antwortete er. «Aber wir sehen uns doch beim Mittagessen ...»

Seine Stimme war unverändert; wie immer war seine Aussprache ein wenig undeutlich, er sprach das «d» und «t» sehr weich aus, wie die Engländer. Wir sprangen in das Beiboot, überquerten das Hafenbecken, gingen an Bord der *Firecrest* und umarmten Gerbault im Schutz des Großsegels. Mein Gott, wie hohl seine Wangen waren! Wir sprachen hastig, da er in der Stadthalle erwartet wurde. Wir sagten:

«Komm morgen früh an Bord. Wir werden dir wie in Cannes 1923 ein Frühstück zubereiten. Wir kommen nicht ins Golf-Hotel.»

«Natürlich kommt ihr ... ich befehle es euch. Ich habe es dem Komitee bereits angekündigt.»

«Aber Alain, wir haben nichts anzuziehen ... und es wird scheußlich werden ... all diese Snobs dort scheren sich einen Dreck um dich und dein Boot. Du bist nur ein gutes Werbemittel für ihren neuen Golfplatz. Da gehören wir nicht hin und würden uns verloren vorkommen, meilenweit von dir entfernt ...»

«Halt den Mund ... Ich habe ihnen gesagt, daß sie euch zu meiner Rechten und Linken setzen sollen. Wir werden miteinander reden können. Was die Kleidung anbetrifft, kommt, wie ihr seid. Ich werde diese Sandalen anbehalten (ich habe schon jahrelang keine festen Schuhe mehr getragen), und, seht, das hier werde ich heute anziehen ...»

Er zeigte uns seinen Marineanzug aus weißem Leinen, zugeschnitten bei Barclay und genäht von Segelmacher Mariolle! Sein origineller Anzug machte ihm Spaß. Ganz offensichtlich hatte er sich in all den Jahren, die er in der Wildnis verbracht hatte, nicht verändert. Er war erfrischend und kindlich wie immer, bereit, mit allem zu spielen, das mit dem Meer zu tun hatte.

Sein Freund Pierre holte uns ab. Dreihundert Gäste waren zu diesem Essen geladen. Und sie standen alle in der Halle des Luxushotels, als wir ankamen . . . die Eleganten, die Reichen, die Blasierten, die Opportunisten, die Degenerierten, die Weltlichen . . .

Wir traten ein – ohne Strümpfe, ohne Hut, in Plisseeröcken und weißen Drillich-Seglerjacken. Und man kannte uns nicht, was diese Leute kränkte. Umringt von Offiziellen, unter anderem dem Bürgermeister der Stadt, kam Alain an und zwinkerte uns zu. Wir bewegten uns auf das Mittagessen zu. Der Held des Tages saß in der Mitte eines großen, hufeisenförmigen Tisches; ihm gegenüber waren nur drei Plätze: für Miette und für mich, und zwischen uns saß ein kleiner Mann, dessen Name sich wie ‹Citrenne› anhörte. Wir kehrten der Versammlung den Rücken.

Mit seinem länglichen, schmalen, faltigen, gebräunten und scharfgeschnittenen Gesicht bildete Alain einen solchen Kontrast zu der eleganten Dame neben ihm, daß wir ein Kichern unterdrücken mußten. Zu seiner Linken saß eine Herzogin, zu seiner Rechten eine Gräfin. Mit einem Augenzwinkern deutete er uns an, daß er Unsinn im Sinn hatte.

Natürlich hat er sich schlecht benommen, aber es war so lustig, daß wir uns seinen Vorgaben einfach anschließen mußten. Er begann uns zu erzählen, wie jedes Teil der Takelage und des Rumpfes den Törn gut überstanden habe. Seine beiden hellhäutigen Nachbarinnen konnten von seiner Seglersprache kein Wort verstehen. Ein paarmal versuchten sie, ihm so charmant wie möglich eine höfliche Frage zu stellen:

«Was haben Sie denn in den vielen einsamen Nächten gemacht?»

«Geschlafen . . .», antwortete Alain der Herzogin. Und dann setzte er an uns gewandt seine Erklärungen fort: « . . . weil die Reihbändsel des Schnausegels und die Püttings der Stage am Ende jenes zehn Tage anhaltenden Sturms nachgaben . . .»

Danach erklärte er uns, warum er zur Marconi-Takelage übergegangen war und warum er mit seinem Seeanker keinen Erfolg gehabt hatte.

«Haben Sie denn genug frisches Wasser zum Baden auf Ihren langen Fahrten . . .?» fragte die Gräfin.

«Ich wasche mich nicht . . .», antwortete Alain zuvorkommend der entsetzten Dame. Und dann vernahmen wir Einzelheiten über sein Patentreff. Plötzlich sprühten seine grünen Augen, und er beendete seinen Satz mit den rätselhaften Worten:

«Dummerweise hatte ich das Speigatt der Besanfock geschnürt . . .»

Wir erstarrten keineswegs sprachlos vor Erstaunen. Miette nahm das Spielchen auf und erteilte in etwa folgende Antwort:

«Du hättest die Muringwarbel des Backbordspriets knebeln sollen. . . .»

Wir freuten uns diebisch wie drei freche Kinder.

Nachdem im Garten der Kaffee gereicht worden war, folgten wir Alain in ein merkwürdiges, großes Auto, das auf uns wartete: ein automatisches Raupenfahrzeug von Citroën! Wir wurden über jeden Hügel des Golfgrunds gefahren. Vergeblich versuchte ein Fachmann, Alains Aufmerksamkeit auf die Schönheiten des Golfplatzes zu lenken oder die Eigenschaften der Raupe herauszustellen, die alle Hindernisse überwinden konnte. Obwohl Alain von Beruf Ingenieur war, interessierten ihn diese Ausführungen nicht. Er hatte dem Land für immer den Rücken gekehrt und gehörte der See. Er fuhr fort, uns vieles zu erklären; er berichtete über die Passatwinde und die beste Art, die Meridianhöhe zu bestimmen. Auch als die Raupe eine große Sanddüne zum Strand hinunterfuhr, warf er kaum einen Blick auf seine Umgebung.

Schließlich krochen wir auf eine makadamisierte Straße zu, und die Raupe schüttelte uns heftig durcheinander. Miette stellte gedankenlos fest: «Wir haben sicher eine Reifenpanne! . . .»

Der kleine bebrillte Mann, der mein Tischnachbar beim Essen gewesen war, fuhr uns. Eine Bemerkung, die er über «seine Autos» machte, ließ Miette und mich aufhorchen: das war Monsieur André Citroën höchstpersönlich! Ich war verblüfft . . . nicht etwa, weil mich die Autoherstellung interessierte, sondern weil Citroën eine Expedition durch Zentralasien organisierte, und ich Dummkopf hätte beinahe eine Chance verpaßt, mit ihm zu reden. ... Ich fühlte mich von den Menschen in den Steppen magisch angezogen. Und seitdem ich vor ein paar Monaten von diesem Citroën-Kreuzzug gehört hatte, war es mein Traum, als Assistentin des Kameramannes daran teilnehmen zu können. Sofort wandte ich meine ungeteilte Aufmerksamkeit Citroën zu und fand ihn faszinierend! Natürlich, jetzt, da ich ihn als jemanden ansah, der mein Schicksal bestimmen konnte, entdeckte ich, daß seine Augen, obwohl sie hinter einem Kneifer versteckt waren, Intelligenz ausstrahlten. Ich erzählte ihm, ich könne Naturfilme drehen und sei überhaupt die geeignete Person, die seinen Film mit dem rechten Verständnis aufnehmen würde, aufgrund meiner intuitiven Kenntnis der Primitiven ... Aber ich erfuhr, daß Frauen zu dieser Expedition nicht zugelassen waren, die alles in allem über achtzehn Millionen Franc kosten würde.

In diesem Augenblick schoß mir der kühne Gedanke durch den Kopf: «Wenn du unbedingt nach Zentralasien willst, warum gehst du nicht allein?»

Das Raupenfahrzeug wurde Gerbault für zwei Tage zur Verfügung gestellt ... eine großartige Idee von der Werbeabteilung der Firma Citroën, für die es selbstverständlich gewesen sein muß, daß der einsame Segler nach vier Jahren auf See gern einmal über Land fahren würde. Sie hätten sich nicht träumen lassen, daß Alain auf geradem Wege zu Pierres Villa zurückkehren würde, um uns seine Seekarten zu zeigen.

Wir breiteten sie auf dem Fußboden aus und folgten dann stundenlang, das Kinn auf den Händen abgestützt, seinem Finger über die Ozeane. Wir lernten die Namen von Inseln mit einer unaussprechlichen Menge von Vokalen, wir hörten das Donnern der Brandung auf den Paumontou-Atollen, wir betraten den Paß von Papeete, wir machten Fahrt vor Raiatea in einem Auslegerkanu, wir sahen den stolzen Pora-Pora mit seinen beiden Zacken, wir bewunderten die klugen Maoris von Raratonga und die mit einem Lendenschurz bekleideten, tätowierten Fidschis.

Aber Deauville holte uns unbarmherzig in die Gegenwart zurück. Alain wurde an jenem Abend im «Restaurant des Ambassadeurs» erwartet, wo ihn die Akademie der Wissenschaften zum Essen einlud. Sein Freund Pierre wußte, daß Alain von

Umgangsformen nicht viel hielt, hatte aber bemerkt, daß er sich in unserer Gesellschaft weniger wie *un ours mal léché* – wie ein Grobian – benahm, und beschloß, daß wir ihn begleiten sollten.

Wir kehrten an Bord der *Atalante* zurück, um uns umzuziehen. Und wie verabredet kamen wir um 21.30 Uhr am «Ambassadeurs» an. Da Alain noch nicht da war, holten wir ihn ab. Er kroch gerade auf allen vieren auf der Suche nach seinem Kragenknopf herum. Er hatte schon jahrelang keinen Kragen mehr getragen, und Pierre zitterte schon davor, daß Alain streiken würde. Als er endlich fertig war, sah er sich unsere praktischen Reise-Abendkleider an und erklärte, wir seien nicht schick genug. Pierres Frau half uns dabei, all ihre Kleider anzuprobieren, bis wir etwas gefunden hatten, was unseren beiden Männern gefiel.

Wir kamen eine Stunde zu spät. Der Duc de Grammont und Prince Murat durchschritten wütend die Halle: es war ein furchtbarer Augenblick. Das Abendessen war nur für Männer. Also nahmen wir an einem Tisch in der Nähe Platz. Gerbault war schon bald umringt von Autogrammjägern; und wir in unserer Verkleidung haben es sicher geschafft, daß er gegen seinen Willen lachen mußte.

Aber der nächste Tag entschädigte uns für alles, was wir durchgemacht hatten. Haferbrei, Toast, Eier und Speck – all das, was Gerbault mochte – standen auf dem Tisch der *Atalante*, wie damals auf unserer *Perlette* an dem Tag, als er Cannes mit Kurs auf New York verließ . . . Während des Essens spannen wir Seemansgarn, das am besten klingt, wenn man es in einer kleinen Kajüte erzählt.

Bei Hochwasser nahm die *Firecrest* Kurs auf Le Havre. Wir befanden uns an Bord und hielten uns unter Deck versteckt, damit der einsame Segler seinem Ruf gerecht wurde. Auf offener See genossen wir es dann, uns an Deck aufhalten zu können. Wir kreuzten den ganzen Tag nur zum Spaß in der Bucht von Le Havre. Die kühne *Firecrest* war arg mitgenommen, und ihre Fugen gaben allesamt nach. Alain hatte beschlossen, das Geld, das er an seinen Büchern verdienen würde, in ein neues Boot zu stecken. Und es sollte ein kleines Juwel werden . . .

Ich sah das Schiff 1931, als es sich in Sartrouville im Bau befand. Und ich verbrachte viele Stunden an Bord, bevor sie

Kurs auf die Südsee nahm, wo ihr Eigner seitdem lebt. Sie war ein Doppelender mit Marconi-Takelage und genauso lang wie die *Firecrest*.

Alain fuhr mit dem Dampfer um Mitternacht nach England, wo ihn sein Verleger treffen wollte. Die *Atalante* wurde aufgelegt. Miette reiste ab. Und die *Volunteer* holte mich in Trouville ab.

Die helfende Hand der Marine

Die Barge wurde von Tag zu Tag wackliger. Diesmal war ihr Propeller nicht in Ordnung. Wir liefen Le Havre an und stellten sie auf die Balkenroste.

Während unseres Aufenthalts dort erblickte ich eines Nachmittags dicke Rauchsäulen über einem benachbarten Hafenbecken. Irgend etwas Großes mußte in Flammen stehen. Ich lief an Werften vorbei, die sich hier über Meilen erstreckten, und stellte fest, daß es das große Passagierschiff *Paris* erwischt hatte. Niemand wußte, wie es passiert war. Man sprach von einem Kurzschluß . . . Ich kletterte auf einen sehr hohen Kran und fotografierte die Szene. Rauch drang aus dem Oberdeck und verdeckte die großen Schornsteine. Vielleicht konnte ich meine Fotos an die Pariser Presse verkaufen und damit viel Geld verdienen, wenn ich die Herausgeber der *Illustration* vor den Agenturen erreichte? Im Dauerlauf eilte ich an den Hafenbekken vorbei, am Quai d'Ile entlang zu einem Fotogeschäft. Ich trug immer noch die Seglerkleidung, in der ich gearbeitet hatte, und die Seeleute vor ihren grauen Häusern nannten mich «den kleinen Gerbault». Die Filme verpaßten den ersten Zug nach Paris; und sie kamen später zurück, ohne Erfolg . . .

Alain war wieder in Le Havre und kam ein paarmal an Bord unserer alten Barge, bevor wir nach Ouistreham absegelten. Wir führten friedliche Diskussionen. Viele Jahre lang hatte ich versucht, mir den Lebensunterhalt auf See zu verdienen. Offensichtlich funktionierte das nicht, und ich wußte, daß ich einen neuen Weg einschlagen mußte. Obwohl ich nirgendwo zu Hause war, hatte ich mich von Europa nicht so gelöst wie Alain. Seit seiner Rückkehr war er unglücklich und fühlte sich eingesperrt. Er gehörte so sehr zur See, daß die Themen der Schauerleute für ihn von zweitrangiger Bedeutung waren. Es machte ihm nichts aus, wenn Landratten ihn falsch beurteilten oder sogar Marineoffiziere, «die», so sagte er, «keine Segler sind, sondern nur Ingenieure.» Er legte Wert auf die Feststellung, daß er die Mannschaft der *Firecrest* sei und nicht ihr Kapitän, weil es keine große Leistung sei, wenn man mit einem Sextanten umgehen könne.

Wie viele junge Männer hatte ihn der Krieg von 1914 aus der Bahn geworfen. Er selbst sagte darüber: « . . . der Krieg hat mich aus der Zivilisation vertrieben; ich will nicht wieder zurück. Mein Land ist dort, wo ich meine Mitmenschen verstehen und lieben kann und wo ich von ihnen verstanden werde.» Er beabsichtigte, sein neues Boot in den Pazifik zu segeln, wo seine wahren Freunde lebten. Er kannte meinen Wunsch, auch dorthin zu gehen, aber er ließ keinen Zweifel daran, daß die Überquerung des Atlantiks von Ost nach West riskant war und daß er die Verantwortung für mich an Bord seines Schiffes nicht übernehmen wolle. «Aber», fügte er hinzu, «komm zu mir nach Papeete, und ich werde dir meine Inseln zeigen.»

Das hörte sich großartig an . . . Aber ich wußte nicht, wovon ich meine Überfahrt nach Tahiti bezahlen sollte, außerdem fürchtete ich, daß ein Zusammenleben mit Alain, der das Temperament eines Einsiedlers hatte, anstrengend sein könnte.

Aber wer weiß, ob ich nicht eines Tages Gebrauch von dieser Einladung machen werde?

In Ouistreham lag die Barge inmitten winziger Segelboote vertäut und erweckte den Eindruck einer von vielen bunten Küken umgebenen Henne. Alle Welt segelte den beliebten «Monotype minima de la Manche», die M.M.M., wie man sie nannte. Der Segelclub wurde geführt von Henri Dulac, der zu Beginn des Jahrhunderts ein Pionier des Skilaufens war; und in meinen Jugendjahren in Saanenmöser habe ich viel von ihm gelernt.

Das Leben war sehr angenehm. Man gab mir ein Boot, das ich bei den Rennen steuern konnte . . . Oben auf dem Kliff standen, versteckt in grünen Gärten, gastfreundliche Landhäuser, die von reizenden Menschen aus Houlgate bewohnt wurden . . . Aber wir gehörten nicht dazu; wir waren nur Durchreisende. Und eines Tages legten wir ab mit Kurs auf Fécamp.

Zum Glück hatten wir keine zahlenden Gäste an Bord. Ein Vetter des Colonels fuhr mit uns, sowie Amy Shawe-Taylor, die schon seit unserem Start in Brightlingsea mit der Barge segelte . . . Wir nahmen Kurs auf die Nordsee, wo der Colonel den großen Thunfisch in Angriff nehmen wollte. Er hatte die notwendige Ausrüstung gekauft, und wir waren gespannt darauf, wie er sie einsetzen würde.

Unsere Segelpartie verlief friedlich. Aber in Fécamp hatte der Colonel eine stürmische Auseinandersetzung mit seinem französischen Maat und entließ ihn. Wir hatten immer noch zwei Deckshände. Und von diesem Zeitpunkt an redete mich der Colonel ostentativ mit «Mr. Maat» an.

Ein weiterer Segeltag führte uns nach Nordosten, bis in die Höhe von Dieppe. Die Stadt befand sich in Feststimmung, da die alljährlich stattfindende «Semaine du Poisson» – die Woche des Fischs – gefeiert wurde. Und in den Zeitungen war zu lesen, daß Alain Gerbault am Sonntag auf der Messe in Dieppe erwartet wurde ... Hm ... es sollte mich wundern.

Auf jeden Fall herrschte zu viel Lärm und Musik für unseren Geschmack; wir wollten weiter gen Norden ziehen. Wir beschlossen, am Sonntagmorgen um 5 Uhr bei Flut abzulegen. Ich erteilte die entsprechenden Anweisungen. Das Barometer stand hoch, und wir beabsichtigten, Calais oder Dover in einem Schlag zu erreichen.

Der nächste Morgen war wunderschön und kühl. Ich kam an Deck und rieb mir die Augen. Ich hörte, wie Stone, der Chauffeur des Colonels, unter Deck seine Maschine vorbereitete. Was hatte das zu bedeuten? Ich sah nur eine Deckshand.

«Wo ist Dominique?»

«Der schläft noch ... Kam erst vor einer Stunde zurück.»

Na, so eine Frechheit! Ich beugte mich über das Deckslicht der Kombüse, rief den Mann so lange an, bis er antwortete, und sagte ihm, er habe binnen zwei Minuten an Deck zu sein, wenn er nicht gefeuert werden wolle. Ich setzte mich auf das Dach und wartete vier Minuten. Nichts geschah. Mein Kurs war klar: ich hatte keine Wahl.

Ich ging unter Deck. Dominique lag noch in seinem Schwingbett. Der alte Revell stand an seinem Herd und sah mich erwartungsvoll an.

«Dominique! Hast du nicht gehört, was ich vor fünf Minuten gesagt habe? Diese Mätzchen kannst du mit mir nicht machen. Nimm deine Sachen ... und verschwinde!»

Er begann vor sich hin zu brummen, er habe ‹einen zuviel

gehoben›, es sei nicht so tragisch … das komme bei jedem Segler hin und wieder vor. Er konnte sich kaum auf den Beinen halten.

«Raus mit dir, scher dich zum Teufel! Revell, stecken Sie seine Sachen in den Sack und bringen Sie ihn mir. Ich bin mit ihm fertig.»

Der Mann war am Tag zuvor ausgezahlt worden. Ich hatte freie Hand. Jules, der andere Mann, warf Dominiques Sack auf den Kai. Als der Trunkenbold an Deck erschien, schob ich ihn sachte über die schlammigen Stufen. Er entschuldigte sich fortwährend: « … wie hätte er wissen können … er sei sicher gewesen, daß wir nicht ablegen würden, da Miss Ella doch auf Monsieur Alain warten wollte, der Sonntag kommen sollte …»

Endlich war der unerwünschte Mann an Land, unser Bug schwang Richtung See, die Heckleine wurde losgeworfen, und wir tuckerten an den vielen Trawlern vorbei, die den übel riechenden Hafen füllten.

Als wir die Wellenbrecher hinter uns gelassen hatten und uns in der langen Dünung hoben, die unter Deck die Türen in die Schlösser fallen ließ, tauchte der Colonel im Schlafanzug gähnend an Deck auf. Er wußte nicht, was geschehen war. Seine Augen fielen ihm beinahe aus dem Kopf, als Mr. Maat ihm berichtete, wie sie den ungehorsamen Dominique hinausgeworfen hatte.

Wir beschlossen, in Dover einen Mann aufzunehmen. Wir ließen den Hilfsmotor laufen, da kein nennenswerter Wind wehte und viele blaß schimmernde Flecken auf der Oberfläche des wogenden Wassers auftauchten … eine kahle See. Mich langweilte unser mechanisches Vorwärtskommen. Und wieder machte mir das unaufhörliche Vibrieren, das die Maschine verursachte, zu schaffen; noch am Ruder konnte ich hören, wie unter Deck auf dem Tisch die Messer auf den Tellern klapperten; ich stieg auf das Deckslicht achtern und suchte den Horizont nach einer dunkler werdenden Linie ab. Ich konnte nichts erkennen. Daher rief ich mit unserer alten Beschwörungsformel vom Mittelmeer dreimal nach dem Wind: «Frisch' auf! … Frisch' auf! … Frisch' auf! …»

Und zwei Stunden danach, ob Sie es glauben oder nicht, als ich nach einem Nickerchen wieder an Deck kam, trieb ein Ostwind die Wellen vor sich her. Das bedeutete aufkreuzen mit gehißten Segeln, da die Brise und die See bald schon zu stark waren, um nur mit Motorkraft und blanker Takelage geradeaus halten zu können. In den folgenden Stunden kamen wir ganz gut voran. Die dahinjagenden Böen zwangen uns allerdings, nur mit einem Drittel der Großsegelfläche zu fahren. Aber mit dem Gezeitenwechsel begannen wir wie wild zu holpern, wie ein schwerer Karren, der mehrere Gräben hintereinander überquert. Als wir gerade in einem Wellental schwankten, ertönte ein tiefes «Plonk». Das Seitenschwert war, von einer See getroffen, wie ein Streichholz in zwei Teile zerbrochen. Die eine Hälfte schlingerte gefährlich im Wasser und wurde von der Talje mitgeschleift.

Die *Volunteer* halste, und wir nahmen Kurs auf Boulogne, den nächsten Unterschlupf.

Plötzlich traf uns eine Sturmbö. Während der Colonel steuerte, geiten wir die Segel auf, wobei Stone uns zur Hand ging, da nur Jules und ich zum Arbeiten an Bord waren. Unser rechtekkiger, flacher Bug zerteilte die See und pflügte durch grüne Wellen, während wir von Schaumwirbeln umgeben waren. Später machten wir die Segel los. Es gab viel Arbeit, und ich genoß das Gefühl, daß jede meiner Bewegungen oder Bemühungen notwendig war. Dann kam die Hafeneinfahrt von Boulogne in Sicht. Wir mußten wie im Krebsgang heranfahren, wobei wir sie luvwärts angingen, da jeder größere Roller uns hoffnungslos abtreiben ließ.

Als wir dann zwischen den Molen waren, schwenkten wir die Davits aus und fierten das Beiboot. Die Falle wurden gelockert, die Vorsegel zu einem Haufen heruntergezogen, und schnell toppten wir mit aller Kraft unser Bugspriet auf, damit wir mehr Platz für unsere Hafenmanöver haben würden.

Zum Glück war das *bassin à flot* noch geöffnet. Es bedeutete, daß Mr. Maat in Ruhe würde schlafen können und nicht nach den Leinen des sich hebenden und senkenden Rumpfes schauen mußte. Ich übernahm das Ruder, während der Colonel den Hebel für die Kupplung des Motors bediente, die mit Vorliebe ohne jegliche Vorwarnung aus dem Getriebe heraus und wieder hinein schlüpfte. Obwohl ich mir die größte Mühe gab, bescheiden zu bleiben, mußte ich einfach ein wenig angeben: der Kommandeur eines französischen Unterseebootes beobachtete die *Volunteer* durch seinen Feldstecher. Dahinter nahmen Offiziere und Mannschaft der H.M.S. *Selkirk* Notiz von unseren Manövern. Unser Hilfsmotor lief glücklicherweise im richtigen Augenblick rückwärts, die Fender waren über Bord, und die Barge wurde sanft längsseits gebracht. Ich hörte, wie Zuschauer sagten: «Ja! Natürlich ist es eine Frau!»

Ich beschloß, in aller Bescheidenheit nach unten abzutauchen. Der Colonel kam kurz darauf zu mir und fragte mich, ob ich die *Selkirk* gesehen habe, es seien alte Freunde, die er zuvor in Calais getroffen hatte. Der Kommandeur war zum Abendessen eingeladen worden und hatte sehr erfreut ausgesehen, als er unser «altes Faß» in den Hafen einlaufen sah. Also das war es ... Das Interesse der Mannschaft und des Offiziers hatte mit der Tatsache, daß ich am Ruder stand, nichts zu tun.

Commander Healey war sehr charmant, und der Colonel holte für ihn seine besten Zigarren und seinen ältesten Brandy hervor. Unser Eigner genoß es, einen neuen Zuhörer für seine Späße gefunden zu haben und einen Neuling bei der Benutzung des Senftopfes, den er in St. Valéry en Caux erstanden hatte. (Wenn man den Trick nicht kannte und zu fest auf den Boden des Behälters drückte, schoß der Senf wie ein Zahnpasta-Band aus dem Deckel!)

Am nächsten Tag bogen wir uns vor Lachen, als der Colonel uns demonstrierte, wie man Thunfisch fängt. Jules und Stone saßen im Dingi und sollten der rote Thunfisch sein. Sie mußten von der Barge wegrudern. An Deck – fest verschlungen in einem Gurt, der seine Angel stützte – maß der Colonel seine Kraft mit dem Dingi, an dessen Spiegel die Angelschnur befestigt war. Die Angel war fast bis in die Horizontale gestreckt; der Colonel, der sich zurücklehnte, beherrschte die Rute meisterhaft, während er vorsichtig an der Kurbel drehte. Die Entfernung zwischen den beiden veränderte sich kaum, obwohl der Colonel immer einen halben Meter gewann, wenn die Männer ihre tropfenden Ruder aus dem Wasser hoben. Plötzlich richtete sich die Angel von selbst auf, der Colonel fiel hintenüber auf das Dach der Kajüte. Seine Kurbel war gebrochen ... Unsere Fischexpedition vor Scarborough mußte verschoben werden!

Während unser Seitenschwert repariert wurde, besichtigten

Healey und ich das neben uns liegende Unterseeboot, auf dem uns ein eleganter Offizier empfing. Zweifelsohne sind Marineuniformen äußerst kleidsam, und ich war beeindruckt von meinen beiden Begleitern. Ich fühlte mich von ihnen angezogen, nicht nur durch den Magnetismus, der junge Leute zueinander hinzieht, sondern weil sie das darstellten, was ich anstrebte. Sie hatten etwas gelernt, hatten einen Beruf fürs Leben; sie waren Rädchen, die «griffen». Ich wurde das Leben einer Vagabundin allmählich leid, die nie wußte, wohin sie der Wind als nächstes treiben würde . . . Sie hingegen behaupteten, die «Chèvre de Monsieur Seguin» zu sein und wie diese Ziege an dem Seil zu ziehen, das um ihren Hals gewickelt war!

Sobald wir wieder an Bord der *Selkirk* waren, bot Commander Healey mir an, ich könne von seinen Männern so viele mitnehmen, wie ich brauchte, bis meine Mannschaft in England wieder vervollständigt werden konnte. Seine Leute würden gern mitkommen, denn Yachtsegeln bedeute eine Art Urlaub für sie; ich müsse sie nur Ende der Woche nach Dover zurückschikken, dann sei alles in Ordnung. Der Colonel war entzückt, als er von dem Angebot hörte. Und so segelten wir mit zwei Marinesoldaten von Boulogne ab . . . Ich habe seitdem nie wieder einen solchen Kommandanten kennengelernt, aber ich weiß, daß er sein Leben auf See aufgegeben hat, um sich in Südafrika niederzulassen. Vor kurzem erhielt ich einen Brief von ihm, in dem er mir mitteilte, er mache Buchbesprechungen für den Rundfunk und habe seinen Hörern, als er mein Buch vorstellte, von unserer Begegnung in Boulogne erzählt.

Die *Volunteer* hatte eine erstklassige Überfahrt nach Southampton mit einer stetigen, raumachterlichen Brise. Wir mußten kaum ein Schot trimmen, bis wir Nab Tower passierten; und unsere beiden Seeleute hatten nur wenig zu tun, außer am Ruder zu stehen und während ihrer Nachtwachen Revells Kakao zu trinken. Manchmal ist Segeln eben nur ein Kinderspiel . . .

Zu diesem Zeitpunkt war der Colonel leicht erkrankt. Es war September und die Barge sollte in Gosport aufgelegt werden. (Dort sollte sie auch eines Tages ihr Leben aushauchen, abgetakelt und zu einem verrotteten Hulk verkommen. Der Colonel tauschte sie zum Teil gegen eine Motoryacht, die er bald verkaufte, um stolzer Eigentümer des Schoners *Oceana* zu werden.) Ich verabschiedete mich von Revell, dem stillen Steward, der zu seinem kleinen Lebensmittelgeschäft in London zurückkehren würde. Jahre später sah ich ihn noch einmal. Er stand auf der Schwelle eines kleinen Landhauses an einer ruhigen Straße in Wiltshire. Auf einem Brett über der Tür las ich: «Walter Revell, lizensierte Ausgabe von Bier außerhalb von Schanklokalen.» Nachdem er durch viele Stürme gesegelt war, hatte er einen friedlichen Hafen gefunden ... zunächst ...

Mit Stone auf dem Notsitz und dem Colonel am Steuer des alten, kastenförmigen Rolls, fuhren wir zu dem wunderschönen georgianischen Pythouse. Ich verbrachte einige Tage in schönen, hohen Räumen mit vielen Fenstern und riesigen Kaminen, wanderte durch Alleen hoher Linden und über ausgedehnte, wogende Weiden, auf denen am Morgen Tautropfen glitzerten.

Ich nahm nun Kurs auf eine völlig andere Umgebung ...

Was nun?

Eines war klar: ich mußte aufhören, ziellos umherzuziehen. Mir schwebte vor, etwas Praktisches zu tun, denn ich war es leid, nur dem Zufall zu leben.

Kurz nachdem ich die *Volunteer* verlassen hatte, ging ich mit nur fünf Pfund in der Tasche nach Berlin. Immer noch wollte ich Naturfilme drehen. Und ich hoffte, Dr. Fanck kennenzulernen, der gute «Bergfilme» produzierte. Fast ein Jahr verbrachte ich in der deutschen Hauptstadt, erteilte Englischunterricht, spielte ein paarmal bei der UFA in den englischen Fassungen der ersten europäischen Tonfilme (Marlene Dietrich arbeitete gerade nebenan am «Blauen Engel» . . .) und schrieb kleinere Artikel für Schweizer Zeitungen. Ich war unglücklich in einer Stadt, von der ich den Eindruck hatte, daß sie nur mit Hausierern und Bettlern angefüllt war.

Was ich vor allem verkraften mußte, war die Tatsache, daß Miette geheiratet hatte und ich also nicht mehr hoffen konnte, einmal auf ihrem Schiff durchs Leben zu segeln, das ich ‹unser› Schiff nannte. Ich wollte nicht mehr auf den Yachten anderer arbeiten. Und ich hatte kein Geld, selbst Eigner eines Yachtkreuzers zu werden, vor allem seitdem zwei Banken in Genf bankrott gegangen waren und meine Familie in Schwierigkeiten gebracht hatten. Gleichzeitig waren meine tiefsten Wurzeln durchtrennt worden, da wir uns genötigt sahen, unser kleines altes Haus am See aufzugeben, das für mich das Paradies gewesen war. Dort war Miette meine Nachbarin gewesen, und in der Bucht hatten viele Boote zur freien Verfügung gelegen. Ich hatte dort viele Sommer voll aufregender Abenteuer, intensiven Lesens und erholsamer Sonnenbäder verbracht.

Sobald ich mich von der fixen Idee eines Lebens auf See gelöst hatte, entdeckte ich, wie stark die Welt – vor allem Asien – mich lockte. Dort glitzern die unbekannten Gletscher des Kuen Lun hoch oben über den Wolken . . . die breiten, langsam dahinziehenden Flüsse Sibiriens schneiden einen deutlichen Weg durch die dichte Taiga . . . die Wanderdünen der Takla Makan flimmern in der glühenden Hitze . . . Kirgisische Reiter traben dahin mit ihrem Vorrat an Stutenmilch, die in den an ihren Sätteln festgebundenen Schafhäuten schwappt ... singende Lamas mit glatt rasierten Köpfen drehen ihre Gebetsmühlen ... da jagt der Mongole mit Hilfe seines gehorsamen Adlers ... der tibetische Hirte bläst in rauchenden Kuhdung, um seinen Tee zum Kochen zu bringen ... der Turkmene mit Turban kauert vor seinem runden Filzzelt nieder und sortiert seidige Lammfelle ... der afghanische Älteste ruht unter dem Maulbeerbaum und wirft eine Prise würzigen Tabaks unter seine Zunge. Dort sitzen die usbekischen Händler mit ihren dicken Augenbrauen im Schneidersitz auf den Terrassen der Teehäuser in Samarkand ... Die Nomaden von Ghilzai, die auf ihrem unfruchtbaren Hochland kampieren, backen ihr an einen runden, heißen Stein geklebtes Fladenbrot ... die Angehörigen des Kharot-Stammes verschwinden fast dreißig Meter unter der Erde, um den kühlen Wassertunnel des «karez» zu reinigen ...

Sie alle riefen nach mir. Es gab Menschen und Dinge, die darauf warteten, gesehen und verstanden zu werden ... überall.

Und vielleicht gab es irgendwo Menschen, die glücklicher lebten als jene in unseren monströsen, von Maschinen beherrschten Städten.

Rußland war nicht weit. Zu der damaligen Zeit war die Sowjetunion eng mit Deutschland befreundet. In Berlin war es leichter als anderswo, an Nachrichten aus Moskau heranzukommen, Stücke und Filme zu sehen, die von «der anderen Seite»kamen. War das Leben dort vielleicht anders, weniger überladen mit Nonsens und Unsicherheit? Bot es den Einsamen mehr Hilfe?

Da ich mich nicht von dem fieberhaften «Kampf ums Dasein» hatte ergreifen lassen, hatte ich Zeit gehabt zu erkennen, mit wieviel Heuchelei unsere Lebensweise verbunden ist. Die stützenden Rahmen, die verhindern sollten, daß der Einzelne ins Straucheln kam, bröckelten ab: Familie, Religion, Gesellschaft und Staat waren durch den Ersten Weltkrieg stark erschüttert. Und ich hatte den Eindruck, daß ich diesen von Menschen geschaffenen Attrappen keine Gefolgschaft würde leisten können.

Die meisten Menschen, deren Geist zwischen 1920 und 1930 noch jung geblieben war, wollten mehr über Rußland wissen, wo das Leben anders war und die Vergangenheit abgeschlossen zu sein schien. Um Antworten auf meine Fragen zu erhalten, hatte ich mich an ein paar Menschen gewandt, die viel wußten und deren Urteil nicht von Interessen beeinflußt war. 1925 war ein französischer Freund bereits aus der Kommunistischen Partei ausgetreten. Er konnte nicht leben mit einem Lippenbekenntniss zu Grundsätzen, denen die Taten widersprachen. Daher wußte ich, daß das Licht im Osten verblaßte ...

Aber warum sollte ich danach gehen, was andere sagten? Was Rußland anbelangte, so konnte ich ohne weiteres dorthin reisen und selbst sehen, wie man dort lebte. Die Tatsache, daß ich mittellos war, schien eher von Vorteil, wenn man das Land der Arbeiter und Bauern bereisen wollte. Ich war mit unserer westlichen Welt fertig, der der Glaube genommen war und in der nur wachsende Unsicherheit herrschte. Mit Absicht verschloß ich die Augen vor den Reizen meiner Umwelt. Ich konnte die schwerfällige, grüblerische Art der Schweizer nicht mehr ertragen, die unter der Kruste alter Gewohnheiten versteinerten.

Ich verbrachte dann viele Monate im Land der Sowjets, lebte bei den Russen, kletterte einen Sommer lang im Kaukasus; streifte anschließend durch das «rote» Turkestan, wo den primitiven Nomaden der Kollektivismus aufgezwungen wurde; und alles, was ich zu sehen bekam, war so neu, daß ich die erlittenen Entbehrungen kaum bemerkte.

Ich war damals davon überzeugt, daß mir diese Unternehmungen in der weiten Welt die Hilfe und das Leben bringen würden, nach dem ich mich sehnte. Sie können selbst beurteilen, wie unwissend ich war, und wieviel ich noch lernen mußte.

Im Jahre 1930 verließ ich Berlin in Richtung Moskau. Ich reiste dritter Klasse, beladen mit einem Rucksack voller Haferbrei und etwas mehr als einhundert Dollar in der Tasche – die Hälfte davon hatte mir Jack Londons Frau geschenkt.

Ich fühlte mich frei ... schrecklich frei.

Nachwort

Diese letzte Seite wurde 1940 geschrieben, in einer düsteren Zeit. Unsere Welt bricht äußerlich und innerlich zusammen. Jetzt müssen wir stärker als je zuvor nach echten Werten und unumstößlichen Wahrheiten suchen. Jeder von uns muß allein und in Ruhe seinen Weg zum Wesentlichen ertasten.

Jeder sollte zu demselben Schluß kommen, wenn er nur weit genug sucht. Dann, wenn wir nicht mehr allein sind, werden wir uns stark fühlen und in der Lage sein, eine weltweite Aufgabe anzugehen.

Heute bin ich trotz der Tragödie, die wir durchleben, weniger pessimistisch als noch vor zehn Jahren, da ich weniger unwissend bin. Ich weiß, daß ich mich von der äußeren Welt abkehren muß, die nicht die einzige Wirklichkeit ist, und der Kraft lauschen, die in mir liegt. Ich weiß, daß wir in uns einen Funken unsterblicher Energie tragen. Wenn wir wüßten, wie wir ihn anfachen können, anstatt ihn unbeabsichtigt auszulöschen, könnten wir untereinander Bande knüpfen – so stark, daß wir uns nicht länger gegenseitig hassen oder töten können . . . Unsere Macht wäre grenzenlos.

Wir sind frei, das zu wählen, was es wert ist, getan zu werden.

Quetta

Ella Maillart

Worterläuterungen

Ankerlicht	Rundumlicht, das ein Boot vor Anker bei Nacht mit einer Ankerlaterne zeigen muß.
auffieren	eine Leine etwas lose geben.
aufgeien	ein Rahsegel unter die Rah aufholen, um es festzumachen.
aufkreuzen	das Kreuzen zu einem Ziel durch wechselnde Amwindkurse.
auflegen	Außerdienststellen eines Bootes für eine begrenzte Zeit, z.B. über den Winter.
Back	1. Aufbau auf dem Vorschiff. 2. Eßtisch in der Kajüte.
Backbord	links an Bord und links außerhalb vom Boot.
Backbordbug	man segelt über Backbordbug, wenn die Segel über der Backbordseite stehen.
Baumniederholer	am Baum befestigte Talje, die das Steigen des Großbaums u.a. bei raumen und Vor-Wind-Kursen verhindert.
beidrehen	Manöver zum kurzzeitigen Stoppen eines Bootes.
beiliegen	der andauernde Zustand nach dem Beidrehen. Das Boot macht kaum Fahrt voraus und treibt nur langsam nach Lee ab.
Besan	1. der hintere Mast eines Eineinhalbmasters. 2. das Segel des Besanmastes.
Block	Gehäuse aus Holz, Metall oder Kunststoff mit einer oder mehreren Rollen zur Führung von Tauwerk.
Bootsmannsstuhl	zum Hochziehen eingerichtetes Sitzbrett mit Sicherheitsgurt für Arbeiten in der Takelage etc..

Brasse	eine Leine zur beidseitigen Richtungsänderung einer Rah.
Bugspriet	kurzes, kräftiges und fest am Bug eingebautes Rundholz in Längsschiffrichtung, das als Unterbau für den Klüverbaum dient.
Bünn	Fischbehälter im Boden eines Fischkutters.
Davit	kleiner, drehbarer Kran für Beiboote und andere Lasten.
Deckshand	gemeiner Matrose.
Dingi	kleines Beiboot.
Doppelender	ein Boot, bei dem sich Formen von Bug und Heck ähneln.
Fall	ein Tau aus Fasern oder Draht zum Setzen eines Segels. Jedes Fall ist nach dem Segel benannt, das es bedient.
fieren	ein Segel, einen Anker o.ä. herunterlassen.
Fock	ein auf dem Vorschiff gesetztes Segel; bei als Slup getakelten Yachten das einzige Vorsegel, bei Kuttertakelung das achtere von zwei Vorsegeln.
Freibord	Höhe der Bordwand über der Wasserlinie.
Gaffel	bewegliche, am oberen Mastteil angreifende Spiere, die zum Hinausstrecken des oberen Teils eines Gaffelsegels dient.
Gaffelsegel	viereckiges Schratsegel, das an einer Gaffel gesetzt wird.
Gei	ein über die Talje laufendes Tau.
Gillung	die Form des unteren Bereichs des überhängenden Achterschiffs von der Wasserlinie bis zum Heck.
Großschot	das durch mehrere Blöcke geschorene Tau, mit dem das Großsegel bedient wird.

Großschotwagen	ein rollengelagerter, gleitender Beschlag, der querschiffs auf der Großschotleitschiene läuft und durch Stopper in jeder Position angehalten werden kann.
Grundgeschirr	das Ankergeschirr mit allen Geräten, die zur Verbindung des Bootes mit dem Grund dienen.
Gut	Bezeichnung für das gesamte Tauwerk der Takelage. Laufendes Gut ist das über Blöcke, Scheiben oder Rollen laufende Gut. Stehendes Gut bleibt im Gegensatz zum laufenden Gut bei allen Manövern stehen.
halsen	das Wechseln der Windseite bei achterlichem Wind.
kalfatern	Abdichten der Nähte zwischen den Holzplanken.
kielholen	den Kiel seitlich aufholen, wenn man an einer Seite des Unterwasserschiffs arbeiten will.
Kielschwein	innen auf dem Kiel befestigte Verstärkung, vor allem im Bereich des Mastfußes.
Klampe	fest verschraubter Beschlag zum Belegen von Tauwerk.
Klau	gabelförmiger Beschlag an der Gaffel, die die Gaffel mit dem Mast verbindet.
Klaufall	bei der Gaffeltakelung das Fall, mit dem der am Mast liegende Teil des Segels gesetzt wird.
Klüse	eine runde Öffnung in der Bordwand zur Führung der Ankerkette.
Klüver	bei Yachten mit Kuttertakelung vor der Fock gefahrenes Vorsegel.

Kompaßkontrolle	Vergleich einer bekannten Richtung oder einer errechneten Richtung mit der Kompaßpeilung, um Fehlanzeigen des Kompasses zu ermitteln.
Krängung	seitliche Neigung eines Schiffes.
Kreuzballon	großflächiges, bauschig geschnittenes Vorsegel für den Kreuzkurs bei leichter Brise.
Landfall	Sichten und Erkennen der Küste, z.B. durch Landmarken.
Leitwagen	niedriger, breiter Bügel aus Rundeisen zur Führung der Großschot.
Liek	meist mit einem Liektau verstärkte Kante eines Segels - Vorliek, Unterliek, Achterliek.
Log	Meßinstrument für die Geschwindigkeit eines Bootes.
Marlspieker	dornartiges Handwerkszeug zum Spleißen, meist Teil eines Takelmessers.
Mars	Standplatz für den Ausguck am Mast, Mastkorb.
Mastbacken	Seitenholme aus Holz oder Metall, die den Mastfuß eines auf Deck gesetzten Klappmastes mit einem Mastbolzen halten.
Muring	jede Verankerung mit 2 Ankern.
Muringboje	im Wasser fest verankerte Festmacheboje.
Nock	das freie Ende eines Rundholzes, z.B. des Baumes = Baumnock.
Pall	Sperrklinke am Radkranz einer Winde, die in den Zwischenraum der Zähne einrastet und den Rücklauf sperrt.
Persenning	Schutzbezug aus wasserdicht imprägniertem Segeltuch.

Pütting	Beschlag zum Befestigen der Want am Bootsrumpf.
Pütz	Eimer.
Rah	lange Spiere, die in der Mitte waagerecht an der Vorkante des Mastes befestigt und seitlich schwenkbar sowie in der Höhe verstellbar ist.
raumer Wind	zwischen querab und achterlich einfallender Wind.
Raumschotskurs	ein Kurs, auf dem die Segel für raumen Wind geschotet sind.
reffen	Verkleinern der Segelfläche.
Reihbändsel	dünne, lange Leine zur Befestigung eines Segels an Mast oder Baum.
Rigg	Bezeichnung der Takelage mit allen Teilen des stehenden und laufenden Gutes.
Ruderschaft	Drehachse des Ruders.
Rundholz	«rund wie gewachsenes Holz»: Spiere, Rah, Baum, Mast etc.
Rüsteisen	ein Beschlag am Rumpf, der die sichere Befestigung der Wanten, Achterstagen u.ä. erlaubt.
Saling	im oberen Bereich des Mastes quer angebrachtes Metallprofil oder Rundholz zum Spreizen der Wanten.
schamfilen	scheuern, reiben.
Schäkel	handlicher, unterschiedlich verschließbarer Bügel, der als Verbindungselement zwischen Blöcken, Leinen, Segeln und Takelageteilen aller Art dient.
Schandeck	die äußere, an die Bordwand anschließende und sowohl die Oberkante der Außenhaut als auch die Enden der Spanten abdeckende Planke.

Schanzkleid	eine fest mit dem Deck verbundene, niedrige Wand zum Schutz gegen Überbordfallen.
Schoren	Balken zur seitlichen Abstützung eines Bootes auf dem Trockenen.
Schothorn	hintere, untere Ecke eines Segels.
Schott	Trennwand an Bord.
schrapen	Abkratzen des festen Belages am Rumpf.
schwojen	Hin- und Herpendeln eines Bootes vor Anker.
Seemannschaft	Sammelbezeichnung für die Kenntnisse und Fertigkeiten eines Seemannes.
Seitenschwert	bei flachbodigen Seglern an jeder Seite befestigtes, schwenkbares Schwert.
Slip	Anlage, um Boote an Land zu ziehen oder zu Wasser zu lassen.
Slup	Yacht mit einem Groß- und einem Vorsegel.
Spant	Querrippe eines Schiffes zur Versteifung der Außenhaut.
Speigatt	Öffnung in der Fußreling oder im Schanzkleid, um überkommendes Wasser schnell nach außen abfließen zu lassen.
Spiegel	hintere Abschlußplatte eines Bootsrumpfes.
Spiere	allg. Bezeichnung für ein Rundholz mit Ausnahme des Mastes.
Spill	drehbare, meist auf dem Vorschiff angebrachte Einrichtung zum Einholen der Ankerkette.
spleißen	Verflechten von Tauwerk.
Stag	zum stehenden Gut gehörendes Drahttauwerk, das den Mast nach vorn und achtern abstützt.
Stropp	ein kurzes Ende, das an jeder Seite in ein eingespleißtes Auge ausläuft.

Süll	senkrechte, wasserabweisende Planke, die ein Luk umkleidet, eine Türschwelle erhöht und an Deck übergekommenes Wasser ableitet.
Takling	mit einem Takling wird ein Tampen mit Segelgarn gegen Aufdrehen gesichert.
Talje	Verbindung von Tauwerk und Blöcken, die einen Flaschenzug bilden.
Topplicht	ein weißes Licht im oberen Bereich des Mastes, das weithin sichtbar sein muß.
Toppsegel	ein Segel, das im oberen Bereich des Mastes gefahren wird.
Unterzug	Längsträger, der dem Bauteil eine größere Festigkeit geben oder die besonders beanspruchten Stellen zusätzlich sichern soll.
Vorpiek	der vordere Raum im Vorschiff unmittelbar am Bug.
Want	zum stehenden Gut gehörendes Drahttauwerk, das den Mast seitlich absichert.
Warpanker	leichterer Anker, der zu kurzzeitigem Ankern oder zum Warpen (Verholen des Bootes) benutzt werden und auch mit dem Beiboot ausgefahren werden kann.
Webeleine	kurzes Ende zwischen den Wanten, das der Besatzung beim Aufsteigen in die Takelage als Trittsprosse dient.
wenden	mit dem Bug durch den Wind drehen.

Ella Maillart – Eine Kurzbiographie

Schriftstellerin, Reisende, Filmerin – geboren am 20. Februar 1903, lebt heute in der französischsprachigen Schweiz: in Genf und in Chandolin

Auszeichnungen:
Percy-Sykes-Medaille (Royal Central Asian Society 1955) – Schillerpreis (Schweiz 1953) – Preis der Stadt Genf (1987) – Alexandra-David-Néel-Preis (1989) –
Mitglied der Royal Geographical Society in London, der Société Géographique in Genf und Gründungsmitglied der Société des Explorateurs et Voyageurs français (1937)

Skisport: 4 Jahre Mitglied in der Nationalmannschaft der Schweiz, ab 1931

Segeln: Zahlreiche Kreuzfahrten. 1925 von Marseille nach Athen, zusammen mit drei Freundinnen, auf einem Segler ohne Hilfsmotor. Thunfischfang im Golf von Biscaya etc.
Repräsentierte bei den Olympischen Spielen 1924 die Schweiz bei der Regatta der Einhandsegler

Reisen:

1930 6 Monate in Moskau; zu Fuß durch den Kaukasus; Zentralmassiv

1932 6 Monate in Russisch-Turkestan an der chinesischen Grenze

1934 3 Monate in der Mandschurei, als Journalistin des «Petit Parisien»

1935 8 Monate von Peking über die Wüste Takla Makan und Kaschgar nach Indien

1937 3 Monate in der Türkei, Iran, Afghanistan

1939 3 Monate in Afghanistan, Belutschistan; Farbfilm

1940/45 Südindien, hinduistisches Leben bei dem Weisen Ramana Maharishi

1951 3 Monate in Nepal

1965 2 Monate Fußwanderung von Banepa bei Kathmandu zum Basiscamp am Mount Everest und zurück

1957/75 zweimal jährlich Führung kleiner touristischer Gruppen in Asien: Laos, Thailand, Bali, Indien, China

Produktionen:

Filme: 1939 Afghanische Nomaden; 1951 Nepal (beide Filme in Farbe, 16 mm)

Fotos: Auswahl im Musée de l'Homme und im Musée de l'Elysée, Lausanne

Buchpublikationen: Veröffentlichung der Reiseberichte von 1932 bis in die fünfziger Jahre (siehe dazu die ausführliche Bibliographie). Übersetzungen ins Englische (bzw. ins Französische), Deutsche, Japanische, Schwedische, Holländische und Spanische. Während vieler Jahre sind die deutschen Ausgaben ihrer Bücher vergriffen; Wiederentdeckung Ella Maillarts in der Bundesrepublik, der deutschsprachigen Schweiz und Österreich im Jahre 1988, enorme Popularität in Frankreich und England.

In den Medien – eine kleine Auswahl:

1974 Les Itinéraires d'Ella Maillart (100 min., Fernsehen der französischen Schweiz und Belgiens)

1977 Porträt Ella Maillart (FR3 französisches Fernsehen, Wiederholung 1978)

1984 «Dis-moi ce que tu lis» (eine Literatursendung des Fernsehens der französischen Schweiz)

1984 Videocassette «Ella Maillart» (Serie Plans-Fixes)

1989 Talkshow mit Bernard Pivot («Apostrophes», Antenne 2, Frankreich)

1990 «Auf der Suche nach den tausend Seelen dieser Welt» – Porträt Ella Maillart im Schweizer Rundfunk DRS 1

Bücher von Ella Maillart

Parmi la jeunesse russe. De Moscou au Caucase
Fasquelle, Paris 1932
Editions 24 heures, Lausanne 1989
deutsche Übersetzung:
Außer Kurs
eFeF-Verlag, Zürich 1989

Des Monts célestes aux Sables rouges
Grasset, Paris 1934
Edito-Service, Cercle du Bibliophile, Genève 1971
Payot, Paris 1986
Editions 24 heures, Lausanne 1986
englische Übersetzung:
Turkestan Solo – One Woman's Expedition from the Tien Shan to the Kizil Kum
Heinemann, London 1938
Century, London 1985
deutsche Übersetzung:
Turkestan Solo
Rowohlt, Stuttgart/Berlin 1941
Editon Erdmann, Stuttgart-Wien 1990

Oasis interdites. De Pékin au Cachemire
Grasset, Paris 1937
Payot, Paris 1984
Editions 24 heures, Lausanne 1982
englische Übersetzung:
Forbidden Journey, From Peking to Kashmir
Heinemann, London 1937
Century, London 1983
deutsche Übersetzung:
Verbotene Reise. Von Peking nach Kaschmir
Rowohlt, Berlin 1938
Edition Erdmann, Stuttgart-Wien 1988

Cruises and Caravans
J. M. Dent & Sons, London 1942
französische Übersetzung:
Croisières et Caravanes
Editions du Seuil, Paris 1951
deutsche Übersetzung:
Leben ohne Rast –Eine Frau fährt durch die Welt
Brockhaus, Wiesbaden 1952

Gypsy-Afloat
Heinemann, London 1942
französische Übersetzung:
La vagabonde à la voile
Payot, Paris 1991
deutsche Übersetzung:
Vagabundin des Meeres
Edition Erdmann, Stuttgart-Wien 1991

The Cruel Way
Heinemann, London 1947
französische Übersetzung:
La Voie cruelle
Editon Jeheber, Genève 1952
Editions 24 heures, Lausanne 1987
deutsche Übersetzung:
Auf abenteuerlicher Fahrt durch Iran und Afghanistan
Orell Füssli, Zürich 1948
eFeF-Verlag, Zürich 1988 (Flüchtige Idylle)
spanische, schwedische und holländische Übersetzung

Ti-Puss
Heinemann, London 1951
französische Übersetzung:
Ti-Puss ou l'Inde avec ma chatte
Editions La Tramontane, Renens 1979
deutsche Übersetzung:
Ti-Puss – Drei Jahre in Südindien mit einer Katze als Kamerad
Albert Muller Verlag, Rüschlikon/Zürich

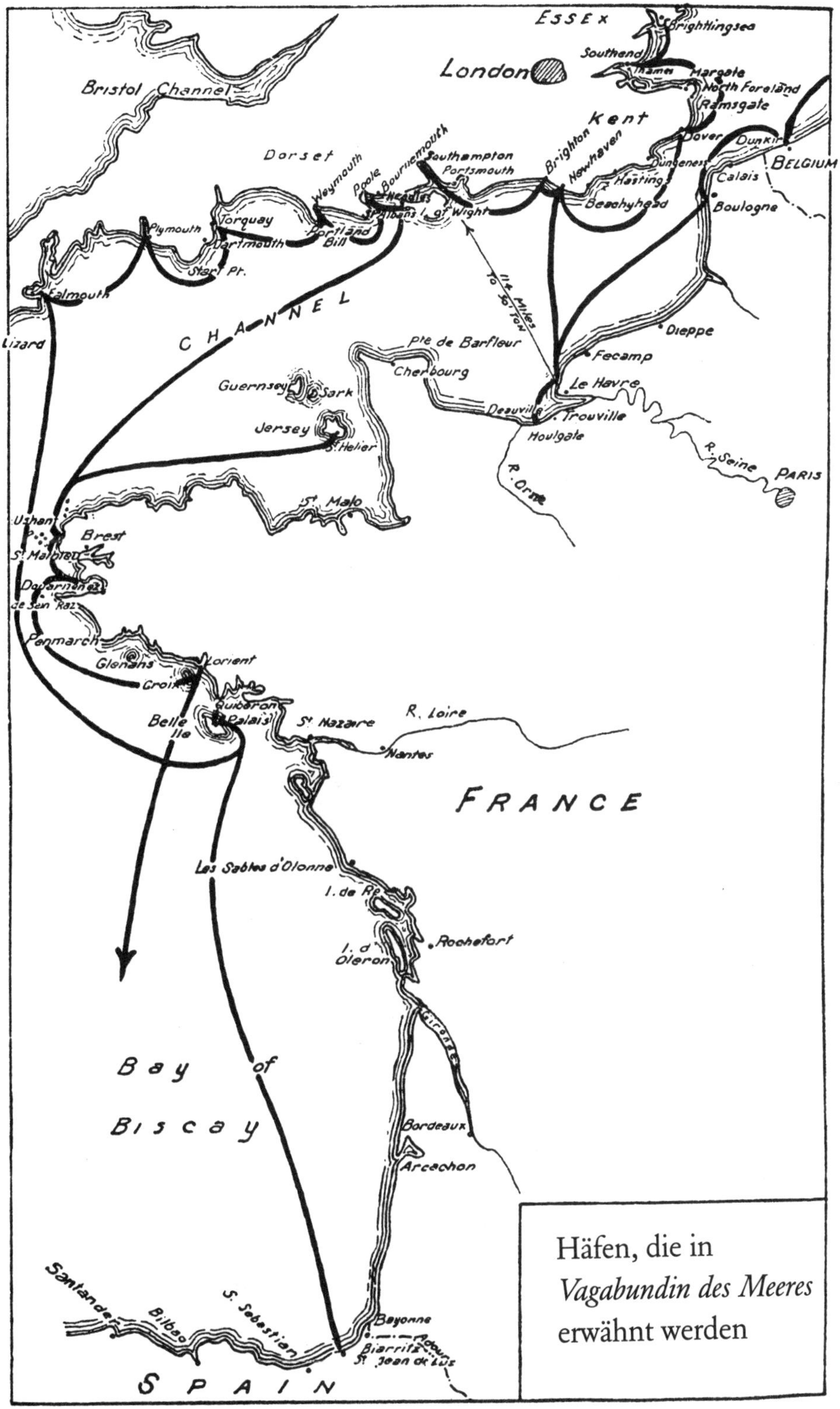

Häfen, die in *Vagabundin des Meeres* erwähnt werden

Die Reiseroute führt
von Hoek van
Holland nach Rotterdam,
Gouda,
Boskop,
Altrhein,
Alfen,
Woudbrugge,
Brassemer Meer,
Hillegom,
Haarlem,
Amsterdam.

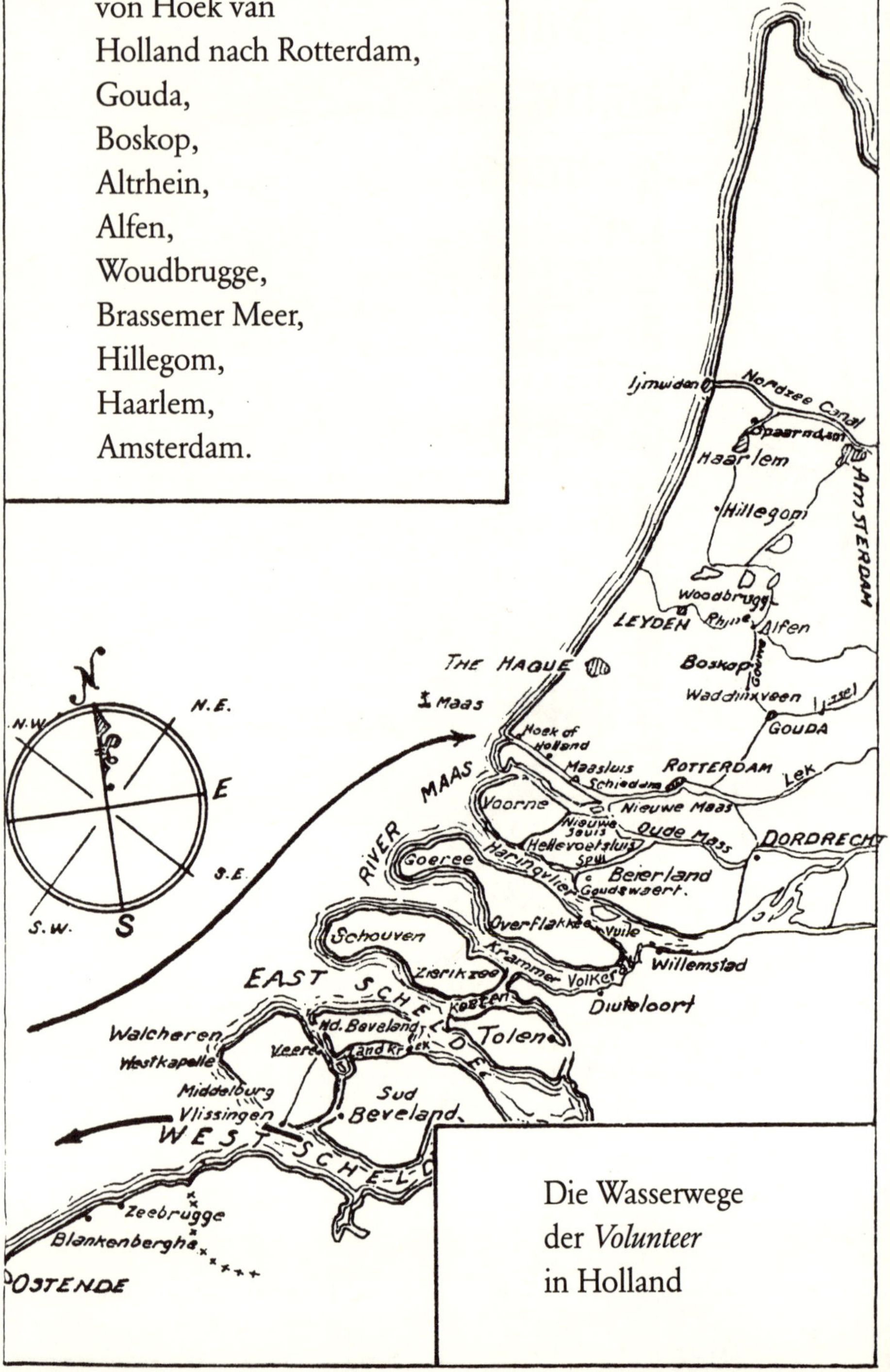

Die Wasserwege
der *Volunteer*
in Holland

Abenteuer Nordwest-Passage

Clark Stede
Packeis, Sturm und rote Segel
Arktisabenteuer in der Nordwest-Passage
272 Seiten mit 60 vierf. und 60 SW-Abb. und Karten
ISBN 3 522 60860 7

Eines der erregendsten Abenteuer unserer Erde haben der deutsche Journalist *Clark Stede* und die australische Filmemacherin *Michelle Poncini* hinter sich: Hundert Tage eisiger Seeweg von Grönland nach Alaska, die *Nordwest-Passage*. Das sind 4000 Seemeilen durch arktische Gewässer – meterhohe Packeisfelder und gefährliche Eisberge.

EDITION ERDMANN